公路工程检测技术

主　编　周　烨
副主编　赵同峰　张　瑞　王光远　张　爽
　　　　　卢阳阳　徐小博　修金芹
主　审　姜长军

北京理工大学出版社
BEIJING INSTITUTE OF TECHNOLOGY PRESS

内 容 提 要

本书为高等院校道路与桥梁工程技术专业核心课程教材。本书以职业能力、专业能力及思政能力为目标，以道路施工工序为主线，以现行规范、规程为标准进行编写。全书分为三个项目，主要内容包括公路工程检测基本知识、路基工程试验与检测、路面工程试验与检测，详细介绍了试验检测的理论、实操及来自工程一线的任务。

本书可作为高等院校路桥、土建、养护、检测等专业教材，也可作为市政、建筑类等其他专业的参考用书，还可供职业教育、专业资格培训等相关人员参考。

版权专有　侵权必究

图书在版编目（CIP）数据

公路工程检测技术 / 周烨主编. -- 北京：北京理工大学出版社，2023.8
ISBN 978-7-5763-2748-9

Ⅰ.①公… Ⅱ.①周… Ⅲ.①道路工程—检测—高等学校—教材 Ⅳ.①U41

中国国家版本馆CIP数据核字（2023）第155422号

责任编辑：阎少华		文案编辑：阎少华	
责任校对：周瑞红		责任印制：王美丽	

出版发行 / 北京理工大学出版社有限责任公司
社　　址 / 北京市丰台区四合庄路6号
邮　　编 / 100070
电　　话 /（010）68914026（教材售后服务热线）
　　　　　（010）63726648（课件资源服务热线）
网　　址 / http://www.bitpress.com.cn
版 印 次 / 2023年8月第1版第1次印刷
印　　刷 / 河北鑫彩博图印刷有限公司
开　　本 / 787 mm×1092 mm　1/16
印　　张 / 15.5
字　　数 / 345千字
定　　价 / 79.00元

图书出现印装质量问题，请拨打售后服务热线，负责调换

前 言

习近平总书记在党的二十大报告中强调:"高质量发展是全面建设社会主义现代化国家的首要任务。"公路建设要想高质量发展就要把住质量关,公路工程检测技术是推动公路交通高质量发展、把握工程质量的关键。公路工程检测技术是道路与桥梁工程技术专业的核心课程,是结合高职高专课程改革和高职"双高"建设要求而编写的。本书旨在培养学生掌握道路工程各施工工序的质量控制的基本知识及相应检测操作技能,以适应职教发展需要并最大限度满足公路水运工程试验检测专业技术人员职业资格及"1+X"证书需求,是一门"理实一体化"的课程,更是提高学生动手能力和培养运用现行公路工程相关规范和技术规程及公路工程质量评定标准解决工程实际问题能力的课程。

本书编写组认真学习了党的二十大报告精神,在征求了多家用人企业的用人需求和各同类职业院校同行的建议基础上确定该教材采用以项目为载体、任务驱动的形式,将理论与实践充分结合,并将相关专业技能等级证书标准内容融入书中。

本书适应了专业规范要求,满足新发展理念,具有以下特点:

1. 突出工作实践,强化职业能力,体现高职教育的特色

本书以强调职业能力为核心,以实际工作任务为引导,让学生在完成具体任务的过程中去掌握、吸收知识和技能。改变传统教材注重理论性、系统性,而忽视职业能力培养的缺陷。

2. 开发课程思政元素,激发学生爱岗敬业的职业使命感

习近平总书记在全国高校思想政治工作会议上的重要讲话,提出了高校培养什么样的人、如何培养人,以及为谁培养人这个根本问题,强调要坚持把立德树人作为中心环节,实现全程育人、全方位育人。高校思想政治工作需要发挥所有课程的育人功能,需要各专业课、公共课教师结合课程特点对大学生进行积极正确的思想价值引领。

思政元素的开发是进行课程思政改革的基础。在教学中渗透课程蕴含的科学精神、人文精神以及职业素养来推动"课程思政"教学改革。从历史文化中开发课程思政元素激发学生高度的文化自信,培养深厚的文化底蕴,唤起学生强烈的人文情怀。

3. 融合岗位和证书标准,内容整体更新

本书编写,充分考虑国家"1+X"证书制度工作需要,将公路水运工程试验检测专业技术人员职业资格考试所涉及到的公路的知识点融入教材中，结合资格证书考证要求，系统化设计内容，达到课证融通的效果。

4. 校企合作双元开发，产教深度融合

本书由编写组与沈阳砼行建筑材料科技有限公司共同开发完成。编写组成员有双师型教师，也有企业的资深专家。他们来自教学、设计、检测、施工及产品开发部门，有丰富的教学和工程检测经验，拥有交通部公路水运检测工程师资格证书、一级建造师资格证书。主编周烨参与全国交通运输职业教育教学指导委员会教研课题2项，全国交通运输职业教育教学委员会组织的课程教学单元设计大赛获二等奖；主持参与多项省部级科研项目，获得科技进步三等奖一项；指导学生参加刚毅杯建筑材料大赛、无损检测大赛均获得单项一等奖及团体一等奖的好成绩。副主编赵同峰的产教融合、同步升级、层级递进的高职人才培养模式创新与实践，获得国家级科技成果二等奖及"校企互融互通"订单班人才培养创新及实践，获得校级教学成果一等奖；主审姜长军是设计单位引进的人才，工作经验丰富。校企合作的编写团队，保证了教材的先进性、针对性和适用性。

5. 教学资源丰富

针对各类规程的修订，对教材配套的多媒体课件进行了同步更新，同时增配了辽宁省交通高等专科学校职业教育示范性虚拟仿真实训基地中与每一个项目相匹配的虚拟仿真教学动画等数字化资源，更有助于教师教学和学生学习。

本书由辽宁省交通高等专科学校周烨担任主编，由交通运输部科学研究院交通运输安全研究中心张瑞、辽宁省交通高等专科学校赵同峰和王光远、辽宁省交通运输事业发展中心徐小博、辽宁省高速公路运营管理有限责任公司张爽、辽宁省市政工程设计研究院有限责任公司卢阳阳、本溪市交通运输综合执法队修金芹担任副主编，由辽宁新发展交通集团有限公司姜长军主审。具体编写分工如下：周烨完成项目一的任务一、任务四、项目三的任务二；徐小博完成项目一的任务二；王光远完成项目二的任务一、赵同峰完成项目二的任务二；张瑞完成项目一的任务三；张爽负完成项目三的任务一；卢阳阳完成项目三的任务三；修金芹负责每个项目的学习参考及学习思考的内容。全书由周烨统稿。

本书在编写过程中，参阅了大量文献资料，在此向这些文献资料的原作者表示衷心感谢。限于编者水平有限，书中难免存在不妥之处，敬请各位读者批评指正。

编　者

目 录

项目一 公路工程检测基本知识 ... 1
任务一 公路工程检测概述 ... 1
一、公路工程试验检测工作的目的及意义 ... 2
二、试验检测项目及类别 ... 3
三、实验室管理规章制度 ... 4
四、试验台账 ... 8

任务二 公路工程质量检验与评定 ... 10
一、工程质量评定 ... 10
二、数理统计方法评定项目及规定 ... 13

任务三 路基、路面工程质量检测项目 ... 18
一、路基土石方工程检测项目 ... 18
二、排水工程 ... 23
三、路面工程检测项目 ... 27

任务四 试验检测数据的处理 ... 36
一、常用的数理统计方法和数据处理方法 ... 36
二、数字修约规则 ... 39
三、抽样检验基础 ... 45

项目二 路基工程试验与检测 ... 52
任务一 路基施工准备阶段试验检测内容 ... 52
一、路基土的工程分类 ... 53

二、路基土石方工程质量检测 …………………………………………………… 60
　　三、路基土石方工程检测 ………………………………………………………… 61
任务二　路基工程施工、竣工阶段检测内容 …………………………………… 86
　　一、路基施工阶段试验检测 ……………………………………………………… 87
　　二、路基竣工验收阶段试验检测内容 ………………………………………… 101

项目三　路面工程试验与检测 …………………………………………………… 105

任务一　路面基层与底基层试验检测 …………………………………………… 105
　　一、路面基层与底基层材料要求 ……………………………………………… 106
　　二、基层、底基层原材料的试验检测内容试验 ……………………………… 110
　　三、路面基层与底基层混合料的设计 ………………………………………… 110
　　四、路面基层与底基层材料检测 ……………………………………………… 111

任务二　路面面层室内材料试验检测 …………………………………………… 134
　　一、路面原材料检测项目及要求 ……………………………………………… 134
　　二、沥青混合料配合比设计（马歇尔法） …………………………………… 140
　　三、路面原材料检测 …………………………………………………………… 150

任务三　路面现场试验检测 ……………………………………………………… 187
　　一、路面结构性能（承载能力）检测 ………………………………………… 188
　　二、路面压实度的检测 ………………………………………………………… 200
　　三、路面渗水检测 ……………………………………………………………… 204
　　四、路面安全性能——抗滑性能的检测 ……………………………………… 208
　　五、路面功能性试验检测 ……………………………………………………… 216
　　六、路面厚度测试方法 ………………………………………………………… 224

附录 A　公路路基路面现场测试随机选点方法 ………………………………… 230
附录 B　检测路段数据整理方法 ………………………………………………… 238
参考文献 …………………………………………………………………………… 241

项目一　公路工程检测基本知识

知识目标

1. 了解公路工程检测概述。
2. 了解《公路工程质量检验评定标准　第一册　土建工程》(JTG F80/2—2017)的施工范围。
3. 掌握土石方等工程检查项目。
4. 掌握抽样检验的方法，能正确分析表达和处理试验数据。

能力目标

1. 具备正确分析评定工程施工质量的能力。
2. 会记录相关数据，并进行分析处理。
3. 具备掌握抽样检验的方法、正确分析表达和处理试验数据的能力。

素质目标

1. 培养学生树立质量第一的工程意识。
2. 培养学生严谨的态度、实事求是的工作作风。
3. 培养学生自主学习、终身学习的能力及团队精神。

任务一　公路工程检测概述

学习情境

某公路工程施工项目需要几名检测工作人员，你作为刚毕业的大学生，和其他几名同事刚好被公司分配到该项目上，作为一个小组共同完成该项目的检测工作。但是你在工程检测方面完全是一名新手，对检测工作的目的和意义、检测的项目类别及检测人员的岗位职责及试验台账如何建立，几乎一无所知，必须参加培训，快速掌握上述内容并进入工作角色。

学习目标

1. 公路工程试验检测工作的目的及意义。
2. 试验检测项目及类别。
3. 实验室管理规章制度。
4. 试验台账。

学习要求

通过对本任务的学习,掌握公路工程检测工作的目的和意义、检测项目及类别、试验台账种类,并具备建立台账的技能。

学习引导

一、公路工程试验检测工作的目的及意义

公路工程建设项目管理离不开工程试验检测工作。试验检测工作更是公路工程施工质量控制和竣工验收评定工作中不可缺少的一个重要环节。

在工程施工准备阶段,从事检测的人员应配合部门领导及相关部门对料场材料进行现场分析。用定量的方法根据设计文件、试验规程、标准科学评定建设工程所采用的原材料、成品、半成品及构件的质量,合理选择料源,材料费用占整个工程投资的60%~80%。通过试验检测结果合理设计配比,不但保证施工质量还会为施工企业节约投资金额。这就要求从事检测的人员要有较高的业务水平和认真的工作作风及严谨的工作态度。当然原材料质量也要满足要求且价格合理,这是建设工程开工的首要条件,更是控制工程质量的首要环节。

在工程施工阶段,从事检测的人员在整个施工期间应理解并领会设计文件,熟悉现行施工技术规范和试验检测规程,做好工程试验检测工作,为公路工程的科研、设计、施工和养护管理提供可靠的决策依据,并对施工质量全方位控制,以保证工程质量。

在竣工验收阶段,公路工程建设项目的竣工验收是全面考核公路设计成果、检验设计和施工质量的重要环节,做好验收工作,对于确保工程质量、保证工程及时投入使用、发挥投资效益、提高建设质量和管理水平具有重要的作用。所以,工程检测可以为工程施工提供科学准确的数据和记录报告,判断工程质量是否满足规范和设计文件的要求。

随着公路技术等级的提高,建设单位和各级公路管理部门已对加强质量检测与施工质量控制和验收工作予以高度重视。但仍有部分单位不具备原材料质量试验检测和施工质量控制试验检测的基本条件,有些单位虽然已购置了一定数量的试验检测仪器设备,但只满足于应付检查,有的仪器从工程开始到结束根本没有被使用过。工程实践经验证明:不重视施工检测和施工现场质量控制管理工作,仅凭借经验评估是造成工程出现早期破坏的重要原因之一。所以,要想切实提高道路工程施工质量、缩短施工工期、降低工程投资,在建立健全工程质量控制检查制度的同时,还必须配备一定数量的试验检测设备和相应的专职试验检测技术人员。

工程质量检测工作在提高工程质量，加快工程进度，降低工程造价，推广新技术、新工艺、新材料，推动公路工程施工技术进步方面起到了极为重要的作用。因此，试验检测是评价工程质量缺陷和鉴定工程事故的手段。工程试验检测技术将检测基本理论、操作技能及公路工程学科基础知识融为一体，为工程设计、施工、验收评定、养护管理决策提供主要依据。工程检测人员一定要严格把好路用材料质量关、施工质量参数控制关及施工过程质量关和分部分项工程验收关四个关键环节。只有把好这四个关键环节，才能提高工程质量、降低工程造价、缩短工期。

试验检测技术人员一定要正确地认识各种试验检测的作用及其局限性。试验检测成果因试验方法和试验技巧的熟练程度不同，会有较大的误差。为了使试验检测能较正确地反映材料或工程的实际性质，就要求试验人员必须掌握试验检测的基本理论、基本知识和基本技能，这样才能保证工程质量。

二、试验检测项目及类别

(一)试验检测项目

(1)路基工程试验检测：土工试验包括土的物理、力学性质及水理性质指标，路基现场检测等。

(2)路面基层试验检测：土工试验、水泥技术性质、石灰技术性质、粉煤灰技术性质、水泥或石灰剂量的测试、路面基层力学性质及强度试验检测、路面基层现场测试等。

(3)路面工程试验检测：沥青(基质、改性、乳化)、集料试验、弯沉、平整度、压实度、抗滑性能、厚度、路面渗水等。

(二)试验检测类别

试验检测类别如图 1.1 所示。

图 1.1　试验检测类别

1. 验证试验

验证试验是对材料或商品构件进行预先鉴定，以决定是否可以用于工程。按以下要求进行。

(1)在材料或商品构件订货之前，应要求承包人提供生产厂家的产品合格书及试验报告。必要时监理人员还应对生产厂家设备、工艺及产品的合格率进行现场调查了解，或由承包人提供样品进行试验，以决定是否同意采购。

(2)材料或商品构件运输到现场后，还应按规定的批量和频率进行抽样试验，不合格者不准许用于工程。

(3)在施工过程中还应随机进行符合性抽验检查。

2. 标准试验

标准试验是对各项工程的内在品质进行施工前的数据采集,它是控制和指导施工的科学依据。标准试验包括各种标准击实试验、集料的筛析试验、混合料的配合比试验、结构的强度试验等。它应按以下要求进行。

(1)在各项工程开工之前,承包人应先完成标准试验,并将试验报告及材料提交监理中心实验室审查批准。

(2)监理中心实验室应在承包人进行标准试验的同时或以后,平行进行复核(对比)试验,以肯定、否定或调整承包人标准试验的参数或指标。

3. 工艺试验

工艺试验是依据技术规范的规定,在动工之前对路基、路面及其他需要通过预先试验方能正式施工的分项工程预先进行的试验,然后依其试验结果全面指导施工。工艺试验应按以下要求进行。

(1)监理工程师应要求承包人提出工艺试验的施工方案和实施细则,并予以审查批准。

(2)工艺试验的机械组合、人员配额、材料、施工程序等须有两组以上方案,以便通过试验作出选定。

4. 抽样试验

抽样试验是对各项工程实施中的内在品质进行符合性检查。其内容包括各种材料的物理性能、土方及其他填筑施工的密实度、混凝土及沥青混凝土的强度等的测定和试验。抽样试验应按以下要求进行。

(1)监理人员对承包人的抽样频率、取样方法及试验过程进行检查。

(2)在承包人的工地实验室按技术规范的规定全频率抽样试验的基础上,监理中心实验室应按10%~20%的频率抽检。

(3)当监理人员对施工质量或材料产生疑问时,中心实验室随时进行抽检。

5. 验收试验

验收试验是对已完成的工程项目进行试验检测,以准确地评价工程实际内在品质,多指对中间交验的分部工程及分项工程作出评定。

三、实验室管理规章制度

实验室工作制度的健全与否及制度执行情况,反映了一个单位的管理水平。试验检测工作规范化、制度化是保证建设工程质量的重要因素,对试验检测机构来说就要制定相应的规章制度来约束影响检测结果的各种因素,以保证试验检测质量。现以某工地项目实验室规章制度为例。

(一)实验室工作职责

(1)在项目部总工程师和工程部部长的领导下,负责本合同段试验检测管理工作,严格执行有关规范、规程、标准、方法、试验工作细则。有权制止违反操作规程的施工,必要时做好有关记录,如实向项目部领导汇报,并提出处理建议。

(2)制订试验工作计划,建立健全规章制度,做好试验工作管理,提供检测仪器设备的购置、送检、校验和维修报告。

(3)参加所属工程原材料产源调查和选择及取样鉴定检测,指导原材料的正确保管、使用和检验、检测状态标识。

(4)按时完成试验工作,及时解决试验中的问题,做好试验资料的收集和保管。

(5)严格按指定的原材料、配合比及其他施工参数和方案进行施工指导。

(6)参加有关工程质量检查和质量事故的调查分析。

(7)全面了解所属工程的试验要求,对于不能承担的试验项目提出委托申请。

(8)及时收集新标准、规范、规程、方法、技术。

(二)实验室主任(技术负责人)岗位职责

(1)在项目总工程师的领导下,负责实验室的全面管理和业务工作,对实验室的全面技术活动的正确性和有效性负责。

(2)根据施工合同中明确的任务组建实验室,制定检测规划、规章制度,明确并购置相应的检测规范,安装所需试验仪器。

(3)参与新建工地的原材料调查取样,安排检测工作,同时指导施工过程的质量控制。

(4)管理和指导实验室人员的各项检测工作,做到检测规范、结论准确,并在报告单上"负责人"一栏审核签字。

(5)组织实验室人员的业务学习,定期向项目总工程师汇报工作,上报规定的报表,同时完成交办的其他工作。

(三)实验室质量负责人职责

(1)在项目总工程师和实验室主任的领导下,负责实验室的检测质量工作,确保检测试验过程按质量保证体系框图执行。

(2)在主任不在的情况下,可代替主任安排工作。

(3)负责处理用户的投诉及安排对样品重新检测。

(4)负责资格及检测环境条件的保证。

(5)组织试验人员进行仪器设备的调试、维护、保养及检、校工作,确保设备完好,不准确度控制在规定范围。

(6)参与工程质量事故的处理工作。

(7)贯彻 ISO9002 标准中《检验、测量和试验设备控制》程序。

(四)检测员岗位职责

(1)熟练掌握公路工程主要检测试验仪器设备的操作方法和要求,总结经验,不断提高操作水平。

(2)完成实验室下达的各项试验检测任务。

(3)严格遵守试验规程及有关规定进行各项试验检测工作;严格按技术要求逐项做好记录、按规定正确处理试验检测数据,对试验数据的正确性、可靠性负责,不得擅自取舍,严禁编造数据。

(4)负责试验检测原始数据的整理、计算和试验检测报告单的填写工作,并按规定程序送审。

(5)严格按操作规程规定使用仪器设备,加强仪器设备的维护保养及清理工作,在使用前必须对仪器设备量值、运转状况、环境条件等进行检查,操作使用主要仪器设备必须填写"仪器使用记录卡"。

(6)试验检测中遇到重大技术问题,及时与有关人员取得联系,商讨处理办法。

(7)遵守劳动纪律,服从工作安排。严格遵守制度,防止事故的发生。

(8)认真钻研业务,努力学习新标准、新规范、新方法,提高业务技术水平。

(五)资料管理员职责

(1)负责实验室内原始记录、检验报告、标准规范、技术资料的管理工作。

(2)收集、购置新标准、规范及必备的工具业务书籍。

(3)收集有关学术会议、技术鉴定会议及其他技术资料。

(4)各种有关书籍资料的整理编号,登记保管,并与档案室办理移交手续。

(5)组织试验资料的整理归档,并与档案室办理移交手续。

(6)资料外借需经实验室主任批准,严守保密制度,不得泄露有关技术数据,并不得随意复制报告资料。

(7)资料丢失按质量事故处理,并要追究资料管理员的责任。

(六)保密制度

(1)有关文件资料、检测试验报告、数据不得随意向外扩散。

(2)检测数据除本单位有关部门外,非经正式渠道,任何人不得以任何方式向外泄露。

(3)本单位内部有关会议或实验室形成的内部意见不得随意向外透露。

(4)试验人员必须遵守《保密制度》中的有关规定,如因不执行而造成不良后果者,必追究当事人的责任,并给予必要的处分。

(七)取样、送检管理制度

(1)试验检测一般采用抽样检验的方式,而很少采用全数检验,抽样检验是从一批产品或一个过程的产品中随机抽取少量个体进行检验,来判定一批产品或一个过程的产品是否合格,所以个体的抽取方法非常重要,直接影响检验结果的准确性,试验工作者要特别重视此项工作。

(2)取样要有代表性,严格按试验标准规范要求随机抽取样品,避免造成检测试验结果与实际产品不符。

(3)取样工作必须由实验室派人按有关标准、规定完成,不得受任何干扰,严禁施工现场工作人员取样送检。

(4)抽取样品的数量依据现行国家标准或部颁标准的有关规定一次性抽够;抽取样品的频率严格按试验规范要求进行。

(5)样品抽取完毕,要妥善保管;填写试验委托单,与样品一起送到实验室进行检测。

(6)实验室对照试验委托单检查样品外观是否符合要求、数量是否足够,检查后进行来样登记,将样品放入样品室或工作间备检。

(7)对于水泥、外加剂、外掺料要按标准、规定留取复检样品,作为试验存在争议时仲裁使用,一般情况下水泥留置40天,外加剂和外掺料留置90天。

(八)样品室管理制度

(1)进入样品室的样品应按型号、规格、品种登记编号,样品的试验状态,用"未检""在检""检毕"标签加以标识。

样品贮存在样品室,由专人负责,限制出入。样品应分类存放,标识清楚,做到账物一致。样品的贮存环境应安全、无腐蚀、清洁干燥。

(2)对要求在特定环境下贮存的样品,应严格控制环境条件。环境条件应定期加以记录。

(3)易燃、易爆、有毒的危险样品应隔离存放,并作出明显标记。

(4)检后样品留样期不得少于报告期,留样期一般不超过60天,特殊样品根据要求另行商定。

(5)客户要求领回样品(客户委托处理样品):在留样期满后,办理手续。若需提前(留样期内)领回样品时,应在抽样单上签注"对本检验报告无异议"后,方可办理退样手续。

(6)客户不要求领回,但有利用价值的样品,由样品管理员填写样品处理申请表,提出处理意见,技术负责人批准后执行。

(7)报废、报损的样品:样品管理员列出样品处理申请单,技术负责人批准后统计表销毁。

(8)会造成公害、必须监护处理的样品,应按有关环保规定运输,防止污染环境及造成危害,监护处理应记录,处理记录一般保存三年。

(九)仪器设备管理制度

(1)实验室指定专人管理试验检测仪器设备。

(2)建立仪器设备总台账,写明设备名称、规格型号、产地、数量、性能状况、检定情况、购买时间、价格、量程、精度等内容。仪器设备可分为A、B、C三类。A类是指送检设备;B类是指自校设备;C类是指一次性验收设备及工具。三类设备在总台账中注明。

(3)对贵重、精密、大型仪器设备指定仪器负责人;制定操作细则;建立档案,内装仪器设备说明书、检定证书、使用维修情况记录等,填写记录要整洁、清晰,不得涂改,做到准确无误,具有可追溯性。

(4)主要、常用仪器设备操作规程贴在墙上醒目位置,并配备"仪器设备使用维修记录簿",使用或维修保养后,认真填写。

(5)仪器设备出现故障或损坏,修理或维修后需经试用或检定合格,填写仪器设备事故与中、大修理或其他履历,方可移交检验人员使用。

(6)属于送检仪器设备,应编制检定计划,按周期送检,取得检定合格证后才能使用,严禁不检或超过检定周期使用;在检定周期内,仪器设备如果经过修理,影响力值系统或经过搬运、移动等,要重新送检。

(7)属于自校设备,应编制自校计划,对没有检定系统和规定规程的仪器设备,应自编检验方法进行校验,确保设备精度可靠。

(8)施工过程中需要购置试验仪器设备,首先编制购置计划,提出购置申请,购置仪器设备时要注意性能的先进性和质量的可靠性,以及量程、精度是否满足测试要求等;仪器设备的报废,应经主管领导批准后办理。

(9)试验检验人员要严格按操作规程使用仪器,使用过程中要注意设备和人身安全,使用完毕应进行断电和必要的常规保养,保持仪器设备的清洁,保持工作间的整洁。

(10)各级实验室主任要组织试验人员对仪器设备进行定期和不定期的维护保养,使仪器设备保持良好的工作状态。

(11)水泥抗压强度试验标准养护试件采用"水养",温度控制在(20 ± 1)℃,各级实验室应配备相应设备;混凝土、砂浆标准养护室必须采用自动控温、控湿装置,工作人员每天分早、中、晚固定时间三次人工记录温度、湿度,并妥善保管原始记录资料。

(12)水泥、混凝土工作间配备空调,保证在试验规程要求的工作环境下进行试验检测。

(十)试验检测质量保证制度

(1)试验检测人员必须符合检测人员的基本条件,具备试验检测人员的各项要求。

(2)试验检测人员必须认真学习有关标准、规范、规程,互相学习,交流经验,工作上要精益求精,不断提高业务能力,遇特殊情况必须经实验室主任审查确认具有资格后,才可进行操作。

(3)仪器设备必须进行定期检验标定,未经校验标定(或已超期)的仪器设备不得投入使用。

(4)遇突发事件(如停水停电)中断检测工作的,检测工作重新开始并记录情况备案。

(5)发生事故,保护现场按规定上报,组织有关人员认真分析事故原因,采取有效措施尽快恢复仪器设备的正常使用。

(6)原始记录和报告的审核工作,严格按检验报告审查制度执行。

(十一)技术资料档案操作规程

(1)技术资料档案包括试验记录、报告、技术标准和规范、仪器设备说明书及其履历书、计量检定资料等。

(2)技术资料和档案由专职资料人员管理。

(3)管理人员应做好技术规范标准的编目工作,要求收集齐全,以满足试验需要。科技交流资料,仪器、设备说明书及履历书,计量检定的报告及时归档,不得留存在任何人手中。

(4)归档资料放在统一的资料盒里,并标明项目名称、试样名称和试验日期,归档工作由资料员负责。

(5)借阅资料应办登记手续,借阅时间原则上不超过一个星期,如确需延长时间,应办理续借手续。试验记录、报告不得借阅。

(6)资料管理员要根据科技发展和生活的需要收集复制资料或制订出计划。

四、试验台账

试验台账是试验管理的一种有效手段,它对整个施工过程中试验质量控制、试验资料管理具有重要的作用。

(一)试验台账的种类

(1)试验资料台账:对工地的各种原材料、试件,必须分别建立试验台账和试验报告台账,每种台账必须按规定项目认真填写,字迹清楚,不得任意涂改,执行签字制度。

(2)试验设备台账:各种试验机建立保养维修台账,记录试验机的维修使用鉴定情况,以便了解设备状况,决定大修和设备更新。

(3)试验仪器使用台账:为了确保仪器在检定的有效期内使用,以便了解仪器现状,保证试验数据的准确性。

(4)试验药品台账:对各种试剂建立台账,专人保管,严格执行使用、发放签字制度。

(5)规程、规范、技术资料台账:做好规程、规范、技术资料台账,便于随时查找。试验用表格、台账,控制表格发放数量,及时增添新表格。试验用具及零用物品台账记录进料数量和使用情况,杜绝浪费。

(二)台账示例

细集料报验台账见表1.1。

表1.1 细集料报验台账

施工单位:××局集团第五工程有限公司东四制梁场实验室

序号	委托日期	试验日期	工程名称及部位	规格型号	代表数量/t	生产厂家	含泥量/%	泥块含量/%	云母含量/%	轻物质含量/%	细度模数	报告编号	见证取样人	见证
1	2024年9月20日	2024年9月22日	×客运专线预制箱梁	中砂	463.95	海城羊角峪砂场	1.0	0.0	0.3	0.3	2.9	S240924	××	××
2	2024年9月24日	2024年9月26日	××客运专线预制箱梁	中砂	580.15	海城羊角峪砂场	0.6	0.0	0.4	0.2	2.7	S240928	××	××
3	2024年10月1日	2024年10月4日	×客运专线预制箱梁	中砂	588.14	海城羊角峪砂场	1.0	0.0	0.3	0.3	2.8	S241005	××	××
4	2024年11月3日	2024年11月4日	×客运专线预制箱梁	中砂	584.1	海城羊角峪砂场	0.8	0.0	0.2	0.3	2.8	S241106	××	××
5	2024年11月4日	2024年11月6日	×客运专线预制箱梁	中砂	583.74	海城羊角峪砂场	0.8	0.0	0.2	0.2	2.8	S241108	××	××

学习思考

1. 在工程施工准备阶段检测的人员做什么工作?
2. 公路工程试验检测工作的目的及意义有哪些?
3. 路基工程检测的项目有哪些?

4. 路面工程检测的项目有哪些？
5. 试验检测的类别有哪些？
6. 台账作业：参观检测中心。第一组：建立材料检测仪器台账；第二组：建立现行规程台账；第三组：建立土工试验检测记录内业台账；第四组：建立沥青及其混合料仪器使用记录台账。

任务二　公路工程质量检验与评定

学习情境

某新建道路工程项目，为控制其工程质量，作为施工单位要加强源头控制、过程控制及跟踪控制。建立、健全质量保证体系；制订、完善质量控制措施，确保工程质量。质量检测是公路工程质量控制和评定的重要手段，而试验检测对保证工程质量、加快施工进度、促进公路工程施工技术进步，具有十分重要的作用。作为新入职的你要尽快进入角色，掌握这些知识。

学习目标

1. 工程质量评定。
2. 数理统计方法评定项目及规定。

学习要求

通过对本任务的学习，掌握单位工程、分部工程、分项工程的概念及划分方法；制定公路工程质量检验评定标准的目的和适用范围；检验评定程序；分项工程检验内容及数理统计方法评定项目及规定。

学习引导

根据设计任务、施工管理和质量检验评定的需要，应在施工准备阶段将建设项目划分为单位工程、分部工程和分项工程。施工单位、工程监理单位和建设单位应按相同的工程项目划分进行质量的监控和管理。

一、工程质量评定

(一)一般规定

公路工程质量检验评定应按分项工程、分部工程、单位工程逐级进行，并应符合下列规定。

(1)在合同段中，具有独立施工条件和结构功能的工程为单位工程。

(2)在单位工程中,按路段长度、结构部位及施工特点等划分的工程为分部工程。

(3)在分部工程中,根据施工工序、工艺或材料等划分的工程为分项工程。

公路工程质量检验评定应符合下列规定。

(1)分项工程完工后,应根据《公路工程质量检验评定标准　第一册　土建工程》(JTG F80/1—2017)中的规定进行检验,对工程质量进行评定。隐蔽工程在隐蔽前应检查合格。

(2)分部工程、单位工程完工后,应汇总评定所属分项工程、分部工程质量资料,检查外观质量,对工程质量进行评定。

路基路面工程的划分见表1.2。

表1.2　路基路面工程的划分

单位工程	分部工程	分项工程
路基工程(每10 km或每标段)	路基土石方工程[①](1～3 km路段)	土方路基,石方路基,软土地基,土工合成材料处置层等
	排水工程(1～3 km路段)	管节预制,管道基础及管节安装,检查(雨水)井砌筑,土沟,浆砌排水沟,盲沟,跌水,急流槽,水簸箕,排水泵站等
	小桥及符合小桥标准的通道,人行天桥,渡槽(每座)	基础及下部构造,上部构造预制、安装或浇筑,桥面,栏杆,人行道等
	涵洞、通道(1～3 km路段)	基础及下部构造,主要构件预制、安装或浇筑,填土,总体等
	砌筑防护工程(1～3 km路段)	挡土墙,墙背填土,抗滑桩,锚喷防护,锥、护坡,导流工程,石笼防护等
	大型挡土墙,组合式挡土墙(每处)	基础,墙身,墙背填土,构件预制,构件安装,筋带,锚杆,拉杆,总体等
路面工程(每10 km或每标段)	路面工程(1～3 km路段)	垫层,底基层,基层,面层,路缘石,路肩等

①按路段长度划分的分部工程,高速公路、一级公路宜取低值,二级及二级以下公路可取高值。

(二)工程质量检验

(1)分项工程质量检验内容包括基本要求、实测项目、外观质量和质量保证资料等检验项目分别检查。

(2)分项工程质量应在所使用原材料、半成品、成品及施工控制要点等符合基本要求的规定,无外观质量限制缺陷且质量保证资料真实齐全时,方可进行检验评定。

(3)基本要求检查应符合下列规定。

1)分项工程应对所列基本要求逐项检查,经检查不符合规定时,不得进行工程质量的检验评定。

2)分项工程所用的各种原材料的品种、规格、质量及混合料配合比和半成品、成品应符合有关技术标准规定并满足设计要求。

(4)实测项目检验应符合下列规定。

1)对检查项目按规定的检查方法和频率进行随机抽样检验并计算合格率。

2)《公路工程质量检验评定标准 第一册 土建工程》(JTG F80/1—2017)规定的检查方法为标准方法,采用其他高效检测方法应经比对确认。

3)《公路工程质量检验评定标准 第一册 土建工程》(JTG F80/1—2017)中以路段长度规定的检查频率为双车道路段的最低检查频率,对多车道应按车道数与双车道之比相应增加检查数量。

4)应按式(1.1)计算检查项目合格率:

$$检查项目合格率(\%) = \frac{合格的点(组)数}{该检查项目的全部检查点(组)数} \times 100\% \qquad (1.1)$$

(5)检查项目合格判定应符合下列规定。

1)关键项目的合格率应不低于95%(机电工程为100%),否则该检查项目为不合格。

2)一般项目的合格率应不低于80%,否则该检查项目为不合格。

3)有规定极值的检查项目,任一单个检测值不应突破规定极值,否则该检查项目为不合格。

(6)外观质量应进行全面检查,并满足规定要求,否则该检查项目为不合格。

(7)工程应有真实、准确、齐全、完整的施工原始记录、试验检测数据、质量检验结果等质量保证资料。质量保证资料应包括下列内容。

1)所用原材料、半成品和成品质量检验结果。

2)材料配合比、拌和加工控制检验和试验数据。

3)地基处理、隐蔽工程施工记录和桥梁、隧道施工监控资料。

4)质量控制指标的试验记录和质量检验汇总图表。

5)施工过程中遇到的非正常情况记录及其对工程质量影响分析评价资料。

6)施工过程中如发生质量事故,经处理补救后达到设计要求的认可证明文件等。

(8)检验项目评为不合格的,应进行整修或返工处理直至合格。

(三)工程质量评定

(1)工程质量等级应分为合格和不合格。

(2)分项工程质量评定合格应符合下列规定。

1)检验记录应完整。

2)实测项目应合格。

3)外观质量应满足要求。

(3)分部工程质量评定合格应符合下列规定。

1)评定资料应完整。

2)所含分项工程及实测项目应合格。

3)外观质量应满足要求。

(4)单位工程质量评定合格应符合下列规定。

1)评定资料应完整。

2)所含分部工程应合格。

3)外观质量应满足要求。

(5)评定为不合格的分项工程、分部工程,经返工、加固、补强或调测,满足设计要求后,可重新进行检验评定。

(6)所含单位工程合格,该合同段评定为合格;所含合同段合格,该建设项目评定为合格。

二、数理统计方法评定项目及规定

(一)压实度评定

(1)路基路面基层、底基层压实度以重型击实标准为准。沥青压实度以《公路沥青路面施工技术规范》(JTG F 40—2004)的规定为准。

(2)标准密度应做平行试验,求其平均值作为现场检验的标准值。对于均匀性差的路基土质和路面结构层材料,应根据实际情况增补标准密度试验,求得相应的标准值,以控制和检验施工质量。

(3)路基、路面压实度以1~3 km长的路段为检验评定单元,按要求的检查频率进行现场压实度的抽样检查,求算每一测点的压实度 K_i。

检验评定段的压实度代表值 K(算术平均值的下置信界限)由式(1.2)计算:

$$K = \bar{k} - \frac{t_a}{\sqrt{n}} S \geqslant K_0 \tag{1.2}$$

式中 $\bar{k}$——检验评定段内各测点压实度的平均值;

t_a——t 分布表中随测点数和保证率(或置信度 α)而变的系数;采用的保证率:高速公路、一级公路的基层、底基层为99%,路基、路面面层为95%;其他公路基层、底基层为95%,路基、路面面层为90%;

S——检测值的标准差;

n——检测点数;

K_0——压实度规定值。

路基、基层和底基层:当 $K \geqslant K_0$,且单点压实度 K_i 全部大于或等于规定值减2个百分点时,评定路段的压实度合格率为100%;当 $K \geqslant K_0$,且单点压实度全部大于或等于规定极限值时,按测定值不低于规定值减2个百分点的测点数计算合格率;当 $K < K_0$ 或某一单点压实度 K_i 小于规定极限值时,该评定路段压实度为不合格,相应分项工程评为不合格。

路堤施工段较短时,分层压实度应符合要求,且样本数不少于6个。

沥青面层:当 $K \geqslant K_0$ 且全部测点大于或等于规定值减1个百分点时,评定路段的压实度合格率为100%;当 $K \geqslant K_0$ 时,按测定值不低于规定值减1个百分点的测点数计算合格率。

当 $K < K_0$ 时,评定路段的压实度为不合格,相应分项工程评为不合格。

(二)水泥混凝土弯拉强度评定

(1)水泥混凝土弯拉强度试验方法。水泥混凝土弯拉强度试验应使用标准小梁法或钻芯劈裂法,试件使用标准方法制作,标准养生时间28 d,路面钻芯劈裂时间宜控制在28~56 d,

不掺粉煤灰宜用 28 d,掺粉煤灰宜用 28～56 d。试件数量:高速公路和一级公路每工作班制作 2～4 组——日进度≥1 000 m 取 4 组,日进度≥500 m 取 3 组,日进度<500 m 取 2 组。其他公路每工作班制作 1～3 组——日进度≥1 000 m 取 3 组,日进度≥500 m 取 2 组,日进度<500 m 取 1 组。每组 3 个试件的平均值作为一个统计数据。

(2)水泥混凝土弯拉强度的合格标准。

1)试件组数大于 10 组时,平均弯拉强度合格判断式为:

$$f_{cs} \geqslant f_r + k\sigma \tag{1.3}$$

式中 f_{cs}——混凝土合格判定平均弯拉强度(MPa);

        f_r——设计弯拉强度标准值(MPa);

        k——合格判定系数:试件组数为 11～14 组时取 0.75;组数为 15～19 组时取 0.70;大于或等于 20 组时取 0.65;

        σ——强度标准差(MPa);其值等于实测弯拉强度统计变异系数 C_V 与实测弯拉强度统计平均值 f_{ce} 的乘积。

2)当试件组数为 11～19 组时,允许有一组最小弯拉强度小于 $0.85f_r$,但不得小于 $0.80f_r$。当试件组数大于或等于 20 组时,高速公路和一级公路均不得小于 $0.85f_r$,其他公路允许有一组最小弯拉强度小于 $0.85f_r$,但不得小于 $0.80f_r$。

3)试件组数等于或少于 10 组时,试件平均强度不得小于 $1.15f_r$,任一组强度均不得小于 $0.85f_r$。

(3)当标准小梁合格判定平均弯拉强度 f_{cs} 和最小弯拉强度 f_{min} 中有一个不符合上述要求时,应在不合格路段每车道每 1 km 钻取 3 个以上 ϕ150 mm 的芯样,实测劈裂强度,通过各自工程的经验统计公式换算弯拉强度,其合格判定平均弯拉强度 f_{cs} 和最小值 f_{min} 必须合格;否则,应返工重铺。

(4)评定路段内水泥混凝土弯拉强度评为不合格时,相应分项工程应评为不合格。

(三)水泥混凝土抗压强度评定

(1)评定水泥混凝土的抗压强度,应以标准养生 28 d 龄期的试件为准。试件为边长 150 mm 的立方体。每组试件 3 个,制取组数应符合下列规定。

1)不同强度等级及不同配合比的混凝土应在浇筑地点或拌和地点分别随机制取试件。

2)浇筑一般体积的结构物(如基础、墩台等)时,每一单元结构物应制取 2 组。

3)连续浇筑大体积结构时,每 80～200 m³ 或每一工作班应制取 2 组。

4)上部结构的主要构件长 16 m 以下应制取 1 组,16～30 m 制取 2 组,31～50 m 制取 3 组,50 m 以上应不少于 5 组。小型构件每批或每工作班至少应制取 2 组。

5)每根钻孔桩至少应制取 2 组;桩长 20 m 以上应不少于 3 组;桩径大、浇筑时间很长时,不少于 4 组。如换工作班时,每工作班应制取 2 组。

6)构筑物(小桥涵、挡土墙)每座、每处或每工作班制取不少于 2 组。当原材料和配合比相同并由同一拌和站拌制时,可几座或几处合并制取 2 组。

7)应根据施工需要,另制取几组与结构物同条件养生的试件,作为拆模、吊装、张拉预应力、承受荷载等施工阶段的强度依据。

(2)水泥混凝土抗压强度的合格标准。

1)同批试件组数≥10组时,应以数理统计方法按式(1.4)、式(1.5)评定:

$$m_{fcu} \geq f_{cu,k} + \lambda_1 S_n \tag{1.4}$$

$$f_{cu,min} \geq \lambda_2 f_{cu,k} \tag{1.5}$$

式中 n——同批混凝土试件组数;

m_{fcu}——同批 n 组试件强度的平均值(MPa),精确到 0.1 MPa;

S——同批 n 组试件强度的标准差(MPa),精确到 0.01 MPa。当 $S_n<2.5$ MPa 时,取 $S_n=2.5$ MPa;

$f_{cu,k}$——混凝土设计强度等级(MPa);

$f_{cu,min}$——n 组试件中强度最低一组的值(MPa),精确到 0.1 MPa;

λ_1、λ_2——合格判定系数,当 n 在 10~14 时,$\lambda_1=1.15$,$\lambda_2=0.9$;n 在 15~19 时,$\lambda_1=1.05$,$\lambda_2=0.85$;$n \geq 20$ 时,$\lambda_1=0.95$,$\lambda_2=0.85$。

2)同批试件组数<10组时,可用非统计方法按下述条件进行评定:

$$m_{fcu} \geq \lambda_3 f_{cu,k} \tag{1.6}$$

$$f_{cu,min} \geq \lambda_4 f_{cu,k} \tag{1.7}$$

式中 λ_3、λ_4——合格判定系数,当混凝土强度等级小于 C60 时,λ_3 取 1.15;当大于或等于 C60 时取 1.10。混凝土强度等级无论大于 C60 还是小于 C60 λ_4 都取 0.95。

(3)检查项目中,当水泥混凝土抗压强度评为不合格时,相应分项工程为不合格。

(四)喷射混凝土抗压强度评定

(1)喷射混凝土抗压强度应在喷射混凝土板件上,切割制取边长为 100 mm 的立方体试件,在标准养护条件下养生至 28 d,用标准试验方法测得的极限抗压强度,乘以 0.95 的系数。

(2)单洞两车道或三车道隧道每 10 延米,应至少在拱部和边墙各取 1 组(3 个)试件。其他工程,每喷射 50~100 m³ 混合料或小于 50 m³ 混合料的独立工程,不得少于 1 组。材料或配合比变更时应制取新试件。

(3)喷射混凝土强度的合格标准。

1)同批试件组数 $n \geq 10$ 时,试件抗压强度平均值不低于设计值;任一组试件抗压强度不低于 0.85 倍的设计值。

2)同批试件组数 $n<10$ 时,试件抗压强度平均值不低于 1.05 倍的设计值;任一组试件抗压强度不低于 0.9 倍的设计值。

(4)实测项目中,当喷射混凝土抗压强度评为不合格时,相应分项工程为不合格。

(五)水泥砂浆强度评定

(1)评定水泥砂浆的强度应以标准养生 28 d 的试件为准。试件为边长 70.7 mm 的立方体,每组 3 个试件,制取组数应符合下列规定。

1)不同强度等级及不同配合比的水泥砂浆应随机取样,分别制取试件。

2)重要及主体砌筑物,每工作班制取 2 组。

3)一般及次要砌筑物,每工作班可制取 1 组。

4)试件组数应不少于3组。

5)拱圈砂浆应同时制取与砌体同条件养生试件,以检查各施工阶段强度。

(2)水泥砂浆强度的合格标准。

1)同强度等级试件的平均强度不低于设计强度等级的1.1倍。

2)任意一组试件的强度最低值不低于设计强度等级的85%。

(3)实测项目中,当水泥砂浆强度评为不合格时,相应分项工程为不合格。

(六)无机结合料稳定材料强度评定

(1)无机结合料稳定材料强度,以规定温度下保湿养生6 d、浸水1 d后的7 d无侧限抗压强度为准。

(2)应在现场按规定频率取样,按工地预定达到的压实度制备试件。每2 000 m² 或每工作班制备1组试件。无论稳定细粒土、中粒土或粗粒土,当多次偏差系数 $C_V \leqslant 10\%$ 时,可为6个试件;$C_V = 10\% \sim 15\%$ 时,可为9个试件;$C_V > 15\%$ 时,可为13个试件。

(3)试件的平均强度 $\overline{R}$ 应满足式(1.8)的要求:

$$\overline{R} \geqslant R_d/(1-Z_a C_V) \tag{1.8}$$

式中　R_d——设计抗压强度(MPa);

　　　C_V——试验结果的偏差系数(以小数计);

　　　Z_a——标准正态分布表中随保证率而变的系数。高速公路、一级公路:保证率95%,$Z_a=1.645$;其他公路:保证率90%,$Z_a=1.282$。

(4)评定路段内无机结合料稳定材料强度评为不合格时,相应分项工程为不合格。

(七)路面结构层厚度评定

(1)评定路段内路面结构层厚度按代表值和单个合格值的允许偏差进行评定。

(2)应按规定频率,采用挖验或钻取芯样测定厚度。

(3)厚度代表值为厚度的算术平均值的下置信界限值,即

$$X_L = \overline{X} - t_a \times S/\sqrt{n} \tag{1.9}$$

式中　X_L——厚度代表值(算术平均值的下置信界限);

　　　$\overline{X}$——厚度平均值;

　　　S——标准差;

　　　n——检测点数;

　　　t_a——t分布表中随测点数和保证率(或置信度 α)而变的系数。采用的保证率——高速、一级公路:基层、底基层为99%,面层为95%;其他公路:基层、底基层为95%,面层为90%。

(4)当厚度代表值大于或等于设计厚度减去代表值允许偏差时,则按单个检查值的偏差不超过单点合格值来计算合格率;当厚度代表值小于设计厚度减去代表值允许偏差时,相应分项工程评为不合格。

(5)沥青面层一般按沥青铺筑层总厚度进行评定,高速公路和一级公路分2~3层铺筑时,还应进行上面层厚度检查和评定。

(八)弯沉值评定

(1)弯沉值每一双车道评定路段(不超过 1 km)测量检查点数采用落锤式弯沉仪(FWD)时测点数为 40 点、采用自动弯沉仪或贝克曼梁测量时点数为 80 点。多车道公路应按车道数与双车道之比,相应增加测点。

(2)路基、沥青路面弯沉代表值为弯沉测量值的上波动界限,用式(1.10)表示:

$$l_r = (\bar{l} + \beta \cdot S)K_1K_3 \tag{1.10}$$

式中 l_r——弯沉代表值(0.01 mm);

$\bar{l}$——实测弯沉的平均值;

S——标准差;

β——目标可靠指标,见表 1.3;

表 1.3 目标可靠指标 β 值

公路等级	高速公路	一级公路	二级公路	三级公路	四级公路
目标可靠度/%	95	90	85	80	70
目标可靠指标 β	1.65	1.28	1.04	0.84	0.52

K_1——湿度影响系数,路基顶面弯沉测定时,根据当地经验确定;路表弯沉测定时,根据实测弯沉值通过反算得到路基模量值,修正后得到结构模量值,然后得出测试状态下的弯沉湿度修正系数,或根据当地经验确定;

K_3——温度影响系数,路基顶面弯沉测定时取 1。

(3)粒料类基层底基层顶面弯沉代表值用式(1.11)计算:

$$l_r = \bar{l} + Z_a S \tag{1.11}$$

式中 l_r——弯沉代表值(0.01 mm);

$\bar{l}$——实测弯沉的平均值;

S——标准差;

Z_a——与要求保证率有关的系数,当是沥青面层时,高速公路、一级公路为 1.645;二级、三级公路为 1.5。当是路基时,高速公路、一级公路为 2.0;二级、三级公路为 1.645。

(3)当路基和柔性基层、底基层的弯沉代表值不符合要求时,可将超出 $\bar{l}+(2\sim3)S$ 的弯沉特异值舍弃,重新计算平均值和标准差。对舍弃的弯沉值大于 $\bar{l}+(2\sim3)S$ 的点,应找出其周围界限,进行局部处理。

(4)当弯沉代表值大于设计弯沉值时,相应分项工程为不合格。

> **学习思考**
>
> 1. 公路工程质量检验评定应按_____、_____、_____逐级进行。
> 2. 单位工程_____。
> 3. 在单位工程中,按_____、_____、_____等划分的工程为分部工程。

4. 路基工程的分部工程包括_____、_____、_____、_____、_____、_____。
5. 分项工程质量检验内容包括_____、_____、_____、_____部分。
6. 对检查项目按规定的检查方法和频率进行随机抽样检验并计算_____。
7. 关键项目的合格率应不低于_____（机电工程合格率为_____），否则该检查项目为不合格。
8. 工程质量等级分为_____和_____。

任务三　路基、路面工程质量检测项目

学习情境

某新建道路工程路基施工项目需要几名现场工作人员配合技术人员工作，你作为刚毕业的大学生，和其他几名同学刚好被公司分配到该项目上，作为一个小组共同完成该项目的现场施工工作。但是作为一名新手，对路基、路面工程检测项目内容几乎一无所知，必须虚心向师傅请教，快速掌握上述内容并尽快进入工作角色。

学习目标

1. 路基工程质量检测项目。
2. 路面工程质量检测项目。

学习要求

通过对本任务的学习，掌握路基土石方的一般规定，土方、石方路基的基本要求及实测项目，填石路基、软土地基、土工合成材料及排水工程检查项目。

学习引导

一、路基土石方工程检测项目

(一) 一般规定

(1) 土方路基和填石路基的实测项目的规定值或允许偏差按高速公路、一级公路和其他公路（指二级及以下公路）两档确定，其中土方路基压实度按高速公路和一级公路、二级公路、三四级公路三档设定。

(2) 路基压实度须分层检测，上路床压实度应按《公路工程质量检验评定标准　第一册　土建工程》(JTG F80/1—2017) 中附录 B 的规定进行评定。路基工程其他检查项目应在上路床进行检查测定。

(3) 土质路肩工程可作为路面工程的一个分项工程进行检查评定。

(4) 收费广场及服务区道路、停车场的土方工程压实标准可按土方路基要求进行检验。

(二)土方路基

1. 基本要求

(1)在路基用地和取土坑范围内,应清除地表植被、杂物、积水、淤泥和表土,处理坑塘,并按施工技术规范和设计要求对基底进行压实。表土应充分利用。

(2)填方路基应分层填筑压实,每层表面平整,路拱合适,排水良好,不得有明显碾压轮迹,不得亏坡。

(3)应设置施工临时排水系统,避免冲刷边坡,路床顶面不得积水。

(4)在设定取土区内合理取土,不得滥开滥挖。完工后应按要求对取土坑和弃土场进行修整。

2. 实测项目

土方路基实测项目应符合表1.4的规定。

表1.4 土方路基实测项目

项次	检查项目		规定值或允许偏差			检查方法和频率
	路基部位	路床顶面以下深度/m	高速公路、一级公路	二级公路	三、四级公路	
1	压实度/% 上路床	0~0.3	≥96	≥95	≥94	密度法:每200 m每压实层测2处
	下路床	0.3~0.8	≥96	≥95	≥94	
		0.3~1.2	≥96	≥95	—	
	上路堤	0.8~1.5	≥94	≥94	≥93	
		1.2~1.9	≥94	≥94	—	
	下路堤	>1.5	≥93	≥92	≥90	
		>1.9				
2	弯沉(0.01 mm)		不大于设计要求值			按弯沉值评定规定检查
3	纵断高程/mm		+10,-15	+10,-20		水准仪:中线位置每200 m测2点
4	中线偏位/mm		50	100		全站仪:每200 m测2点,弯道加HY、YH两点
5	宽度/mm		满足设计要求			尺量:每200 m测4点
6	平整度/mm		≤15	≤20		3 m直尺:每200 m测2处×5尺
7	横坡/%		±0.3	±0.5		水准仪:每200 m测2个断面
8	边坡		满足设计要求			尺量:每200 m测4点

注:①表列压实度是按现行《公路土工试验规程》(JTG 3430—2020)重型击实试验所得最大干密度求得的压实度。评定路段内的压实度平均值下置信界限不得小于规定标准,单个测定值不得小于极值(表列规定值减5个百分点)。按测定值不小于表列规定值减2个百分点的测点占总检查点数的百分率计算合格率;
②特殊干旱、特殊潮湿地区或过湿土路基,可按路基设计、施工规范所规定的压实度标准进行评定;
③三、四级公路铺筑沥青混凝土或水泥混凝土路面时,其路基压实度应采用二级公路标准

3. 土方路基外观质量

土方路基外观质量应符合下列规定。

(1)路基边线与边坡不应出现单向累计长度超过 50 m 的弯折。
(2)路基边坡、护坡道、碎落台不得有滑坡、塌方或深度超过 100 mm 的冲沟。

(三)填石路基

1. 基本要求

(1)填石路基应分层填筑压实,每层表面平整,路拱合适,排水良好,上路床不得有碾压轮迹,不得亏坡。
(2)修筑填石路基时应进行地表清理,填筑层厚度应符合规范规定并满足设计要求,填石空隙用石渣、石屑嵌压稳定。
(3)填石路基应通过试验路确定沉降差控制标准。

2. 实测项目

填石路基实测项目应符合表 1.5 的规定。

表 1.5 填石路基实测项目

项次	检查项目		规定值或允许偏差		检查方法和频率
			高速公路、一级公路	其他公路	
1	压实①		孔隙率满足设计要求		密度法:每 200 m 每压实层测 1 处
			沉降差≤试验路确定的沉降差		精密水准仪:每 50 m 测 1 个断面,每个断面测 5 点
2	弯沉(0.01 mm)		不大于设计值		按弯沉值评定规定检查
3	纵断高程/mm		+10,−20	+10,−30	水准仪:中线位置每 200 m 测 2 点
4	中线偏位/mm		≤50	≤100	全站仪:每 200 m 测 2 点,弯道加 HY、YH 两点
5	宽度/mm		满足设计要求		尺量:每 200 m 测 4 点
6	平整度/mm		≤20	≤30	3 m 直尺:每 200 m 测 2 处×5 尺
7	横坡/%		±0.3	±0.5	水准仪:每 200 m 测 2 个断面
8	边坡	坡度	满足设计要求		尺量:每 200 m 测 4 点
		平顺度	满足设计要求		

① 上下路床填土时压实度检验标准同土方路基。

3. 填石路基外观质量

填石路基外观质量应符合下列规定。
(1)路基边线与边坡不应出现单向累计长度超过 50 m 的弯折。
(2)上边坡不得有危石。

(四)软土地基处置

1. 基本要求

(1)换填地基的填筑压实要求同土方路基。
(2)砂垫层:应分层碾压施工;砂垫层宽度应宽出路基边脚 0.5~1.0 m,两侧端以片石护砌;砂垫层厚度及其上铺设的反滤层应满足设计要求。
(3)反压护道:护道高度、宽度应满足设计要求,压实度不低于 90%。

(4)袋装砂井、塑料排水板：沙袋和塑料排水板下沉时不得出现扭结、断裂等现象；井(板)底高程应满足设计要求，塑料排水板超过孔口的长度应伸入砂垫层不小于 500 mm。

(5)粒料桩：施工工艺应符合规范规定；施工前应进行成桩工艺和成桩挤密试验；桩体应连续、密实。

(6)加固土桩：施工前应进行成桩工艺和成桩强度试验；施工设备必须安装喷粉(浆)自动记录装置，施工工艺应符合规范规定。

(7)水泥粉煤灰碎石桩：施工前应进行成桩工艺和成桩强度试验；混合料应拌和均匀，桩体施工应选择合理的施打顺序，在成桩过程中应对已打桩的桩顶进行位移监测。

(8)刚性桩：施工前应进行成桩试验；施工工艺应符合规范规定。

(9)软土地基上的路堤，应满足沉降标准和稳定性的设计要求。

2. 实测项目

软土地基处置实测项目应符合表1.6～表1.9的规定。

表1.6 砂垫层实测项目

项次	检查项目	规定值或允许偏差	检查方法和频率
1	砂垫层厚度	不小于设计值	尺量：每200 m测2点，且不少于5点
2	砂垫层宽度	不小于设计值	尺量：每200 m测2点，且不少于5点
3	反滤层设置	满足设计要求	尺量：每200 m测2点，且不少于5点
4	压实度/%	≥90	密度法：每200 m测2点，且不少于5点

表1.7 袋装砂井、塑料排水板实测项目

项次	检查项目	规定值或允许偏差	检查方法和频率
1	井(板)间距/mm	±150	尺量：抽查2%且不少于5点
2	井(板)长/m	大于设计值	查施工记录
3	井径/mm	+10，0	挖验2%不少于5点
4	灌砂率/%	−5	查施工记录

表1.8 粒料桩实测项目

项次	检查项目	规定值或允许偏差	检查方法和频率
1	桩距/mm	±150	抽查2%不少于5点
2	桩径/mm	不小于设计值	抽查2%且不少于5点
3	桩长/m	不小于设计值	查施工记录
4	粒料灌入率	不小于设计值	查施工记录
5	地基承载力	满足设计要求	抽查桩数的0.1%且不少于3处

表1.9 加固土桩实测项目

项次	检查项目	规定值或允许偏差	检查方法和频率
1	桩距/mm	±100	尺量：抽查2%且不少于5点
2	桩径/mm	不小于设计值	尺量：抽查2%且不少于5点

续表

项次	检查项目	规定值或允许偏差	检查方法和频率
3	桩长/m	不小于设计值	查施工记录并结合取芯检查0.2%，且不少于3根
4	单桩每延米喷粉(浆)量	不小于设计值	查施工记录
5	强度/MPa	满足设计要求	取芯法：抽查桩数的0.5%，且不少于3组
6	地基承载力	满足设计要求	抽查桩数的0.1%且不少于3处

(五)土工合成材料处置层

1. 基本要求

(1)土工合成材料应无老化，外观无破损、污染。

(2)土工合成材料应紧贴下承层，按设计和施工要求铺设、张拉、固定。

(3)土工合成材料的接缝搭接、黏结强度和长度应满足设计要求，上、下层土工合成材料搭接缝应交替错开。

2. 实测项目

土工合成材料处置层实测项目应符合表1.10～表1.12的规定。

表1.10 加筋工程土工合成材料处置层实测项目

项次	检查项目	规定值或允许偏差	检查方法和频率
1	下承层平整度、拱度	满足设计要求	每200 m检查4处
2	搭接宽度/mm	±50，0	尺量；抽查2%
3	搭接缝错开距离/mm	满足设计要求	尺量；抽查2%
4	锚固长度/mm	满足设计要求	尺量；抽查2%

表1.11 隔离工程土工合成材料处置层实测项目

项次	检查项目	规定值或允许偏差	检查方法和频率
1	下承层平整度、拱度	满足设计要求	每200 m检查4处
2	搭接宽度/mm	±50，0	尺量；抽查2%
3	搭接缝错开距离/mm	满足设计要求	尺量；抽查2%
4	搭接处透水点	不多于1个点	每缝

表1.12 防裂工程土工合成材料处置层实测项目

项次	检查项目	规定值或允许偏差	检查方法和频率
1	下承层平整度、拱度	满足设计要求	每200 m检查4处
2	搭接宽度/mm	≥50(横向) ≥150(纵向)	尺量；抽查2%
3	黏结力/N	≥20	尺量；抽查2%

3. 土工合成材料外观质量

土工合成材料外观质量应符合下列规定。

(1)土工合成材料无重叠、皱折。
(2)土工合成材料固定处不应松动。

二、排水工程

(一)一般规定

(1)排水工程施工应满足设计要求并符合施工规范的规定,依照实际地形,选择合适的位置,将地面水和地下水排至路基以外。

(2)边沟、截水沟、排水沟按《公路工程质量检验评定标准 第一册 土建工程》(JTG F80/1—2017)中规定的土沟及浆砌水沟的要求进行检验。

(3)跌水、急流槽、水簸箕等其他排水工程按《公路工程质量检验评定标准 第一册 土建工程》(JTG F80/1—2017)中规定的浆砌水沟的要求进行检验。

(4)路面拦水带纳入路缘石分项工程,排水基层可按路面排水的相关标准进行检验。

(5)沟槽回填土应符合施工规范的规定并满足设计要求。

(6)排水泵站明开挖基础可按桥梁工程标准进行检验。

(7)钢筋混凝土构件包含钢筋加工及安装分项工程,预应力混凝土构件包括预应力钢筋的加工和张拉分项工程。

(二)管节预制

1. 基本要求

(1)混凝土应符合耐久性(抗冻、抗渗、抗侵蚀)等设计要求。
(2)不得出现露筋和空洞现象。

2. 实测项目

管节预制实测项目应符合表 1.13 的规定。

表 1.13 管节预制实测项目

项次	检查项目	规定值或允许偏差	检查方法和频率
1	混凝土强度/MPa	在合格标准内	按混凝土抗压强度评定标准
2	内径/mm	不小于设计值	尺量:抽查10%管节,每管节测2个断面,且不少于5个断面
3	壁厚/mm	−3	尺量:抽查10%管节,每管节测2个断面,且不少于5个断面
4	顺直度	矢度不大于0.2%管节长	抽查10%管节,沿管节拉线量,取最大矢高
5	长度/mm	+5,0	尺量:抽查10%管节,每管节测1点,且不少于5点

3. 管节预制外观质量

管节预制外观质量应符合规定:不应出现结构混凝土外观质量限制缺陷中小型预制构件外观限制性缺陷。

(三)混凝土排水管安装

1. 基本要求

(1)排水管基础应满足设计要求。

(2)管材应逐节检查,不得有裂缝、破损。

(3)管节铺设应平顺、稳固,管底坡度不得出现反坡,管节接头处流水面高差不得大于 5 mm。管内不得有泥土、砖石、砂浆等杂物。

(4)管径大于 750 mm 时,应在管内做整圈勾缝。

(5)抹带前,管口必须洗刷干净,管口表面应平整密实,无裂缝现象。抹带后应及时覆盖养护。

(6)设计中要求防渗漏的排水管应做渗漏试验,渗漏量应满足设计要求。

2. 实测项目

混凝土排水管安装实测项目应符号表 1.14 的规定。

表 1.14　混凝土排水管安装实测项目

项次	检查项目		规定值或允许偏差	检查方法和频率
1	混凝土抗压强度或砂浆强度/MPa		在合格标准内	按相关方法检查
2	管轴线偏位/mm		15	全站仪或尺量:每两井间测 3 处
3	流水面高程/mm		±10	水准仪、尺量:每两井间进出水口各 1 处,中间 1~2 处
4	基础厚度/mm		不小于设计值	尺量:每两井间测 3 处
5	管座	肩宽/mm	+10,-5	尺量:每两井间测 2 处
		肩高/mm	±10	
6	抹带	宽度	不小于设计值	尺量:按 10%抽查
		厚度	不小于设计值	

3. 混凝土排水管安装外观质量

混凝土排水管安装外观质量应符合下列规定。

(1)不应出现结构混凝土外观质量限制缺陷中基础外观限制性缺陷。

(2)管口缝带圈不得开裂脱皮;管口内缝砂浆不得有空鼓。

(3)抹带接口表面不应有间断和空鼓。

(四)检查(雨水)井砌筑

1. 基本要求

(1)砌筑材料及井基混凝土强度应满足设计要求。

(2)井盖质量应满足设计要求。

(3)砌筑砂浆配合比准确,井壁砂浆饱满,灰缝平整。检查井内壁应平顺,抹面密实光洁无裂缝,收分均匀,踏步安装牢固。

2. 实测项目

检查(雨水)井砌筑实测项目应符合表 1.15 的规定。

表 1.15　检查(雨水)井砌筑实测项目

项次	检查项目		规定值或允许偏差	检查方法和频率
1	砂浆强度/MPa		在合格标准内	按相关方法检查
2	中心点位/mm		50	全站仪：逐井检查
3	圆井直径或方井长、宽/mm		±20	尺量：逐井检查，每井测 2 点
4	壁厚/mm		−10，0	尺量：逐井检查，每井测 2 点
5	井底高程/mm		±20	水准仪：逐井检查
6	井盖与相邻路面高差/mm	雨水井	0，−4	水准仪、水平尺：逐井检查
		检查井	+4，0	

3. 检查(雨水)井砌筑外观质量

检查(雨水)井砌筑外观质量应符合规定：井框、井盖安装不应松动，井口周围不得有积水。

(五)土沟

1. 基本要求

土沟边坡必须平整、密实、稳定。

2. 实测项目

土沟实测项目应符合表 1.16 的规定。

表 1.16　土沟实测项目

项次	检查项目	规定值或允许偏差	检查方法和频率
1	沟底高程/mm	0，−30	水准仪：每 200 m 测 4 点，且不少于 5 点
2	断面尺寸/mm	不小于设计值	尺量：每 200 m 测 2 点，且不少于 5 点
3	边坡坡度	不小于设计值	尺量：每 200 m 测 2 点，且不少于 5 点
4	边棱直顺度/mm	50	尺量：20 m 拉线，每 200 m 测 2 点，且不少于 5 点

3. 土沟外观质量

土沟外观质量应符合下列规定。

沟内不得有杂物，无排水不畅。

(六)浆砌水沟

1. 基本要求

(1)砌体砂浆配合比准确，砌缝内砂浆均匀饱满，勾缝密实。

(2)浆砌片(块)石、混凝土预制块的质量和规格，应符合国家和行业强制性标准以及合同约定的其他标准的规定，并满足设计要求。

(3)基础中缩缝应与墙身缩缝对齐。

2. 实测项目

浆砌水沟实测项目应符合表 1.17 的规定。

表 1.17 浆砌水沟实测项目

项次	检查项目	规定值或允许偏差	检查方法和频率
1	砂浆强度/MPa	在合格标准内	按相关方法检查
2	轴线偏位/mm	50	全站仪或尺量:每 200 m 测 5 点
3	沟底高程/mm	±15	水准仪:每 200 m 测 5 点
4	墙面直顺度/mm	30	20 m 拉线:每 200 m 测 2 点
5	坡度	满足设计要求	坡度尺:每 200 m 测 2 点
6	断面尺寸/mm	±30	尺量:每 200 m 测 2 个断面,且不少于 5 个断面
7	铺砌厚度/mm	不小于设计值	尺量:每 200 m 测 2 点
8	基础垫层宽度、厚度/mm	不小于设计值	尺量:每 200 m 测 2 点

3. 浆砌水沟外观质量

浆砌水沟外观质量应符合下列规定。
(1)砌体抹面不得有空鼓。
(2)沟内不应有杂物,无排水不畅。

(七) 盲沟

1. 基本要求

盲沟的设置、填料规格、质量等应符合规范规定,并满足设计要求。

2. 实测项目

盲沟实测项目应符合表 1.18 的规定。

表 1.18 盲沟实测项目

项次	检查项目	规定值或允许偏差	检查方法和频率
1	沟底高程/mm	±15	水准仪:每 20 m 测 1 点
2	断面尺寸/mm	不小于设计值	尺量:每 20 m 测 1 点

3. 盲沟外观质量

盲沟外观质量应符合规定:进出水口不应排水不畅。

(八)排水泵站沉井

1. 基本要求

(1)地基应具有足够的承载能力。
(2)井壁混凝土应密实,混凝土强度达到合格标准后方可进行下沉。
(3)沉井下沉过程中,应随时注意正位,发现偏位及倾斜时应及时纠正。
(4)沉井封底应密实不漏水。
(5)水泵、管及管件应安装牢固,位置正确。

2. 实测项目

排水泵站沉井实测项目应符合表 1.19 的规定。

表 1.19 排水泵站沉井实测项目

项次	检查项目	规定值或允许偏差	检查方法和频率
1	混凝土强度/MPa	在合格标准内	按相关方法检查
2	轴线平面偏位/mm	50	全站仪：纵、横向各 2 点
3	竖直度/mm	1‰H	铅锤法：纵、横向各 1 点
4	几何尺寸/mm	±50	尺量：长、宽、高各 2 点
5	壁厚/mm	−5，0	尺量：每井测 5 点
6	井口高程/mm	±50	水准仪：测 4 点

注：H 为井深，计算规定值和允许偏差时以 mm 计。

3. 排水泵站沉井外观质量

排水泵站沉井外观质量应符合规定：不应出现结构混凝土外观质量限制缺陷中沉井外观限制缺陷。

(九) 沉淀池

1. 基本要求

(1) 进出水口位置及高程应满足设计要求。

(2) 设计中要求防渗漏的沉淀池应做渗漏试验，渗漏量应符合要求。

2. 实测项目

沉淀池实测项目应符合表 1.20 的规定。

表 1.20 沉淀池实测项目

项次	检查项目	规定值或允许偏差	检查方法和频率
1	混凝土强度/MPa	在合格标准内	按相关方法检查
2	轴线平面偏位/mm	±50	全站仪：纵、横向各 2 点
3	几何尺寸/mm	±50	尺量：长、宽、高、壁厚各 2 点
4	底板高程/mm	±50	水准仪：测 2 点

3. 沉淀池外观质量

沉淀池外观质量应符合规定：不应出现结构混凝土外观质量限制缺陷中沉淀池外观限制缺陷。

三、路面工程检测项目

路面工程和路基工程一样，都是作为道路工程的单位工程。

路面是在路基建成后铺筑的，路面质量的评定与检测通常是道路竣工验收工作的一部分。因此，路面的质量水平就是道路质量的最终体现，既表现道路的外观状态，又包含了其内在质量。

由于交通量大小的不同，可能取得的材料来源不同，路面所采用的材料多种多样，形成了不同类型的结构，如中低级道路的砂石路面，高等级道路的水泥混凝土路面和沥青路面，以及目前普遍应用的各种稳定土结构等。不同类型路面的质量评定与检测内容有较大的差异，宽严要求也不一样。

由于路面的直接行车和受外界条件的影响，尤其对高等级道路，其质量评定与检测要求高，项目多。

现代化道路路面的修筑，一般是机械化施工，部分路面材料已实行工厂化生产，路面施工质量的管理及其评定与检测工作趋向于更为严格、完善和规范化。

(一) 一般规定

(1) 路面工程的实测项目规定值或允许偏差应按两档确定，第一档为高速公路和一级公路，第二档为其他公路，路面结构层厚度检验标准均为允许偏差。

(2) 垫层应按相同材料的底基层检验。透层、黏层和封层的基本要求应与沥青表面处置相同。水泥混凝土面层中钢筋加工及安装分项工程按桥梁工程的要求进行检验。

(3) 水泥混凝土上加铺沥青面层的复合式路面，两种结构均应进行检验评定。其中，水泥混凝土路面结构可不检查抗滑构造深度，平整度应符合相应等级公路的标准；沥青面层可不检查弯沉。

(4) 稳定土基层和底基层包括水泥土、石灰土、石灰粉煤灰、石灰粉煤灰土等；稳定粒料基层和底基层包括水泥稳定材料、石灰稳定材料、石灰粉煤灰稳定材料、水泥粉煤灰稳定材料等。

(5) 粒料基层完工后应及时洒布透油层并铺筑封层，透油层透入深度应不小于 5 mm，无机结合料稳定材料基层透油层透入深度宜不小于 3 mm。

(二) 水泥混凝土面层

1. 基本要求

(1) 基层质量必须符合规范规定并满足设计要求，表面洁净、无浮尘。
(2) 接缝填缝料应符合规范规定并满足设计要求。
(3) 接缝的位置、规格、尺寸及传力杆、拉力杆的设置应满足设计要求。
(4) 混凝土路面铺筑后按施工规范要求养护。
(5) 应对干缩、温缩产生的裂缝进行处理。

2. 实测项目

水泥混凝土面层实测项目应符合表 1.21 的规定。

表 1.21 水泥混凝土面层实测项目

项次	检查项目	规定值或允许偏差		检查方法和频率
		高速公路、一级公路	其他公路	
1	弯拉强度/MPa	在合格标准内		按相关方法检查

续表

项次	检查项目		规定值或允许偏差		检查方法和频率
			高速公路、一级公路	其他公路	
2	板厚度/mm	代表值	−5		按相关方法检查：每200 m测2点
		合格值	−10		
		极值	−15		
3	平整度	σ/mm	≤1.32	≤2.0	平整度仪：全线每车道连续检测，每100 m计算σ、IRI
		IRI/(m·km^{-1})	≤2.2	≤3.3	
		最大间隙 h/mm	3	5	3 m直尺：每半幅车道每200 m测2处×5尺
4	抗滑构造深度/mm	一般路段	0.7~1.1	0.5~1.0	铺砂法：每200 m测1处
		特殊路段	0.8~1.2	0.6~1.1	
5	横向力系数SFC	一般路段	≥55	—	按相关方法检查：每20 m测1点
		特殊路段	≥55	≥50	
6	相邻板高差/mm		≤2	≤3	尺量：每条胀缝测2点；纵、横缝每200 m抽查2条，每条测2点
7	纵、横缝顺直度/mm		≤10		纵缝20 m拉线尺量：每200 m测4处；横缝沿板宽拉线尺量：每200 m测4条
8	中线平面偏位/mm		20		全站仪：每200 m测2点
9	路面宽度/mm		±20		尺量：每200 m测4点
10	纵断高程/mm		±10	±15	水准仪：每200 m测2个断面
11	横坡/%		±0.15	±0.25	水准仪：每200 m测2个断面
12	断板率/%		≤0.2	≤0.4	目测：全部检查，数断板面板块数占总块数比例

注：表中σ为平整度仪测定的标准差；IRI为国际平整度指数；h为3 m直尺与面层的最大间隙。

3. 水泥混凝土面层外观质量

水泥混凝土面层外观质量应符合下列规定。
(1)不应出现结构混凝土外观质量限制缺陷中板的外观限制缺陷。
(2)面板不应有坑穴、鼓包和掉角。
(3)接缝填筑不得漏填、松脱，不应污染路面。
(4)路面应无积水。

(三)沥青混凝土面层和沥青碎(砾)石面层

1. 基本要求

(1)基层质量应符合规范规定并满足设计要求，表面应干燥、清洁、无浮土。

(2) 应严格控制沥青混合料拌和的加热温度。拌和后的沥青混合料应均匀、无花白、无粗细料分离和结团成块现象。

(3) 应按规定要求控制碾压工艺，严格控制摊铺和碾压温度。

2. 实测项目

沥青混凝土面层和沥青碎(砾)石面层实测项目应符合表 1.22 的规定。

表 1.22　沥青混凝土面层和沥青碎(砾)石面层实测项目

项次	检查项目		规定值或允许偏差		检查方法和频率
			高速公路、一级公路	其他公路	
1	压实度/%		≥实验室标准密度的 96%(*98%)； ≥最大理论密度的 92%(*94%)； ≥试验段密度的 98%(*99%)		按相关方法检查，每 200 m 测 1 点。核子(无核)密度仪每 200 m 测 1 处，每处 5 点
2	平整度	σ/mm	≤1.2	≤2.5	平整度仪：全线每车道连续检测，按每 100 m 计算 IRI 或 σ
		IRI/(m·km)$^{-1}$	≤2.0	≤4.2	
		最大间隙 h/mm	—	≤5	3 m 直尺：每 200 m 测 2 处×5 尺
3	弯沉值(0.01 mm)		不大于设计验收弯沉值		按相关方法检查
4	渗水系数/(mL·min^{-1})	SMA 路面	≤120	—	渗水试验仪：每 200 m 测 1 处
		其他沥青混凝土路面	≤200		
5	抗滑	摩擦系数	满足设计要求	—	摆式仪：每 200 m 测 1 处；摩擦系数测定车：全线连续检测
		构造深度			铺砂法：每 200 m 测 1 处
6	厚度/mm	代表值	总厚度：−5%H 上面层：−10%h	−8%H	按相关方法检查，每 200 m 测 1 点
		合格值	总厚度：−10%H 上面层：−20%h	−15%H	
7	中线平面偏位/mm		20	30	经纬仪：每 200 m 测 2 点
8	纵断高程/mm		±15	±20	水准仪：每 200 m 测 2 个断面
9	宽度/mm	有侧石	±20	±30	尺量：每 200 m 测 4 个断面
		无侧石	不小于设计值		
10	横坡/%		±0.3	±0.5	水准仪：每 200 m 测 2 个断面
11	矿料级配		满足生产配合比要求		每台班 1 次
12	沥青含量				
13	马歇尔稳定度				

注：①表内压实度，高速公路、一级公路应选用 2 个标准进行评定，以合格率低的作为评定结果；其他公路选用 1 个标准进行评定。带*号的是指 SMA 路面；

②表列沥青层厚度仅规定负允许偏差。H 为沥青层总厚度；h 为沥青上面层厚度；其他公路的厚度代表值和合格值允许偏差按总厚度计，当 H≤60 mm 时，允许偏差分别为 −5 mm 和 −10 mm；H＞60 mm 时，允许偏差分别为 −8%H 和 −15%H

3. 沥青混凝土面层和沥青碎(砾)石面层外观质量

沥青混凝土面层和沥青碎(砾)石面层外观质量应符合下列规定。
(1)表面裂缝、松散、推挤、碾压轮迹、油丁、泛油、离析的累计长度不得超过 50 m。
(2)搭接处烫缝应无枯焦。
(3)路面应无积水。

(四)沥青贯入式面层(或上拌下贯式面层)

1. 基本要求

(1)上拌沥青混合料每日应做沥青含量、矿料级配和马歇尔稳定度试验。
(2)在进行沥青贯入式面层施工前,应先做好路面结构层与路肩的排水。
(3)碎石层应平整坚实,嵌挤稳定,沥青贯入应深透,浇洒应均匀,不得污染其他构筑物。
(4)嵌缝料应趁热撒铺,扫布均匀,不应有重叠现象。
(5)上层采用拌合料时,混合料应均匀、无花白、无粗细料分离和结团成块现象;摊铺应平整,接茬平顺,及时碾压。

2. 实测项目

沥青贯入式面层(或上拌下贯式面层)实测项目应符合表 1.23 的规定。

表 1.23 沥青贯入式面层(或上拌下贯式面层)实测项目

项次	检查项目		规定值或允许偏差	检查方法和频率
1	平整度	σ/mm	≤3.5	平整度仪:全线每车道连续按每 100 m 计算 IRI 或 σ
		IRI/(m·km^{-1})	≤5.8	
		最大间隙 h/mm	≤8	3 m 直尺:每 200 m 测 2 处×5 尺
2	弯沉值(0.01 mm)		不大于设计验收弯沉值	按相关方法检查
3	厚度[①]/mm	代表值	−8%H 或 −5	按相关方法检查,每 200 m 测 2 点
		合格值	−15%H 或 −10	
4	沥青总用量		±0.5%	每台班每层洒布检查 1 次
5	中线平面偏位/mm		30	全站仪:每 200 m 测 2 点
6	纵断高程/mm		±20	水准仪:每 200 m 测 2 个断面
7	宽度/mm	有侧石	±30	尺量:每 200 m 测 4 点
		无侧石	不小于设计值	
8	横坡/%		±0.5	水准仪:每 200 m 测 2 个断面
9	矿料级配		满足生产配合比要求	按相关方法:每台班 1 次
10	沥青含量		满足生产配合比要求	按相关方法:每台班 1 次

①H 为设计厚度。当 H≥60 mm 时,按厚度百分率计算;当 H<60 mm 时,直接选用固定值

3. 沥青贯入式面层(或上拌下贯式面层)外观质量

沥青贯入式面层(或上拌下贯式面层)外观质量应符合下列规定。
(1)面层不得松散,不得漏洒,应无波浪、油包。

(2)路面无积水。

(五)沥青表面处置面层

1. 基本要求

(1)下承层表面应坚实、稳定、平整、清洁、干燥。
(2)沥青浇洒应均匀,无露白,不得污染其他构筑物。
(3)集料应趁热撒铺,扫布均匀,不得有重叠现象,压实平整。

2. 实测项目

沥青表面处置面层实测项目应符合表 1.24 的规定。

表 1.24　沥青表面处置面层实测项目

项次	检查项目		规定值或允许偏差	检查方法和频率
1	平整度	σ/mm	≤4.5	平整度仪:全线每车道连续按每 100 m 计算 IRI 或 σ
		IRI/(m·km^{-1})	≤7.5	
		最大间隙 h/mm	≤10	3 m 直尺:每 200 m 测 2 处×5 尺
2	弯沉值(0.01 mm)		不大于设计验收弯沉值	按相关方法检查
3	厚度/mm	代表值	−5	按相关方法检查,每 200 m 每车道测 1 点
		合格值	−10	
4	沥青用量		±0.5%	每工作日每层洒布查 1 次
5	中线平面偏位/mm		30	全站仪:每 200 m 测 2 点
6	纵断高程/mm		±20	水准仪:每 200 m 测 2 个断面
7	宽度/mm	有侧石	±30	尺量:每 200 m 测 4 处
		无侧石	不小于设计值	
8	横坡/%		±0.5	水准仪:每 200 m 测 2 个断面

3. 沥青表面处置面层外观质量

沥青表面处置面层外观质量应符合下列规定。
(1)表面应无拖痕、松散、推挤、油丁、泛油、离析的累计长度不得超过 50 m。
(2)路面应无积水。

(六)稳定土基层和底基层

1. 基本要求

(1)石灰应经充分消解,路拌深度应达到层底。
(2)石灰类材料应于最佳含水率状态下碾压,水泥类材料碾压终了的时间不应超过水泥的终凝时间。
(3)碾压检查合格后立即覆盖或洒水养护,养护期应符合规范要求。

2. 实测项目

稳定土基层和底基层实测项目应符合表 1.25 的规定。

表 1.25 稳定土基层和底基层实测项目

项次	检查项目		规定值或允许偏差				检查方法和频率
			基层		底基层		
			高速公路、一级公路	其他公路	高速公路、一级公路	其他公路	
1	压实度/%	代表值	—	≥95	≥95	≥93	按相关方法检查,每 200 m 测 2 点
		极值	—	≥91	≥91	≥89	
2	平整度/mm		—	≤12	≤12	≤15	3 m 直尺:每 200 m 测 2 处×5 尺
3	纵断高程/mm		—	+5,−15	+5,−15	+5,−20	水准仪:每 200 m 测 2 个断面
4	宽度/mm		满足设计要求		满足设计要求		尺量:每 200 m 测 4 个断面
5	厚度/mm	代表值	—	−10	−10	−12	按相关方法检查,每 200 m 测 2 点
		合格值	—	−20	−25	−30	
6	横坡/%		—	±0.5	±0.3	±0.5	水准仪:每 200 m 测 2 个断面
7	强度/MPa		满足设计要求		满足设计要求		按相关方法检查

3. 稳定土基层和底基层外观质量

稳定土基层和底基层外观质量应符合规定:表面应无松散、无坑洼、无碾压轮迹。

(七)稳定粒料基层和底基层

1. 基本要求

(1)应选择质坚干净的粒料,石灰应充分消解,矿渣应分解稳定,未分解渣块应予以剔除。

(2)路拌深度要达到层底。

(3)石灰类材料应处于最佳含水率状态下碾压,水泥类材料碾压终了的时间不应超过水泥的终凝时间。

(4)碾压检查合格后立即覆盖或洒水养护,养护期应符合规范要求。

2. 实测项目

稳定粒料基层和底基层实测项目应符合表 1.26 的规定。

表 1.26 稳定粒料基层和底基层实测项目

项次	检查项目		规定值或允许偏差				检查方法和频率
			基层		底基层		
			高速公路、一级公路	其他公路	高速公路、一级公路	其他公路	
1	压实度/%	代表值	≥98	≥97	≥96	≥95	按相关方法检查,每 200 m 测 2 点
		极值	≥94	≥93	≥92	≥91	

续表

项次	检查项目		规定值或允许偏差				检查方法和频率
			基层		底基层		
			高速公路、一级公路	其他公路	高速公路、一级公路	其他公路	
2	平整度/mm		≤8	≤12	≤12	≤15	3 m 直尺：每200 m 测2处×5尺
3	纵断高程/mm		+5，-10	+5，-15	+5，-15	+5，-20	水准仪：每200 m 测2个断面
4	宽度/mm		满足设计要求		满足设计要求		尺量：每200 m 测4点
5	厚度/mm	代表值	-8	-10	-10	-12	按相关方法检查，每200 m 测2点
		合格值	-15	-20	-25	-30	
6	横坡/%		±0.3	±0.5	±0.3	±0.5	水准仪：每200 m 测2个断面
7	强度/MPa		满足设计要求		满足设计要求		按相关方法检查

3. 稳定粒料基层和底基层外观质量

稳定粒料基层和底基层外观质量应符合下列规定。
(1)表面应无松散、无坑洼、无碾压轮迹。
(2)表面连续离析不得超过 10 m，累计离析不得超过 50 m。

(八)级配碎(砾)石基层和底基层

1. 基本要求

(1)配料应准确。
(2)塑性指数应满足设计要求。

2. 实测项目

级配碎(砾)石基层和底基层实测项目见表 1.27。

表 1.27 级配碎(砾)石基层和底基层实测项目

项次	检查项目		规定值或允许偏差				检查方法和频率
			基层		底基层		
			高速公路、一级公路	其他公路	高速公路、一级公路	其他公路	
1	压实度/%	代表值	≥98		≥96		按相关方法检查，每200 m 测2点
		极值	≥94		≥92		
2	弯沉值(0.01 mm)		满足设计要求		满足设计要求		按相关方法检查
3	平整度/mm		≤8	≤12	≤12	≤15	3 m 直尺：每200 m 测2处×5尺
4	纵断高程/mm		+5，-10	+5，-15	+5，-15	+5，-20	水准仪：每200 m 测2个断面
5	宽度/mm		满足设计要求		满足设计要求		尺量：每200 m 测4点

项目一 公路工程检测基本知识

续表

项次	检查项目		规定值或允许偏差				检查方法和频率
			基层		底基层		
			高速公路、一级公路	其他公路	高速公路、一级公路	其他公路	
6	厚度/mm	代表值	−8	−10	−10	−12	按相关方法检查,每 200 m 测 2 点
		合格值	−10	−20	−25	−30	
7	横坡/%		±0.3	±0.5	±0.3	±0.5	水准仪:每 200 m 测 2 个断面

3. 级配碎(砾)石基层和底基层外观质量

级配碎(砾)石基层和底基层外观质量应符合下列规定。
(1)表面应无松散、无坑洼、无碾压轮迹。
(2)表面连续离析不得超过 10 m,累计离析不得超过 50 m。

(九)路肩

1. 基本要求

(1)路肩表面应平整密实、无积水。
(2)肩线应直顺,曲线圆滑。

2. 实测项目

路肩实测项目应符合表 1.28 的规定。

表 1.28 路肩实测项目

项次	检查项目		规定值或允许偏差	检查方法和频率
1	压实度/%		不小于设计值,设计未规定时不小于 90%	按相关方法检查,每 200 m 测 1 点
2	平整度/mm	土路肩	≤20	3 m 直尺:每 200 m 测 2 处×5 尺
		硬路肩	≤10	
3	横坡/%		±1.0	水准仪:每 200 m 测 2 个断面
4	宽度/mm		满足设计要求	尺量:每 200 m 测 2 点

3. 路肩外观质量

路肩外观质量应符合规定:路肩无阻水、无杂物。

学习思考

1. 土方路基和填石路基的实测项目的规定值或允许偏差按高速公路、一级公路和其他公路(指二级及以下公路)_____确定,其中土方路基压实度按高速公路和一级公路、二级公路、三四级公路_____设定。

2. 路基土方实测项目:_____、_____、_____、_____、_____、_____、_____。

35

3. 路基石方实测项目：＿＿＿＿、＿＿＿＿、＿＿＿＿、＿＿＿＿、＿＿＿＿、＿＿＿＿、＿＿＿＿。
4. 土质路肩工程可作为＿＿＿＿＿＿＿＿＿工程的一个分项工程来进行检查评定。
5. 粒料基层完工后应及时洒布透层油并铺筑封层。透层油透入深度应不小于＿＿＿＿mm，无机结合料稳定材料基层透层油透入深度宜不小于＿＿＿＿mm。
6. 水泥混凝土上加铺沥青面层的复合式路面，两种结构均应进行检验评定。其中混凝土路面结构可不检验＿＿＿＿，平整度应符合相应等级公路标准；沥青面层可不检查＿＿＿＿。

任务四 试验检测数据的处理

学习情境

工程质量检验是工程管理的一个重要环节，是保证工程质量的必要手段。工程质量的评价是以各种检测数据为依据的。作为刚大学毕业新入职的人员，在试验检测采集得到大量原始数据后必须经过合理分析处理，才能取得可靠的试验检测成果。

学习目标

1. 常用的数理统计方法和数据处理方法。
2. 数字修约规则。
3. 抽样检验基础。

学习要求

掌握数据的表示方式、数据的修约规则及统计特征量的计算；重点掌握抽样检验评定。

学习引导

工程施工过程中要进行大量的原材料试验和工程质量控制检验，这些数据必须经过分析处理才能得到可靠的试验检测结果。所以，检测人员要具备数理统计方面的基本知识。在进行试验结果分析整理时，要做到理论与实际统一，且坚持用数据说话的原则。以现场工程条件为依据，以实测数据为基础，以数理统计分析为手段，区分不同条件，针对不同要求，采用不同方法。

一、常用的数理统计方法和数据处理方法

（一）总体和样本

在工程质量检验中，对无限总体中的个体逐一考察其某个质量特性显然是不可能的，即使对有限总体，所含个体数量虽不大，但要做全部破坏性考察也是不可取的。所以，通过抽取总体中的一小部分个体加以检测，以了解和分析总体质量状况，是工

程质量检验的主要方法。因此，除特殊项目外，大多采用抽样检验，这就涉及总体与样本的概念。

总体又称母体，是统计分析中所需研究对象的全体。组成总体的每个单元称为个体。例如，1 km 路基的压实度为总体，这段路基中的一个测点的压实度就是个体。总体可分为有限总体和无限总体。如果一批产品其数量有限，就称其为有限总体；如果一道工序由于总在源源不断地生产出产品，有时是一个连续的整体，就称其为无限总体。

从总体中抽取一部分个体就是样本(图 1.2)。例如，一批沥青有 100 桶，从每桶沥青中抽取 2 个试样，共抽查 200 个试样，这 200 个试样就是样本。组成样本的每个个体就是样品。例如，上述的 200 个试样中的某一个就是该样本中的一个样品。

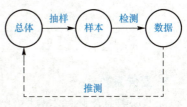

图 1.2　总体与样本的关系

样本容量是样本中所含样品的数量，用 n 表示。上例中样本容量 $n=200$，样本容量的大小直接关系到判断结果的可靠性。一般来说，样本容量越大，可靠性就越好，但检测所耗费的工作量也越大，成本也越高。样本容量与总体中所含个体的数量相等时，是一种极限情况，因此，全数检验是抽检的极限。

(二)数据的统计特征量

用来表示统计数据分布及其某些特性的特征量分为两类：一类表示数据的集中位置，如算术平均值、中位数等；另一类表示数据的离散程度，主要有极差、标准方差等，有时也把这两类基本特征联合起来说明问题，如变异系数。

1. 算术平均值

算术平均值是表示一组数据集中位置最有用的统计特征量，经常用样本的算术平均值来代表总体的平均水平。设 x_1、x_2、$\cdots$、x_n 代表样本数据，n 表示容量，则算术平均值见式(1.12)：

$$\bar{x} = \frac{1}{n}(x_1 + x_2 + \cdots + x_n) = \frac{1}{n}\sum_{i=1}^{n} x_i \tag{1.12}$$

2. 中位数

在一组数据 x_1、x_2、$\cdots$、x_n 中，按其大小次序排序；以排在正中间的一个数表示总体的平均水平，称为中位数，或称中值，用 $\bar{x}$ 表示。当 n 为奇数时，正中间的数只有一个；当 n 为偶数时，正中间的数有两个，则取这两个数的平均值作为中位数，见式(1.13)：

$$\bar{x} = \begin{cases} x_{\frac{n+1}{2}} & (n \text{ 为奇数}) \\ \frac{1}{2}\left(x_{\frac{n}{2}} + x_{\frac{n}{2}+1}\right) & (n \text{ 为偶数}) \end{cases} \tag{1.13}$$

3. 极差

在生产中，只用平均水平反映产品是远远不够的，如混凝土的强度。如果平均值符合要求，但是波动太大，产品质量也不能符合质量要求。所以，需要了解数据波动范围的大小。波动大小用极差 R 表示。

一组数据中的最大值与最小值之差,称为极差,记作 R,见式(1.14):
$$R = X_{max} - X_{min} \tag{1.14}$$
极差没有充分利用数据的信息,但是计算简单,仅适用于样本容量较小的情况。

4. 标准偏差

标准偏差也称标准离差、标准差或均方差,是衡量样本数据波动性(离散程度)的指标。在质量检验中,总体的标准偏差 σ 一般不易求得。样本的标准偏差 S 按式(1.15)计算:

$$S = \sqrt{\frac{(x_1 - \overline{x})^2 + (x_2 - \overline{x})^2 + \cdots + (x_n - \overline{x})^2}{n-1}} = \sqrt{\frac{\sum_{i=1}^{n}(x_i - \overline{x})^2}{n-1}} \tag{1.15}$$

5. 变异系数

标准偏差是反映样本数据的绝对波动状况,当测量较大的量值时,绝对误差一般较大;而测量较小的量值时,绝对误差一般较小。因此,用相对波动的大小,即变异系数更能反映样本数据的波动性。

变异系数用 C_V 表示,是标准偏差 S 与算术平均值 $\overline{x}$ 的比值,即

$$C_V = \frac{S}{\overline{x}} \times 100\% \tag{1.16}$$

从变异系数可以看出标准偏差所表示不出来的数据波动情况。

变异系数越小,说明施工管理和质量控制得越好。

(三)可疑数据的取舍

在一组条件完全相同的重复试验中,当发现有某个过大或过小的可疑数据时,应按数理统计方法给以鉴别,并决定取舍。常用的方法有三倍标准差法、格拉布斯法和肖维纳特法。这三种方法中三倍标准差法最简单,但要求严,几乎绝大部分数据都不舍弃;格拉布斯法适用于无法掌握标准差的情况;肖维纳特法较古老,已逐渐被格拉布斯法代替。后两种方法计算比较复杂,因此,试验数据的取舍大多采用三倍标准差法。下面简单介绍三倍标准差法。

当某一测量数据(x_i)与其测量结果的算术平均值之差的绝对值大于三倍标准偏差时,通常要将此数据剔除,公式用下式表示为

$$|x_i - \overline{x}| > 3S$$

因为该方法是以三倍标准偏差作为判别标准,所以也称三倍标准偏差法,简称 $3S$ 法。

三倍标准偏差法是美国混凝土标准(ACT 214-65 的修改建议)中所采用的方法,如实验室内进行同配合比的混凝土强度试验,其试验结果为($n=10$):23.0、24.5、26.0、25.0、24.8、27.0、25.5、31.0、25.4、25.8(MPa),试用 $3S$ 法决定其取舍。

解:分析上述 10 个测量数据,$x_{min} = 23.0$ MPa 和 $x_{max} = 31.0$ MPa 最可疑,故应先判别 x_{min} 和 x_{max}。

经计算:$\overline{x} = 25.8$ MPa,$S = 2.10$ MPa。

由于

$$|x_{max} - \overline{x}| = |31.0 - 25.8| = 5.2 \text{ MPa} < 3S(6.3 \text{ MPa})$$

$$|x_{\min}-\overline{x}|=|23.0-25.8|=2.82 \text{ MPa}<3S(6.3 \text{ MPa})$$

故上述测量数据均不能舍弃。

二、数字修约规则

(一)测量、测量结果

测量是以确定量值为目的的一组操作。量值是由一个数(值)乘以测量单位所表示的特定量的大小。

测量包括间接测量和直接测量。直接测量的结果可直接测量到而不必通过函数计算；而间接测量的结果则需要将直接测量的结果代入函数计算才能得到。

由测量所得的赋予被测量的值称为测量结果。

例如，用分析天平称得一个试样的质量为 1.108 0 g，1.108 0 g 就是一个测量结果。

由测量与测量结果的概念可以看出，测量结果可表示如下：

$$\text{测量结果}=\text{数(值)}\times\text{单位量值}$$

根据误差公理，测量总是存在误差的，测量结果只能是接近于测量真值的估计值，因此表示测量结果的数(值)是含有误差的数(值)，也就是说，表示测量结果的数值是一个近似值。

(二)数值修约规则

修约间隔是确定修约保留位数的一种方式。修约间隔的数值一经确定，修约值即应为该数值的整数倍。

【例1】 如指定修约间隔为 0.1，修约值即应在 0.1 的整数倍中选取，相当于将数值修约到一位小数。

【例2】 如指定修约间隔为 100，修约值即应在 100 的整数倍中选取，相当于将数值修约到"百"数位。

根据中华人民共和国国家标准《数值修约规则与极限数值的表示和判定》(GB/T 8170—2008)，试验数据需要修约时，应按下列规则进行。

(1)拟舍弃数字的最左一位数字小于 5 时，则舍去，保留其余各位数字不变。

【例1】 将 12.149 6 修约到一位小数，得 12.1。

【例2】 将 12.149 6 修约到个位得 12。

(2)拟舍弃数字的最左一位数字大于 5 时，则进一，即保留数字的末位数字加 1。

【例】 将 1 269 修约到"百"数位，得 13×10^2（特定场合可写为 1 300）。

注：示例中"特定场合"是指修约间隔明确时。

(3)拟舍弃数字的最左一位数字为 5，且其后有非 0 数字时进一，即保留数字的末位数字加 1。

【例】 将 10.500 3 修约到个位数，得 11。

(4)拟舍弃数字的最左一位数字为 5，且其后无数字或皆为 0 时，若所保留的末位数字为奇数(1，3，5，7，9)，则进一，即保留数字的末位数字加 1；若所保留的末位数字为偶数(2，4，6，8，0)，则舍去。

【例1】 修约间隔为 0.1(或 10^{-1})。

  拟修约数值   修约值

  1.050 $10×10^{-1}$ （特定场合可写成1.0）

  0.35 $4×10^{-1}$（特定场合可写成0.4）

【例2】 修约间隔为 1 000(或 10^3)。

  拟修约数值   修约值

  4 500 $4×10^3$（特定场合可写成 4 000）

  5 500 $6×10^3$（特定场合可写成 6 000）

(5)负数修约时，先将它的绝对值按上述的规定进行修约，然后在所得值前面加上负号。

【例1】 将下列数修约到"十"数位。

  拟修约数值   修约值

  -375   -38×10(特定场合可写成-380)

  -305   -30×10(特定场合可写成-300)

【例2】 将下列数修约成三位小数，即修约间隔为 10^{-3}。

  拟修约数值   修约值

  -0.038 5 $-38×10^{-3}$(特定场合可写成-0.038)

(6)单位修约。在对数值进行修约时，若有必要，也可采用0.5单位修约或0.2单位修约。

1)0.5单位修约(半个单位修约)。

①0.5单位修约是按指定修约间隔对拟修约的数值0.5单位进行的修约。

②0.5单位修约方法：将拟修约数值 X 乘以2，按指定修约间隔对 $2X$ 依上述规定进行修约后，所得数值($2X$ 修约值)再除以2。

将表1.29所列数字修约到"个"数位的0.5单位修约。

表1.29 将数字修约到"个"数位的0.5单位

拟修约数值 X	$2X$	$2X$ 修约值	X 修约值
60.25	120.50	120	60.0
60.38	120.76	121	60.5
60.28	120.56	121	60.5
-60.75	-121.50	-122	-61.0

2)0.2单位修约。

①0.2单位修约是指按指定修约间隔对拟修约的数值0.2单位进行的修约。

②0.2单位修约方法：将拟修约数值 X 乘以5，按指定修约间隔对 $5X$ 依上述规定进行修约后，所得数值($5X$ 修约值)再除以5。

将表1.30数字修约到"百"数位的0.2单位。

表 1.30　将数字修约到"百"数位的 0.2 单位

拟修约数值 X	5X	5X 修约值	X 修约值
830	4 150	4 200	840
842	4 210	4 200	840
832	4 160	4 200	840
−930	−4 650	−4 600	−920

(7)不允许连续修约。

1)拟修约数字应在修约的间隔或指定修约数位后一次修约获得结果，不得多次连续修约。例如，修约 15.454 6，修约间隔为 1。

正确的做法：15.454 6→15

不正确的做法：15.454 6→15.455→15.46→15.5→16

2)在具体实施中，有时测试与计算部门先将获得的数值按指定修约数位多一位或几位报出，而后由其他部门判定，为避免产生连续修约的错误，应按下面步骤进行。

①报出数值最右的非零数字为 5 时，应在数值右上角加"+"或加"−"或不加符号，分别表明已进行过舍、进或未舍未进。

【例】 16.50^+ 表示实际值大于 16.50，经修约舍弃为 16.50；16.50^- 表示实际值小于 16.50，经修约进一为 16.50。

②如对报出值需进行修约，当拟舍弃数字的最左一位数字为 5，且其后无数字或皆为零时，数值右上角有"+"的进一，有"−"的舍去，其他仍按上述修约规则进行。

【例】 将下列数字修约到个位数(报出值多留一位至一位小数)

实测值	报出值	修约值
15.454 6	15.5^-	15
−15.454 6	$−15.5^-$	−15
16.520 3	16.5^+	17
−16.520 3	$−16.5^+$	−17
17.500 0	17.5	18

(三)有效数字

有效数字是指在分析和测量中所能得到的有实际意义的数字。对没有小数位且以若干个零结尾的数值，从非零数字最左一位向右数得到的位数减去无效零(仅为定位用的零)的个数；对其他十进位数，从非零数字最左一位向右数而得到的位数，就是有效位数。

测量结果是由有效数字组成的(前后定位用的"0"除外)。如前面的测量结果 1.108 0 g，组成数字 1、1、0、8、0 都是实际测读的，它们是表示试样质量大小的，因此都是有实际意义的。

有效数字的前几位都是准确数字，只有最后一位是可疑数字。

如前述的 1.108 0，前几位数字 1、1、0、8 都是称量读到的准确数字，而最后一位数字 0 则是在没有刻度的情况下估读出来的，是不准确的或可疑的。

有效数字是处于表示测量结果的数值的不同数位上。所有有效数字所占有的数位个数称为有效数字位数。

【例】 数值3.5，有两个有效数字，占个位、十分位两个数位，因而有效数字位数为两位；3.501有四个有效数字，占有个位、十分位、百分位、千分位四个数位，因而是四位有效数字。

测量结果的数字，其有效位数反映了测量结果的精确度，它直接与测量的精确度有关。这也是有效数字实际意义的体现，是非常重要的体现。

如前述例子中，若测量结果为1.108 0 g，则表示测量值的误差在10^{-4}量级上，天平的精确度为万分之一；若测量结果为1.108 g，则表示测量值的误差在10^{-3}量级上，天平的精度为千分之一。

在确定有效数字位数时应遵循下列原则。

(1)数值中数字为1~9都是有效数字。

(2)数字"0"在数值中所处的位置不同，起的作用也不同，可能是有效数字，也可能不是有效数字。判定方法如下。

1)"0"在数字前，仅起定位作用，不是有效数字。如0.035 7中，"3"前面的两个"0"均非有效数字。

2)数值末尾的"0"属于有效数字。如0.300 0中，"3"后面的三个"0"均为有效数字。

3)数值中夹在数字中间的"0"是有效数字。如数值1.004中的两个"0"均是有效数字。

4)以"0"结尾的正整数，"0"是不是有效数字不确定，应根据测试结果的准确度确定。如3 500，后面的两个"0"如果不指明测量准确度就不能确定是否为有效数字。

测量中遇到这种情况，最好根据实际测试结果的精确度确定有效数字的位数，有效数字用小数表示，把"0"用10的乘方表示。如将3 500写成$3.5×10^3$表示此数有两位有效数字；写成$3.50×10^3$表示此数有三位有效数字；写成$3.500×10^3$表示此数有四位有效数字。

(四)数据的表达方法

测量数据的表达方法通常有图示法、表格法和经验公式法三种。

1. 图示法

在自然科学和工程技术中用图形表示测量数据是普遍的一种方法。图示法的最大优点是一目了然，即从图形中可以非常直观地看出函数的变化规律，如递增性和递减性，最大值或最小值，是否具有周期性变化规律等。但是，从图形上只能得到函数变化关系而不能进行数学分析。

图示法基本要点如下。

(1)在直角坐标系中绘制测量数据图形时，应以横坐标为自变量，以纵坐标为对应的函数量。

(2)坐标纸的大小和分度的选择与测量数据的精度相适应。分度过粗时，影响原始数据的有效数字，绘图精度将低于试验中参数测量的精度；分度过细时会高于原始数据的精度。

坐标分度值不一定自"0"起，可用低于试验数据的某一数值作起点和用高于试验数据的某一数值作终点，曲线以基本占满全幅坐标纸为宜。

(3)坐标轴应注明分度值的有效数字和名称、单位，必要时还应标明试验条件，坐标的文字书写方向与该坐标轴平行，在同一图上表示不同数据时应用不同的符号加以区别。

(4)曲线平滑方法。测量的数据往往是分散的，如果用短线连接各点，得到的就不是光滑的曲线，而是折线。由于每个测点总存在误差，按带有误差的各数据所描的点不一定是真实值的正确位置。根据足够多的测量数据，完全有可能作出一条光滑曲线，决定曲线的走向时应考虑曲线尽可能通过或接近所有的点，但是曲线不必强求通过所有的点，尤其是两端的点。当不可能时，应移动曲线尺，顾及所绘制的曲线与实测值之间的误差的平方和最小，此时曲线两边的点数接近相等。

2. 表格法

用表格来表示函数的方法，在自然科学和工程技术上用得特别多。在科学试验中一系列测量数据都是首先列成表格，然后进行其他的处理。表格法简单方便，却不能满足深入分析。首先，尽管测量次数相当多，但它不能给出所有的函数关系；其次，从表格中不易看出自变量变化时函数的变化规律，而只能大致估计出函数是递增的、递减的或是周期性变化的等。列成表格是为了表示出测量结果，或是为了以后的计算方便，同时，也是图示法和经验公式法的基础。

表格有两种：一种是试验检测数据记录表；另一种是试验检测结果表。

(1)试验检测数据记录表是该项试验检测的原始记录表，其包括的内容应有试验检测的目的、内容摘要、试验日期、环境条件、测量数据、结果分析，以及参加人员、校核人员和技术负责人。

(2)试验检测结果表只反映试验检测结果的最后结论，一般只有几个变量间的对应关系。试验检测结果表应力求简明扼要，能说明问题。

3. 经验公式法

测量数据不仅可用图形表示出函数之间的关系，而且可用与图形相对应的一个公式来表示所有的测量数据，当然这个公式不可能完全准确地表达全部数据。因此，曲线对应的公式称为经验公式，在回归分析中则称为回归方程。

将全部测量数据用一个公式来代替，不仅有紧凑扼要的优点，还可以对公式进行必要的数学运算，以研究各自变量与函数的关系。

根据一系列测量数据，如何建立公式、建立什么形式的公式，这是首要解决的问题。所建立的公式能够正确表达测量数据的函数关系，往往不是一件容易的事情，在很大程度上取决于试验人员的经验和判断能力，而且建立公式的过程比较烦琐，有时还要多次反复，才能得到与测量数据更接近的公式。

建立公式的步骤大致可归纳为以下几项。

(1)描绘曲线。以自变量为横坐标，以函数量为纵坐标，将测量数据描绘在坐标纸上，并把数据点描绘成测量曲线(见图示法)。

(2)对所描绘的曲线进行分析，确定公式的基本形式。

1)如果数据点描绘的是曲线，则要根据曲线的特点判断曲线属于何种类型。判断时可参考现成的数学曲线形状加以选择，对选择的曲线则按一元非线性回归方法处理。

2)如果很难判断曲线属于何种类型，则可按多项式回归处理。

(3)曲线画直。如果根据测量数据描绘的曲线被确定为某种类型的曲线,则可将该曲线方程变换成直线方程,然后按一元线性回归方法处理。

(4)确定公式中的常量。代表测量数据的直线方程或经曲线化直后的直线方程表达式为 $y=ax$,可根据一组测量数据确定方程的常量 a 和 b,其方法一般有图解法、端值法、平均法和最小二乘法等。

(5)检验所确定的公式的准确性。即用测量数据中自变量值代入公式计算出函数值,看它与实际测量值是否一致,如果差别很大,说明所确定的公式基本形式可能有错误,则应建立另外形式的公式。

(五)数据处理分析方法

若两个自变量 x 和 y 存在一定的关系,并通过试验获得 x 和 y 的一组数据,用数学处理方法得出这两个自变量的关系式,这就是回归分析,也就是工程上所说的拟合问题,所得关系式称为经验公式,或称回归方程或拟合方程。

在处理试验数据时,经常遇到两个变量因素的试验值,如抗压强度和抗折强度,快速试验强度和标准试验强度,混凝土强度与水泥强度及承载比试验等,可利用试验数据,找出它们之间的关系,建立两个变量因果经验相关公式。

如果两个变量 x 和 y 的关系是线性关系,就称为一元线性回归或直线拟合。如果两个变量 x 和 y 的关系是非线性关系,就称为一元非线性回归或曲线拟合。

设两个变量间的关系为 $y=F(x)$,通过试验可得到若干组对应数(x_1,y_1)、(x_2,y_2)、…、(x_n,y_n)。根据这些数据在平面坐标系中绘制出相应的数据点,当点大致分布在一条直线附近时,说明两变量 x 和 y 存在线性关系,即可以用一条适当的直线来表示这两个变量的关系,此直线方程为

$$y=ax+b \tag{1.17}$$

式中 a、b 为回归系数。

平面上的直线很多,而 a、b 值构成的最优直线必须使 $y=a+bx$ 方程的函数值 y_i 与实际测量值 y_i' 之间的偏差最小。理论分析和工程实践均表明,最小二乘法确定的回归方程偏差最小,平均法次之,端值法最大。为此,下面仅讨论最小二乘法。最小二乘法的基本原理:当所有测量数据的偏差平方和最小时,所拟合的曲线最优。

最小二乘法是一种最常用的统计方法。经过数学推导,得到二元一次直线方程的截距 b、斜率 a、相关系数 r,计算公式见式(1.18)~式(1.20):

$$截距:b=\frac{\sum xy \sum x - \sum y \sum x^2}{(\sum x)^2 - n\sum x^2} \tag{1.18}$$

$$斜率:a=\frac{\sum x \sum y - n\sum xy}{(\sum x)^2 - n\sum x^2} \tag{1.19}$$

$$相关系数:r=\frac{n\sum xy - \sum x \sum y}{\sqrt{\left[n\sum x^2 - (\sum x)^2\right]\left[n\sum y^2 - (\sum y)^2\right]}} \tag{1.20}$$

项目一 公路工程检测基本知识

> **任务参考**

对一组混凝土试件进行强度试验,分析测定其抗压强度 R 和回弹值 N,试验结果见表 1.31,试确定 $R-N$ 的线性方程。

表 1.31 试验结果

序号	$y(R)$/MPa	$x(N)$	xy	x^2
1	28.3	36.0	1 018.8	1 296
2	23.2	37.8	876.96	1 428.84
3	25.4	36.7	932.18	1 346.89
4	18.6	29.7	552.42	882.09
5	14.6	30.4	443.84	924.16
6	12.9	30.5	393.45	930.25
7	10.6	22.9	242.74	524.41
8	32.5	37.6	1 222.0	1 413.76
9	27.0	38.4	1 036.8	1 474.56
求和	$\sum y = 193.1$	$\sum x = 300$	$\sum xy = 6\ 719.19$	$\sum x^2 = 10\ 220.96$
		$(\sum x)^2 = 90\ 000$		
	$a = -21$		$b = 1.28$	
		$y = -21 + 1.28x$ 或 $R = -21 + 1.286N$		

三、抽样检验基础

工程质量检验是工程质量控制的一个重要环节,是保证工程质量的必要手段。检验可分为全数检验和抽样检验两大类。全数检验是对一批产品中的每个产品进行检验,从而推断该批产品质量状况;抽样检验是从一批产品中抽出少量的单个产品进行检验,从而推断出该批产品的质量状况。全数检验可靠性好,但检验工作量大,往往难以实现。抽样检测的方法是以数理学统计为理论依据,具有很强的科学性和经济性,在许多情况下,只能采用抽样检验方法。公路工程不同于一般产品,它是一个连续的整体,且采用的质量检测手段又多属于破坏性的。所以,就公路工程质量检验而言,不可能采用全数检验,只能采用抽样检验,即从待检工程中抽取样本,根据样本的质量结果,推断整个待检工程的质量状况。质量检验的目的是准确判断工程质量状况,以促进工程质量的提高。其有效性取决于检验的可靠性,而检验的可靠性与质量检测手段的可靠性、抽样检验方法的科学性、抽样检验方案的科学性三个方面因素有关。只有综合考虑上述三个方面因素,才能提高质量检验的可靠性。

(一)抽样检验类型

抽样是从总体样本中抽取样本的过程,并通过样本了解总体。抽样检验可分为非随机抽样和随机抽样两类。

1. 非随机抽样

进行人为的、有意识的挑选取样即非随机抽样。在非随机抽样中,人的主观因素占主导作用,会对总体作出错误的判断,采用这种方法所得到的检验结论可信度低。

2. 随机抽样

随机抽样排除了人的主观因素,使待检总体中每个产品具有同等被抽取的机会。只有随机抽样的样本才能客观反映总体的质量状况。用这类方法得到的数据有代表性,质量检验的可靠性得到基本保证。因此,随机抽样是以数理统计的原理,根据样本取得的质量数据来推测、判断总体的一种科学抽样检验方法,因而被广泛使用。

(二)随机抽样的方法

随机抽样的方法有单纯随机抽样、系统抽样、分层抽样、密集群抽样等。适合公路工程质量检验的随机抽样法一般有以下3种方式。

1. 单纯随机抽样

在总体中,直接抽取样本的方法即单纯随机抽样。如一批产品,共100箱,每箱20件,从整批中任意抽取200件,这种抽样方法就是单纯随机抽样。这是一种不完全随机化的抽样方法。在进行单纯随机抽样时,应对总体中各个个体进行编码。随机抽样并不意味着随便地、任意地取样,而应采取一定方式获取随机数,以确保抽样的随机性。随机数既可以利用随机数表来获得,也可以利用掷骰子和抽签的方法来获得。

2. 系统抽样

有系统地将总体分成若干部分,然后从每个部分抽取一个或若干个个体,组成样本,称为系统抽样。如上述的100箱产品,先把整批分成10组,每组为10箱,然后分别从各组中任意抽取20件,就是系统抽样。在工程质量控制中,系统抽样的实现主要有以下3种方式。

第一种方式:将比较大的工程分为若干部分,根据样本容量大小,在每部分按比例进行单纯随机抽样,将各部分抽取的样品组合成一个样本。

第二种方式:间隔定时法。每隔一定时间,从工作面抽取一个或若干个样品。该方法适合于工序质量控制。

第三种方式:间隔定量法。每隔一定数量的产品,抽取一个或若干个样品,该方法主要适合工序质量控制。

3. 分层抽样

一项工程或工序往往是由若干不同的班组施工的。分层抽样法就是依据此类情况,将工程或工序分为若干层。例如,同一个班组施工的工程或工序作为一层,若某工程或工序由3个不同班组施工,则分为3层,然后按一定比例确定每层应抽取样品数,对每层则按单纯抽样法抽取样品。分层抽样便于了解每层质量状况,分析每层产生质量问题的原因。

(三)抽样检验的评定方法

抽样检验的目的,就是根据样本取得的质量数据来推测样本所属的一批产品或工序的质量状况,并判断该产品是否合格。公路工程施工中路基路面压实度、弯沉值、路面结构层厚度、半刚性基层材料强度、水泥混凝土抗折等检验项目,应采用数理统计的方法进行评定。

任务参考1:弯沉评定。某新建高速公路竣工后,在不利季节测得某路段路面弯沉值见表 1.32,路面设计弯沉值为 38(0.01 mm),试判断该路段的弯沉值是否符合要求。取保证率系数 $Z_a=1.645$。

表 1.32 弯沉值检测结果

序号	1	2	3	4	5	6	7	8	9	10	11
l_i(0.01 mm)	31	31	30	33	32	33	31	30	30	30	31
序号	12	13	14	15	16	17	18	19	20	21	22
l_i(0.01 mm)	29	27	26	32	29	26	28	27	29	28	28

解:经计算:$l=\dfrac{1}{i}(l_1+l_2+l_3+\cdots+l_i)=\dfrac{1}{22}(31+31+30+\cdots+28)=29.60(0.01\mathrm{mm})$,$S=2.09(0.01\text{ mm})$

代表弯沉值为弯沉检测值的上波动界限,即

$$l=\bar{l}+Z_a \cdot S = 29.6+1.645\times 2.09=33.0(0.01\text{ mm})$$

因为代表弯沉值 $l<l_d=38(0.01\text{ mm})$,所以该路段的弯沉值是满足要求的。

任务参考2:厚度评定。某路段水泥混凝土路面板厚度检测数据见表 1.33。保证率为 95%,设计厚度 $h_d=25$ cm,代表允许偏差 $\Delta h=5$ mm,试对该路段的板厚进行评价。

表 1.33 水泥混凝土路面板厚度检测结果

序号	1	2	3	4	5	6	7	8	9	10
厚度 h_i/cm	25.1	25.0	25.1	25.4	25.2	25.4	25.2	25.3	25.0	25.4
序号	11	12	13	14	15	16	17	18	19	20
厚度 h_i/cm	24.9	24.8	25.3	25.3	25.2	25.1	25.0	24.8	25.1	25.0
序号	21	22	23	24	25	26	27	28	29	30
厚度 h_i/cm	24.7	24.9	24.8	24.6	24.7	25.1	25.0	24.7	24.9	25.5

解:经计算:$\bar{h}=(25.1+25.0+25.1+25.4+25.2+25.4+25.2+25.3+25.0+25.4+24.9+\cdots+24.7+24.9+25.5)/30=25.05(\text{cm})$,$S=0.24\text{ cm}$

根据 $n=30$,$\alpha=95\%$,查本书附表 4 得:$t_a/\sqrt{n}=0.310$

代表性厚度 h 为算术平均值的下置信界限,即

$$h=\bar{h}-t_a/\sqrt{n}\cdot S=25.05-0.310\times 0.24=24.98(\text{cm})$$

因为 $h>h_d-\Delta h=20$ cm,所以该路段的代表性厚度满足要求。

应该指出,路面结构层厚度评定中,当代表性厚度满足要求后,按单个检测值来评定合格率和计算评分。

任务参考3: 压实度评定。某新建公路路基施工中,对其中一段压实质量进行检查,压实度检测结果见表1.34,压实度标准$K_0=95\%$。请按保证率95%计算该路段的代表性压实度并进行质量评定。

表1.34 压实度检测结果

序号	1	2	3	4	5	6	7	8	9	10
压实度/%	95.8	95.4	95.7	95.1	95.1	95.8	95.9	95.5	95.3	95.6
序号	11	12	13	14	15	16	17	18	19	20
压实度/%	97.5	96.5	96.8	93.5	96.1	96.3	96.3	96.7	97.0	97.3

解: 经计算:$\overline{K}=(95.8\%+95.4\%+95.7\%+\cdots+97\%+97.3\%)/20=95.96\%$,$S=0.91\%$

代表性压实度K为算术平均值的下置信界限,即

$$K=\overline{K}-t_a/\sqrt{n}\cdot S=95.96\%-0.387\times0.91\%=95.61\%$$

因为代表性压实度$K>K_0=95\%$,所以该路段的压实质量是合格的。

自我测试题

一、单选题

1. 公路工程质量检验评定的依据为( )。
   A. 设计规范　　　　B. 施工规范　　　　C. 质量检验评定标准　D. 试验规程
2. 土方路基比石方路基实测项目中多一项检测内容是( )。
   A. 压实度　　　　　B. 弯沉　　　　　　C. 边坡　　　　　　D. 平整度
3. 交工验收时,( )需检测弯沉、平整度、抗滑性能等。
   A. 沥青混凝土面层　B. 水泥混凝土面层　C. 半刚性基层　　　D. 土方路基
4. 对于水泥混凝土上加铺沥青面层的复合式路面,水泥混凝土路面结构不必检测( )。
   A. 强度　　　　　　B. 厚度　　　　　　C. 平整度　　　　　D. 抗滑
5. 数字修约规则,当23.5和24.5修约至"个"数位时,分别为( )。
   A. 24,24　　　　　B. 23,24　　　　　C. 23,25　　　　　D. 24,25
6. 工程质量评定按( )顺序逐级进行。
   A. 分项工程、分部工程、单位工程　　B. 分部工程、分项工程、单位工程
   C. 单位工程、分部工程、分项工程　　D. 单位工程、分项工程、分部工程
7. 0.23和23.0两个数的有效数字分别为( )个。
   A. 2,2　　　　　　B. 3,3　　　　　　C. 3,2　　　　　　D. 2,3
8. 对土方路基质量评定影响最大的指标是( )。
   A. 压实度　　　　　B. 平整度　　　　　C. 宽度　　　　　　D. 纵断高程

9. 水泥混凝土面层应按（　　）工程进行质量评定。
   A. 分项　　　　　B. 分部　　　　　C. 单位　　　　　D. 单项
10. 根据《公路工程质量检验评定标准　第一册　土建工程》(JTG F80/1—2017)的规定，某一级公路土基压实度标准为95％，当某测点的压实度为92.5％时，评定结果为（　　）。
    A. 合格　　　　　　　　　　　　　B. 不合格
11. 如果对某测量值进行了20次重复测定，其平均值为2，标准偏差为1，则该组测定值的变异系数为（　　）。
    A. 50％　　　　　B. 20％　　　　　C. 5％　　　　　D. 10％
12. 下列检测项目中，用数理统计方法进行评定的项目是（　　）。
    A. 纵断高程　　　B. 中线偏位　　　C. 抗滑　　　　　D. 厚度
13. 不属于表示数据离散程度的统计特征量是（　　）。
    A. 标准偏差　　　B. 变异系数　　　C. 中位数　　　　D. 极差
14. 下列数字中有效数字位数是三位的是（　　）。
    A. 340　　　　　B. 0.025 9　　　C. 0.02　　　　　D. 2.520
15. 用 n 表示检测次数，S 表示标准偏差、$\bar{x}$ 表示平均值，则变异系数 C_V 为（　　）。
    A. $\dfrac{S}{n}$　　　B. $\dfrac{\bar{x}}{S}$　　　C. $\dfrac{n}{S}$　　　D. $\dfrac{S}{\bar{x}}$
16. 压实度评定时，用（　　）来反映路段的总体压实质量。
    A. 平均值　　　　B. 标准偏差　　　C. 代表值　　　　D. 合格率

二、判断题

1. 半刚性基层交工验收时需进行弯沉测定。（　　）
2. 压实度评定时，高速公路、一级公路的保证率比二级公路的小。（　　）
3. 路基工程实测项目质量标准按高速公路、一级公路、二级公路和其他公路四档设定。（　　）
4. 分项工程检查不合格，经过加固、补强、返工或整修后，可以复评为优良。（　　）
5. 建设项目工程质量等级分为优异、良好、合格、不合格等四级。（　　）
6. 将15.45修约成三位有效数字，其修约值为15.0。（　　）
7. 对于水泥混凝土路面，应测定其抗压强度。（　　）
8. 级配碎石、填隙碎石的压实质量用固体体积率控制。（　　）
9. 系统抽样、分层抽样属于非随机抽样方法。（　　）
10. 路面结构层厚度评定保证率的取值与公路等级有关。（　　）
11. 根据《公路工程质量检验评定标准　第一册　土建工程》(JTG F80/1—2017)的规定，当土方路基施工路段较短时，分层压实度必须点点符合要求，且实际样本数不小于6个。（　　）
12. 路面结构层厚度评定中，保证率的取值与公路等级有关。（　　）
13. 抽样检验可分为随机抽样和非随机抽样。（　　）
14. 路基除压实度指标需分层检测外，其他检查项目均在路基完成后对路基顶面进行检查测定。（　　）

15. 关键项目其合格率不得低于90%,且检测值不得超过规定极值,否则必须进行返工处理。 (   )
16. 经检查不符合基本要求规定时,不得进行分项工程质量检验与评定。 (   )
17. 极差和标准偏差均表示数据的离散程度,但极差比标准偏差利用的数据信息少。 (   )
18. 根据《公路工程质量检验评定标准 第一册 土建工程》(JTG F80/1—2017)的规定,纵断高程一般用水准仪测定。 (   )
19. 小桥工程在质量评定中,属于路基单位工程中的分部工程。 (   )

拓展思考题

1. 分项工程质量检验包括哪些内容?
2. 工程质量评定顺序是什么?
3. 土方路基实测项目有哪些?
4. 石方路基实测项目有哪些?

拓展练习

1. 某路段垫层施工质量检查中,用标准轴载测得15个点的弯沉值分别为100、101、110、108、98、96、95、102、110、95、98、93、96、103、104(0.01 mm),试计算该结构层弯沉值的算术平均值、中位数、极差、标准偏差和变异系数及弯沉的代表值(已知 $Z_a = 1.645$)。

2. 某新建二级公路设计弯沉值 $l_d = 33(0.01\ mm)$,其中一评定段(沥青混凝土面层)弯沉测试结果(单位0.01 mm)为 17,11,10,14,13,10,16,19,12,14,17,20,试评定该路段弯沉检测结果(保证率为93.32%, $Z_a = 1.5$)。

3. 某新建公路路基施工中,对其中一段压实质量进行检查,压实度检测结果为95.8、95.4、95.7、95.1、95.1、95.8、95.9、95.5、95.3、95.6、97.5、96.5、96.8、93.5、96.1、96.3、96.3、96.7、97.0、97.3,压实度标准 $K_0 = 95\%$。按保证率95%计算该路段的代表性压实度并进行质量评定。

n	双边置信水平 $t_{a/2}/\sqrt{N}$		单边置信水平 $t_a/\sqrt{N}$	
	保证率95%	保证率90%	保证率95%	保证率90%
	$\alpha/2$	$\alpha/2$	α	α
16	0.533	0.438	0.438	0.335
17	0.514	0.423	0.423	0.324
18	0.497	0.410	0.410	0.314
19	0.482	0.398	0.398	0.305
20	0.468	0.387	0.387	0.297

4. 某新建高速公路竣工后，在不利季节测得某路段路面弯沉值(单位 0.01 mm)为 30、29、32、28、27、28、34、32、30。设计弯沉值为 40(0.01 mm)，试判断该路段路面弯沉是否符合要求？保证率系数 $Z_a=1.645$，计算结果取一位小数。

项目二
路基工程试验与检测

知识目标

1. 了解路基施工准备阶段所需原材料的检测项目和方法。
2. 了解路基施工过程中的试验检测项目和方法。
3. 了解路基竣工验收阶段的试验检测内容、项目及材料的整理。

能力目标

1. 能够进行土的工程分类。
2. 能够熟练完成路基施工准备阶段所需材料及室内试验检测的各项检测工作。
3. 能够熟练完成路基施工阶段的室外如压实度、承载比等项目的检测工作。
4. 能够熟练完成路基工程竣工验收阶段检测工作任务内容及材料的整理。

素质目标

1. 培养学生乐观、敢为的能力。
2. 培养敬业、吃苦耐劳的精神及团队协作精神。
3. 激发学生民族自豪感和职业使命感。
4. 培养坚持原则、秉公办事的作风。

任务一　路基施工准备阶段试验检测内容

学习情境

某高速公路路基工程施工准备阶段基本准备及前期测量都已完成并建立了驻地实验室，作为试验检测人员要对路基基底及来源不同、性质不同的拟用作路堤填料的材料进行复查和取样试验。

学习目标

1. 路基土的工程分类。
2. 路基土石方工程质量检测。

学习要求

掌握路基准备阶段原地面和取土场的土的试验检测,并能够给土命名。

学习引导

一、路基土的工程分类

土的工程分类体系就是根据土的工程性质差异将土划分成一定的类别。其目的是通过通用的鉴别标准,便于在不同土类之间作出有价值的比较、评价、积累及学术与经验的交流。土的工程分类概括起来可以归纳为三级分类。

(一)第一级分类

第一级分类是成因类型分类,主要按土的成因和形成年代作为分类标准。

将土按土体的成因分类分为残积土(包括泉水沉积、洞穴堆积等)、坡积土、洪积土、冲积土、冰积土、风积土、化学堆积土、生物堆积土(古植物层土)、火山堆积土、坠积土、崩积土、滑坡堆积(包括土溜)土、泥石流堆积土、三角洲堆积(分河—湖相、河—海相)土、湖泊堆积土、沼泽沉积土、海相沉积土、海陆交互相堆积土、冰水沉积土及人工堆积土等。或者是上述两种或两种以上成因的混合成因土。

将土按堆积年代划分为三类:第一类是老堆积土,是第四纪更新世 Q_3 及其以前堆积的土层;第二类是一般堆积土,是第四纪全新世(文化期以前 Q_4)堆积的土层;第三类是新近堆积土,是文化期以来 Q_4 新近堆积的土层。

(二)第二级分类

第二级分类是土质类型分类,主要考虑土的物质组成(颗粒级配和矿物成分)及其与水相互作用的特点(塑性指标),按土的形成条件和内部连结,将土划分为"普通土"和"特殊土"。

1. 普通土分类

普通土可分为碎石土、砂土、粉土和黏性土。碎石土(粒组表示为巨粒组)为粒径大于 2 mm 的颗粒含量超过总质量 50% 的土。碎石土根据粒组含量可分为漂石、块石、卵石、碎石、砾;砂土为粒径大于 2 mm 的颗粒含量不超过总质量 50% 且粒径大于 0.075 mm 的颗粒含量超过总质量的 50% 的土。砂土根据粒组含量可分为砾砂、粗砂、中砂、细砂、粉砂;粉土为粒径大于 0.075 mm 的颗粒含量不超过总质量的 50% 且塑性指数小于或等于 10 的土;粉土分为黏质粉土和砂质粉土;黏性土为塑性指数 I_P 大于 10 的土。

2. 特殊土分类

有些土类,由于地理环境、气候条件、地质成因、物质成分及次生变化等原因而具有与一般土类显著不同的特殊工程性质,当其用于建筑场地、地基及建筑环境时,如果不注意这些特点,并采取相应的治理措施,就会造成工程事故。这类具有特殊工程性质的土称为特殊土。

在我国,具有一定分布区域和特殊工程意义的特殊土种类很多,包括软土、黄土、红黏土、膨胀土、人工填土等。

土的第二级分类即土质分类考虑了决定土的工程地质性质的最本质因素,即土的颗粒级配与塑性特性,是土分类的最基本形式。

(三)第三级分类

第三级分类是工程建筑类型分类。主要考虑土与水作用的特点(饱和状态、稠度状态、胀缩性、湿陷性等)、土的密实度或压缩固结特点对土进行详细的划分。

土的分类原则:第一,分类要简明,既要能综合反映土的主要工程性质,又要测定方法简单,使用方便;第二,土的分类体系所采用的指标要在一定程度上反映不同类工程用土的不同特性。

(四)土的工程分类依据

土的工程分类就是将颗粒粒径相近、工程性质相似的土划分为同一类型土。基本规定如下。

1. 一般规定

(1)土的工程分类应依据下列指标。

1)土的颗粒组成特征。

2)土的塑性指标:液限(W_L)、塑限(W_P)和塑性指数(I_P)。

3)土中有机质含量。

(2)按《公路土工试验规程》(JTG 3430—2020)中筛分法确定各粒组含量;按液塑限联合测定法确定液限和塑限;有机质含量高于5%的有机质土,按《公路土工试验规程》(JTG 3430—2020)中有关规定进一步分类。

(3)土的颗粒应根据图2.1所列粒径范围划分粒组。

200		60		20		5		2		0.5		0.25	0.075	0.002 (mm)
巨粒组/mm				粗粒组/mm									细粒组/mm	
漂石(块石)		卵石(小块石)		砾(角砾)			砂					粉粒	黏粒	
				粗	中	细	粗	中	细					

图2.1 粒组划分

(4)一般土可分为巨粒土、粗粒土和细粒土,分类总体系如图2.2所示。对于特殊成因和年代的土类尚应结合其成因和年代特征定名,如图2.3所示。

(5)土颗粒组成特征应以土的级配指标的不均匀系数(C_u)和曲率系数(C_c)确定,不均匀系数C_u反映粒径分布曲线上的土粒分布范围,按式(2.1)计算:

$$C_u = \frac{d_{60}}{d_{10}} \tag{2.1}$$

曲率系数C_c反映粒径分布曲线上的土粒分布形状,按式(2.2)计算:

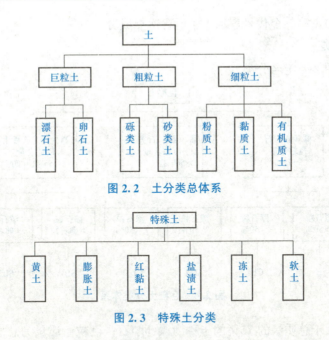

图 2.2　土分类总体系

图 2.3　特殊土分类

$$C_c = \frac{(d_{30})^2}{d_{10} \times d_{60}} \tag{2.2}$$

式中　d_{10}、d_{30}、d_{60}——土的特征粒径(mm)，在土的粒径分布曲线上，小于该粒径的土粒质量分别为总土质量的10%、30%、60%。

(6)细粒土应根据塑性图分类。土的塑性图是以液限(W_L)为横坐标，以塑性指数(I_P)为纵坐标构成的。

(7)土的成分、级配、液限和特殊土等基本代号应按下列规定构成。

1)土的成分代号见表2.1。

表 2.1　土的成分代号

漂石—B	砾—G	砂—S	粉土—M	细粒土—F
块石—Ba	角砾—G_a		黏土—C	(混合)土(粗、细粒土的合称)—Sl
卵石—Cb				有机质土—O
小块石—Cb_a				

2)土的级配代号：级配良好—W；级配不良—P。

3)土液限高低代号：高液限—H；低液限—L。

4)特殊土代号：黄土—Y；膨胀土—E；红黏土—R；盐渍土—S_t；冻土—F_t；软土—S_f。

(8)土类名称可用一个基本代号表示。

1)当由两个基本代号构成时，第一个代号表示土的主成分，第二个代号表示副成分(土的液限或土的级配)。

2)当由三个基本代号构成时，第一个代号表示土的主成分，第二个代号表示液限的高低(或级配的好坏),第三个代号表示土中所含次要成分。

2. 巨粒土分类

巨粒土应按图 2.4 定名分类。

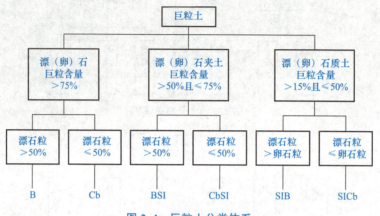

图 2.4　巨粒土分类体系

巨粒组质量大于总质量的 75% 的土称为漂(卵)石;巨粒组质量为总质量的 50%～75%(含 75%)的土称为漂(卵)石夹土;巨粒组质量为总质量的 15%～50%(含 50%)的土称为漂(卵)石质土;巨粒组质量小于或等于总质量 15% 的土,可扣除巨粒,按粗粒土或细粒土的相应规定分类定名。

3. 粗粒土的分类

(1)试样中巨粒组土粒质量小于或等于总质量的 15%,且巨粒组土粒与粗粒组土粒质量之和大于总土质量的 50% 的土称为粗粒土。

(2)粗粒土中砾粒组质量大于砂粒组质量的土称为砾类土,砾类土应根据其中细粒含量和类别及粗粒组的级配进行分类,分类体系如图 2.5 所示。

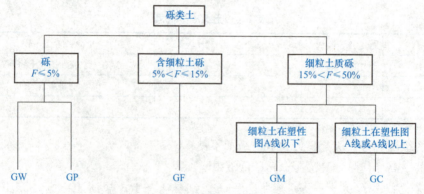

图 2.5　砾类土分类体系

注:砾类土分类体系中的砾石换成角砾,G 换成 Ga,即构成相应的角砾土分类体系。

1)砾类土中细粒组质量小于或等于总质量的 5% 的土称砾,按下列级配指定命名:当 $C_u \geqslant 5$,且 $C_c = 1\sim3$ 时,称为级配良好砾,记为 GW。当不同时满足上述条件,则称为级配不良砾,记为 GP。

2)砾类土中细粒组质量为总质量的 5%～15%(含 15%)的土称为含细粒土砾,记为 GF。

3)砾粒土中细粒组质量大于总质量的 15%,并小于或等于总质量的 50%的土,按细粒土在塑性图中的位置定名:当细粒土位于塑性图 A 线以下时,称为粉土质砾,记为 GM;当细粒土位于塑性图 A 线或 A 线以上时,称为黏土质砾,记为 GC。

(3)粗粒土中砾粒组质量小于或等于砂粒组质量的土称为砂类土。砂类土应根据其中细粒含量和类别及粗粒组的级配进行分类。砂类土分类体系如图 2.6 所示。

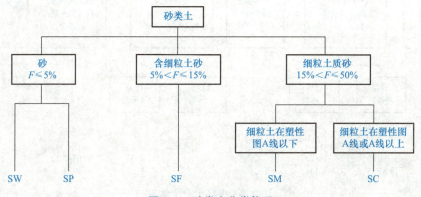

图 2.6　砂类土分类体系

注:需要时,砂可以进一步分为粗砂、中砂和细砂。定名时应根据颗粒级配由大到小以最优先符合者确定。粗砂——粒径大于 0.5 mm 颗粒大于总质量的 50%;中砂——粒径大于 0.25 mm 颗粒大于总质量的 50%;细砂——粒径大于 0.075 mm 颗粒大于总质量的 75%。

根据粒径分组由大到小,以首先符合者命名。

1)砂类土中细粒组质量小于或等于总质量的 5%的土称砂,按下列级配指标定名:当 $C_u \geqslant 5$,且 $C_c = 1～3$ 时,称为级配良好砂,记为 SW。当不同时满足上述条件,则称为级配不良砂,记为 SP。

2)砂类土中细粒组质量为总质量的 5%～15%(含 15%)的土称含细粒土砂,记为 SF。

3)砂类土中细粒组质量大于总质量的 15%,并小于或等于总质量的 50%的土称为细粒土质砂,按细粒土在塑性图中的位置定名:当细粒土位于塑性图 A 线以下时,称为粉土质砂,记为 SM;当细粒土位于塑性图 A 线或 A 线以上时,称为黏土质砂,记为 SC。

4. 细粒土分类

试样中细粒组土粒质量大于或等于总质量的 50%的土称为细粒土。细粒土分类体系如图 2.7 所示。细粒土应按下列规定划分。

(1)细粒土中粗粒组质量小于或等于总质量的 25%的土称为粉质土或黏质土。

(2)细粒土中粗粒组质量为总质量的 25%～50%(含 50%)的土称为含粗粒的粉质土或含粗粒的黏质土。

(3)试样中有机质含量大于或等于总质量的 5%的土称为有机质土。试样中有机质含量大于或等于 10%的土称为有机质土。

(4)细粒土应按塑性分类。本分类塑性图如图 2.8 所示,采用下列液限分区:高液限

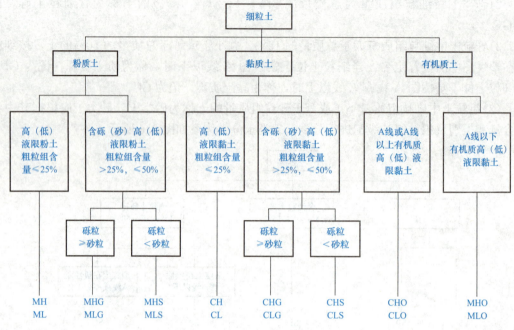

图 2.7 细粒土分类体系

($W_L \geqslant 50\%$)；低液限($W_L < 50\%$)。

(5)细粒土应按其在图 2.8 塑性图中的位置确定土名称。

1)当细粒土位于塑性图 A 线或 A 线以上时,按下列规定定名：在 B 线或 B 线以右,称高液限黏土,记为 CH；在 B 线以左,$I_P = 7$ 线以上,称低液限黏土,记为 CL。

2)当细粒土位于 A 线以下时,按下列规定定名：在 B 线或 B 线以右称高液限粉土,记为 MH；在 B 线以左,$I_P = 4$ 线以下,称低液限粉土,记为 ML。

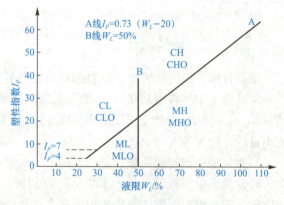

图 2.8 塑性图

3)黏土—粉土过渡区(CL—ML)的土可以按相邻土层的类别考虑定名。

(6)本"分类"确定的是土的学名和代号,必要时允许附列通俗名称或当地习惯名称。

(7)含粗粒的细粒土应先按上述(5)的规定确定细粒土部分的名称,再按以下规定最终定名。

1)当粗粒组中砾粒组质量大于砂粒组质量时,称含砾细粒土,应在细粒土代号后缀以代号"G"。

2)当粗粒组中砂粒组质量大于或等于砾粒组质量时,称含砂细粒土,应在细粒土代号后缀以代号"S"。

(8)土中有机质包括未完全分解的动植物残骸和完全分解的无定形物质。后者多呈黑色、青黑色或暗色;有臭味;有弹性和海绵感。借目测、手摸及嗅感判别。

当不能判定时,可采用下列方法:将试样放入 105～110 ℃ 的烘箱中烘烤。若烘烤 24 h 后试样的液限小于烘烤前的 3/4,该试样为有机质土。当需要测有机质含量时,按有机质含量试验规程中的试验进行。

(9)有机质土应根据图 2.8 按下列规定定名。

1)位于塑性图 A 线或 A 线以上时:在 B 线或 B 线以右,称有机质高液限黏土,记为 CHO;在 B 线以左,$I_P=7$ 线以上,称有机质低液限黏土,记为 CLO。

2)位于塑性图 A 线以下:在 B 线或 B 线以右,称有机质高液限粉土,记为 MHO;在 B 线以左,$I_P=4$ 线以下,称有机质低液限粉土,记为 MLO。

3)黏土—粉土过渡区(CL—ML)的土可以按相邻土层的类别考虑定名。

5. 特殊土分类

(1)各类特殊土应根据其工程特性进行分类。

(2)盐渍土的含盐性质和盐渍化程度按表 2.2 和表 2.3 进行分类,其他特殊土的进一步细分可根据相关规范和工程要求进行。

表 2.2 盐渍土按含盐性质分类

盐渍土名称	离子含量比值	
	Cl^-/SO_4^{2-}	$(CO_3^{2-}+HCO_3^-)/(Cl^-+SO_4^{2-})$
氯盐渍土	>2.0	—
亚氯盐渍土	1.0～2.0	—
亚硫酸盐渍土	0.3～1.0	—
硫酸盐渍土	<0.3	—
碳酸盐渍土	—	>0.2

注:离子含量以 1 kg 土中离子的毫摩尔数计(mmol/kg)。

表 2.3 盐渍土按盐渍化程度分类

盐渍土类型	细粒土的平均含盐量(以质量百分数计)		粗粒土通过 1 mm 筛孔土的平均含盐量(以质量百分数计)	
	氯盐渍土及亚氯盐渍土	硫酸盐渍土及亚硫酸盐渍土	氯盐渍土及亚氯盐渍土	硫酸盐渍土及亚硫酸盐渍土
弱盐渍土	0.3～1.0	0.3～0.5	2.0～5.0	0.5～1.5
中盐渍土	1.0～5.0	0.5～2.0	5.0～8.0	1.5～3.0
强盐渍土	5.0～8.0	2.0～5.0	8.0～10.0	3.0～6.0
过盐渍土	>8.0	>5.0	>10.0	>6.0

注:离子含量以 100 g 干土内的含盐总量计。

我国特殊土种类较多,典型的有黄土、红黏土、膨胀土、盐渍土、冻土、软土等。这些特殊土的工程分类目前较成熟的是盐渍土。其他特殊土的工程分类方法不统一，如膨胀土的分类指标有自由膨胀率、膨胀性矿物含量、胀塑总率、标准吸湿含水率和液塑限等，有些分类根据单项指标，也有根据多项指标确定。黄土的分类可根据湿陷性、成因、地质年代等因素。冻土的分类指标有冻结持续时间、空间状态、含冰量等。因此，在这里只列出了盐渍土的工程分类，其他特殊土可根据具体工程与用途进行分类。

路基工程开工前，施工单位向监理工程师申请开工，监理工程师要进行以下两项检测工作进行检查：一是对路基原地面的土进行试验检测；二是对取料场的土进行试验检测，这两项内容完成并且符合规范和图纸要求，监理工程师才会批准开工。

二、路基土石方工程质量检测

(一)路基原地面的试验检测

路基原地面检测频率要求：取样须有监理工程师现场见证，每千米至少取2个试坑，每个试坑做一次全套土工试验检测。遇到特殊路段，土质变化较大，应加大频率，多取几个代表性的点。

路基原地面试验检测项目包括以下几项。

(1)土的天然含水率、天然干密度检测。

(2)土的颗粒分析试验检测。

(3)界限含水率的试验检测。

(4)土的标准击实试验检测。

(5)土的膨胀率试验检测(必要时)。

(二)取料场土的试验检测内容

土工试验取样一般按设计文件提供的资料每种土类取样不少于三组，也可按桩号取样，须有监理工程师见证，频率一般每 5 000 m³ 取土样做一全套常规土工试验检测。

(1)土的天然含水率、天然干密度检测。

(2)土的颗粒分析试验检测。

(3)界限含水率的试验检测。

(4)土的标准击实试验检测。

(5)土的 CBR 试验检测。

(6)土的相对密度试验检测(必要时)。

(7)特殊土的试验检测(必要时)。

(8)石灰钙镁含量、石灰剂量测定、石灰土击实、石灰土无侧限抗压强度，本条是针对雨水天气多的潮湿地区，须增加的检测项目。

(三)路基填料选取原则

路基填料最好选用粒料土。如果在经济运距范围内没有粒料土，其他土在强度满足规范和设计要求，能达到规定的密实度的材料也可以用作填料。下列材料不能直接用作路基填料。

(1)含草皮、生活垃圾、树根、腐殖质的土。

(2)淤泥、泥炭、冻土、强膨胀土、有机质和易溶盐超过允许含量的土，确需使用时须采取技术措施处理，满足设计要求后方可使用。

(3)液限大于50%、塑性指数大于26%的土，含水率不适宜直接压实的细粒土，确需使用时须采取技术措施处理，满足设计要求后方可使用。

(4)粉质土不宜直接填筑路床，不得直接填筑冰冻地区的路床及浸水部分的路堤。

三、路基土石方工程检测

(一)土的含水率试验检测

土中水分为结晶水、结合水和自由水。结晶水是存在于矿物晶体内部或参与矿物构造的水。在高温(150～240 ℃，甚至400 ℃)下才能从土颗粒矿物中析出。结合水可划分为强结合水和弱结合水。强结合水靠近土颗粒表面，在110～150 ℃下才能从土体中析出。弱结合水远离土颗粒表面，是强结合水和自由水的过渡型水。自由水存在于土颗粒孔隙中。影响土物理、力学性质的主要是弱结合水和自由水。因此，测定含水率时主要测定的是这两部分水的含量。这两部分水在105～110 ℃下就可以从土中析出。所以，土的含水率是土在105～110 ℃下，烘至恒重所失去水分的质量和土颗粒质量之间的比值，用百分数表示。含水率的试验方法有烘干法、酒精燃烧法。

含水率试验

1. 烘干法

(1)目的和适应范围。烘干法是测试土的含水率的标准方法。本试验适用于测定黏质土、粉质土、砂类土、砾类土、有机质土和冻土等土类的含水率。

(2)仪器设备。

1)烘箱。

2)天平：称量200 g，感量0.01 g；称量5 000 g，感量1 g。

3)其他：干燥器、称量盒等。

(3)试验步骤。

1)称称量盒质量。

2)取代表性试样，细粒土不少于50 g，砂类土、有机质土不少于100 g，砾类土不少于1 kg，放入称量盒内，立即盖好盒盖，称质量。

3)揭开盒盖，将试样和盒放入烘箱内，在温度105～110 ℃恒温下烘干①。细粒土烘干时间不得少于8 h；砂类土和砾类土烘干时间不得少于6 h；对含有机质超过5%的土或含石膏的土，应将温度控制在60～70 ℃，烘干时间不宜少于24 h。

4)将烘干后的试样和盒取出，放入干燥器内冷却(一般为0.5～1 h)②。冷却后盖好盒盖，称质量，细粒土、砂类土和有机质土精确至0.01 g；砾类土精确至1 g。

(4)结果整理。

---

①一般土样烘干16～24 h就足够。但是，有些土或试样数量过多或试样很潮湿，可能需要烘干更长时间。烘干时间也与烘箱内试样的总质量、烘箱的尺寸及其通风系统的效率有关。

②如铝盒的盖密闭，而且试样在称量前放置时间较短，可以不放在干燥器中冷却。

1)按式(2.3)计算含水率：

$$w=\frac{m-m_s}{m_s}\times 100\%\qquad(2.3)$$

式中　w——含水率(%)，计算至0.1%；

　　　m——湿土质量(g)；

　　　m_s——干土质量(g)。

2)精度和允许差。本试验须进行两次平行测定，取其算术平均值，精确至0.1%，允许平行差值应符合表2.4的规定，否则应重新做试验。

表 2.4　含水率测定的允许平行差值

含水率 w/%	允许平行差值/%	含水率 w/%	允许平行差值/%
$w\leqslant 5.0$	$\leqslant 0.3$	$w>40.0$	$\leqslant 2.0$
$5.0<w\leqslant 40.0$	$\leqslant 1.0$		

2. 酒精燃烧法

(1)目的和适用范围。本试验适用于快速简易测定土(含有机质的土和盐渍土除外)的含水率。

(2)仪器设备。

1)酒精：纯度95%以上。

2)天平：感量0.01 g。

3)其他：滴管、调土刀、称量盒(可定期调整为恒定质量)等。

(3)试验步骤。

1)称取空盒的质量，精确至0.01 g。

2)取代表性试样不少于10 g，放入称量盒内，称取盒与湿土的总质量，精确至0.01 g。

3)用滴管将酒精注入放有试样的称量盒中，直至盒中出现自由液面为止。为使酒精在试样中充分混合均匀，可将盒底在桌面上轻轻敲击。

4)点燃盒中酒精，燃至火焰熄灭。

5)火焰熄灭并冷却数分钟，再次用滴管滴入酒精，不得用瓶子直接往盒里倒酒精，以防意外。如此再燃烧两次。

6)待第三次火焰熄灭后，盖好盒盖，称干土和盒的质量，精确至0.01 g。

其余同烘干法。

学习参考

含水率试验(烘干法)记录

工程名称	××高速公路路基工程	合同编号	××高速公路合字 2021 第 1 号
承包单位	××高速公路中铁××局×处	委托单编号	××01-XXL-01
委托单位	××高速公路中铁××局×处	分项工程	土方路基
监理单位	辽宁××监理有限公司	试验者	×××

续表

试验单位	辽宁××公路工程检测中心		校核者		×××
试验规程	JTG 3430—2020		试验日期		2021年6月6日
试样描述	土样颜色为黄色，黏土		报告日期		2021年6月9日
取样地点	K_1+200	土样类型	黏土	材料产地	辽宁
盒号		39	45	68	60
盒质量/g	(1)	24.99	24.68	24.92	24.45
盒+湿土质量/g	(2)	47.57	37.67	42.51	43.85
盒+干土质量/g	(3)	43.01	35.03	38.23	39.07
水分质量/g	(4)=(2)-(3)	4.56	2.64	4.28	4.78
干土质量/g	(5)=(3)-(1)	18.02	10.35	13.31	14.62
含水率/%	(6)=$\frac{(4)}{(5)}\times 100\%$	25.30	25.50	32.16	32.69
平均含水率/%	(7)	25.4		32.4	
结论：			技术负责人意见： 签名：		
监督(理)工程师意见： 签名：			实验室盖章：		

(二)土的界限含水率检测

1. 概述

黏性土的工程性质受土的含水率影响极大。当黏性土的含水率发生变化时，土的状态随之而变。土的含水率由少变多时土体便从固态转化成半固态、可塑状态乃至流动状态。土由可塑状态转变为半固体状态的界限含水率称为塑限含水率；土从流动状态转变为可塑状态的界限含水率称为液限含水率。半固态的土水分蒸发，体积逐渐缩小，到体积不再缩小时土的含水率称为缩限含水率。黏性土的物理状态与含水率的关系如图2.9所示。黏性土的塑性大小可用土处于塑性状态的含水率变化范围衡量，即液限和塑限的差值。塑性指数 $I_P=W_L-W_P$，习惯上用不带百分号的数值表示。塑性越大表示土越具有高塑性。

图2.9 黏性土的物理状态与含水率的关系

土的天然含水率在一定程度上反映土中水量的多少，但并不能说明土处于什么物理状态，因此还需一个能够表示天然含水率与界限含水率关系的值，即液性指数 I_L。用 I_L 表示土的软硬程度，I_L 主要用于判断土的天然稠度状态(表2.5)。

$$I_L=\frac{W-W_P}{I_P} \tag{2.4}$$

表 2.5 液性指数(I_L)对黏性土的天然稠度状态划分表

状态	坚硬	硬塑	可塑	软塑	流塑
液性指数	$I_L \leq 0$	$0 < I_L \leq 0.25$	$0.25 < I_L \leq 0.75$	$0.75 < I_L \leq 1$	$I_L > 1$
稠度状态	半固体状态	塑性状态			流动状态

【例】 测试界限含水率时,测得液限 $W_L = 29.5\%$,$W_P = 11.5\%$,$W = 27.5\%$,试判断该土样的状态。

解:$I_P = W_L - W_P = 29.5\% - 11.5\% = 18\%$

$$I_L = \frac{W - W_P}{W_L - W_P} = \frac{27.5\% - 11.5\%}{18\%} = 0.89$$

故该土样为软塑状态。

2. 液限和塑限联合测定法

(1)目的和适用范围。本试验的目的是联合测定土的液限和塑限,用于划分土类、计算天然稠度和塑性指数,供工程设计和施工使用。本试验适用粒径不大于 0.5 mm、有机质含量不大于试样总质量的 5% 的土。

土的界限含水率实验过程

土的界限含水率数据整理

(2)仪器设备。

1)液塑限联合测定仪如图 2.10 所示,应包括带标尺的圆锥仪、电磁铁、显示屏、控制开关和试验样杯;圆锥质量为 100 g 或 76 g,锥角为 30°。

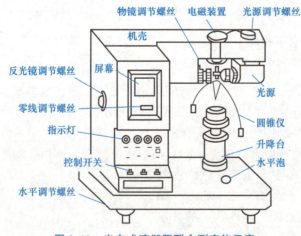

图 2.10 光电式液塑限联合测定仪示意

2)盛土杯:内径 50 mm,深度 40~50 mm。

3)天平:感量 0.01 g。

4)其他:烘箱(图 2.11)、筛(孔径 0.5 mm)、称量盒、调土刀、调土皿、研钵(附带橡皮头的研杵或橡皮板、木棒)、干燥器、吸管、凡士林等。

(3)试验步骤。

1)取有代表性的具天然含水率的土样或风干土样进行试验。如土中含有大于 0.5 mm

图 2.11 烘箱

的土粒或杂物,应将风干土样用带橡皮头的研杵研碎,或用木棒在橡皮板上压碎,过 0.5 mm 的筛。取 0.5 mm 筛下的代表性土样至少 600 g,分开放入三个盛土皿中,加不同体积的纯水,土样的含水率分别控制在液限(a 点)、略大于塑限(c 点)和二者中间状态(b 点)。用调土刀调匀,盖上湿布,放置 18 h 以上。测定 a 点锥入深度,对于 100 g 锥应为 20 mm±0.2 mm,对于 76 g 锥应为 17 mm±0.2 mm。测定 c 点的锥入深度,对于 100 g 锥应控制在 5 mm 以下,76 g 锥应控制在 2 mm 以下。对于砂类土用 100 g 锥测定 c 点的锥入深度可大于 5 mm,用 76 g 锥测定 c 点的锥入深度可大于 2 mm。

2)将制备的土样充分搅拌均匀,分层装入盛土杯,用力压密,使空气逸出。对于较干的土样,应先充分搓揉,用调土刀反复压实。试杯装满后,刮成与杯边齐平。

3)当用游标式或百分表式液塑限联合测定仪试验时,调平仪器,提起锥杆(此时游标或百分表读数为零),锥头上涂少许凡士林。

4)将装好土样的试杯放在联合测定仪的升降座上,转动升降旋钮,待锥尖与土样表面刚好接触时停止升降,扭动锥下降旋钮,经 5 s 后,锥体停止下落,此时游标读数即锥入深度 h_1。

5)改变锥尖与土接触位置(两次锥入位置距离不小于 1 cm),重复步骤 3)和步骤 4),得锥入深度 h_2。h_1、h_2 允许平行误差为 0.5 mm,否则应重做。取 h_1、h_2 平均值作为该点锥入深度 h。

6)去掉锥尖入土处的凡士林,取 10 g 以上的土样两个,分别装入称量盒内,称质量(精确至 0.01 g),测定其含水率 w_1、w_2(计算到 0.1%)。计算含水率平均值 w。

7)重复步骤 2)~6),对其他两个含水率土样进行试验,测其锥入深度和含水率。

(4)结果整理。

1)在双对数坐标纸上,以含水率 w 为横坐标,以锥入深度 h 为纵坐标,点绘 a、b、c 三点含水率的 $h-w$ 图[图 2.12(a)]。连此三点,应呈一条直线。如三点不在一直线上[图 2.12(b)],要通过 a 点与 b、c 两点连成两条直线,根据液限(a 点含水率)在 h_p-W_L 图上查得 h_p,以此 h_p 再在 $h-w$ 的 ab 及 ac 两直线上求出相应的两个含水率。当两个含水率的差值小于 2% 时,以该两点含水率的平均值与 a 点连成一直线。当两个含水率的差值不小于 2% 时,应重做试验。

2)液限的确定方法。

①若采用 76 g 锥做液限试验,则在 $h-w$ 图上,查得纵坐标入土深度 $h=17$ mm 所对

应横坐标的含水率 w，即该土样的液限 W_L。

②若采用 100 g 锥做液限试验，则在 $h-w$ 图上，查得纵坐标入土深度 $h=20$ mm 所对应横坐标的含水率 w，即该土样的液限 W_L。

3)塑限的确定：

①根据上述求出的液限，通过 76 g 锥入土深度 h 与含水率 w 的关系曲线[图 2.12(a)]查得入土深度为 2 mm 所对应的含水率即该土样的塑限 W_P。

②采用 100 g 锥时，根据上述求出的液限，通过液限 W_l 与塑限时入土深度 h_p 的关系曲线，查得 h_p，再如图 2.13 求出入土深度 h_p 时所对应的含水率，即该土样的塑限 W_P。

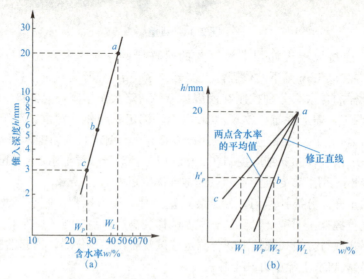

图 2.12　锥入深度与含水率 $(h-w)$ 关系

(a)三点共线；(b)三点不共线

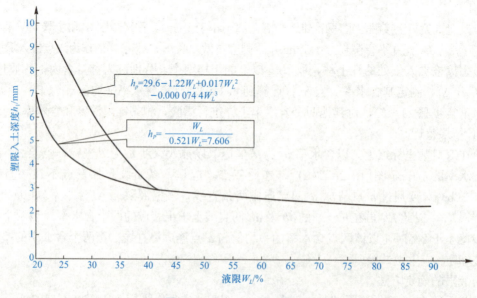

图 2.13　$h_p - W_L$ 关系曲线图

也可先简易鉴别细粒土与砂类土，细粒土则用双曲线确定 h_p，如式(2.5)所示；对于砂类土可用多项式曲线确定 h_p，如式(2.6)所示：

$$h_p = \frac{\overline{W}_L}{0.524\overline{W}_L - 7.606} \tag{2.5}$$

$$h_p = 29.6 - 1.22W_L + 0.017W_L^2 - 0.000\,074W_L^3 \tag{2.6}$$

4）计算塑性指数 $I_P = W_L - W_P$。

5）精度和允许差。进行两次平行试验测定，其允许差值：高液限土≤2%，低液限土≤1%，若不满足要求，则应重新试验。取其算术平均值，保留至小数点后一位。

学习参考

液塑限联合试验记录

工程名称	××高速公路		合同编号	××合字2021第3号	
承包单位	××高速公路中铁××局×处		委托编号	××01－×××－11	
委托单位	××高速公路中铁××局×处		分项工程	土方路基	
监理单位	辽宁省××监理有限公司		试验者	×××	
试验单位	辽宁××公路工程质量检测中心		校核者	×××	
试验规程	JTG 3430－2020		试验日期	2021－08－03	
试样描述	K10＋100 路基土		报告日期	2021－08－05	
试样编号		取土深度		土样类型	
土的代号	CL	土的类别	砂类土	取土地点	K10＋200

试验次数	入土深度/mm			盒号	盒质量/g	盒＋湿土质量/g	盒＋干土质量/g	干土质量/g	平均含水率/%
	1	2	平均						
1	4.7	4.7	4.7	1#	24.98	47.57	43.00	18.02	25.4
				2#	24.67	37.67	35.02	10.35	
2	9.4	9.4	9.4	3#	24.93	42.51	38.24	13.31	32.4
				4#	24.47	43.85	39.09	14.62	
3	19.8	20.2	20.0	5#	25.53	47.72	41.69	16.16	37.4
				6#	24.45	54.18	46.08	21.63	

锥入深度与含水率关系图

续表

液限 W_L	37.4%	塑限 W_P	25.7%	塑性指数 I_P	11.7
结论：		技术负责人意见： 签名：			
监督(理)工程师意见： 签名：				实验室盖章	

(三)土的颗粒分析试验

1. 概述

土是各种颗粒粒径的集合体，是由固体、液体、气体三部分组成(称为三相系)的。固体部分即土的颗粒，土中包含着各种大小和形状不同的颗粒，在工程上把几何尺寸相近、工程性质相似的土颗粒划分为若干组，称为粒组。所谓土的颗粒组成就是土中各种粒组的相对含量，称为土的颗粒级配。确定土的粒组的相对含量的方法，称为颗粒分析试验。工程实践中常用的颗粒分析试验有两大类：一类是机械分析法，如筛分法；另一类是物理分析法，如密度计法和移液管法等。机械分析法适用于分析粒径大于 0.075 mm 且不大于 60 mm 的土颗粒；物理分析法适用于分析粒径小于 0.075 mm 的土颗粒。若土中粗细颗粒兼有，则联合采用筛分法及密度计法或移液管法。

2. 土的颗粒分析试验——筛分法

(1)目的与适用范围。

土的颗粒分析试验的目的是测定粗粒土的颗粒级配。本方法适用于分析土粒粒径范围为 0.075～60 mm 的土粒粒组含量和级配组成。

(2)仪器设备。

①标准筛：粗筛(圆孔)孔径(mm)为 60、40、20、10、5、2；细筛孔径(mm)为 2.0、1.0、0.5、0.25、0.075。

②天平：称量 5 000 g，感量 1 g；称量 1 000 g，感量 0.01 g。

③其他：摇筛机(图 2.14)、烘箱、筛刷、烧杯、木碾、研钵及杵等。

图 2.14　土壤筛及摇筛机

(3)试样。

从风干、松散的土样中,用四分法按照下列规定取代表性的试样。

1)小于 2 mm 颗粒的土 100~300 g。

2)最大粒径小于 10 mm 的土 300~900 g。

3)最大粒径小于 20 mm 的土 1 000~2 000 g。

4)最大粒径小于 40 mm 的土 2 000~4 000 g。

5)最大粒径大于 40 mm 的土 4 000 g 以上。

(4)试验步骤。

1)对于无黏聚性的土。

①按规定称取试样,将试样分批过 2 mm 筛。

②将大于 2 mm 的试样从大到小的顺序,通过大于 2 mm 的各级粗筛,将留在筛上的土分别称量。

③2 mm 筛下的土如数量过多,可用四分法缩分至 100~800 g。将试样从大到小的顺序通过小于 2 mm 的各级细筛。可用摇筛机进行振摇。振摇时间一般为 10~15 min。

④筛后各级留筛和筛下土总质量与筛前试样总质量之差,不应大于 1%。

⑤如 2 mm 筛下的土不超过试样总质量的 10%,可省略细筛分析;筛前试样如 2 mm 筛上的土不超过试样总质量的 10%,可省略粗筛分析。

2)对于含有黏土粒的砂砾土。

①将土样放在橡皮板上,用木碾将黏结的土团充分碾散,拌匀、烘干、称量。如土样过多时,用四分法称取代表性土样。

②将试样置于盛有清水的瓷盆中,浸泡并搅拌,使粗细颗粒分散。

③将浸润后的混合液过 2 mm 筛,边冲边洗过筛,直至筛上仅留 2 mm 以上的土粒为止。然后将筛上洗净的砂砾烘干称量。按以上方法进行粗筛分析。

④通过 2 mm 筛下的混合液存放在盆中。待稍沉淀,将上部悬液过 0.075 mm 洗筛,用带橡皮头的玻璃棒研磨盆内浆液,再加清水,搅拌、研磨、静置、过筛,反复进行,直至盆内悬液澄清。最后,将全部土粒倒在 0.075 mm 筛上,用水冲洗,直到筛上仅留大于 0.075 mm 的净砂为止。

⑤将大于 0.075 mm 的净砂烘干称量,并进行细筛分析。

⑥将大于 2 mm 的颗粒及 0.075~2 mm 的颗粒质量从原称量的总质量中减去,即为小于 0.075 mm 颗粒的质量。

⑦如果小于 0.075 mm 的颗粒质量超过总土质量的 10%,有必要时,将这部分土烘干、取样,另做密度计或移液管分析。

(5)结果整理。

1)按式(2.7)计算小于某粒径颗粒质量百分比:

$$X=\frac{A}{B}\times 100\%$$ (2.7)

式中 X——小于某粒径颗粒的质量百分数(%),计算至 0.1%;

A——小于某粒径的颗粒质量(g);

B——试验总质量(g)。

2)当小于 2 mm 的颗粒用四分法缩分取样时,按式(2.8)计算试样中小于某粒径的颗粒质量占总土质量的百分比:

$$X = \frac{a}{b} \times p \times 100\% \qquad (2.8)$$

式中 X——小于某粒径颗粒的质量百分比(%),计算至 0.1%;

a——通过 2 mm 筛的试样中小于某粒径的颗粒质量(g);

b——通过 2 mm 筛的土样中所取试样质量(g);

p——粒径小于 2 mm 的颗粒质量百分比(%)。

3)在半对数坐标纸上,以小于某粒径的颗粒质量占总质量的百分比为纵坐标,以粒径(mm)为横坐标,绘制颗粒大小级配曲线,求出各粒组的颗粒质量百分数,以整数表示。

4)计算不均匀系数同式(2.1)。

(6)工程示例。

颗粒分析试验(筛分法)记录

工程名称:××高速公路路基工程　　　　　　　合同编号:辽高××合字 2021 第 2 号

承包单位	××高速公路中铁××局	委托编号	LJ08-KLFX-01
委托单位	××高速公路中铁××局	分项工程	土方路基
监理单位	辽宁省××监理有限公司	试验者	×××
试验单位	辽宁××公路工程检测中心	校核者	×××
试验规程	JTG 3430—2020	试验日期	2021-08-01
试样描述	K100+100 路基土	报告日期	2021-08-05
筛前总质量=3 000 g	小于 2 mm 取试样质量=384 g	取土土场	K100+100
小于 2 mm 土质量=384 g	小于 2 mm 土占总土质量=12.8%	不均匀数	>5

粗筛分析				细筛分析				
孔径/mm	累积留筛土质量/g	小于该孔径的土质量/g	小于该孔径土质量百分比/%	孔径/mm	累积留筛土质量/g	小于该孔径的土质量/g	小于该孔径土质量百分比/%	占总土质量百分比/%
				2.0	0.0	384	100	12.8
60.0	800	2 200	73.3	1.0	85	299	77.86	9.97
40.0	364	1 836	61.2	0.5	60	239	62.23	7.97
20.0	560	1 276	42.5	0.25	29	210	54.69	7.00
10.0	372	904	30.1	0.075	112	98	25.52	3.27
5.0	200	704	23.5	筛底	98	0.0	0.0	0.00
2.0	320	384	12.8					

续表

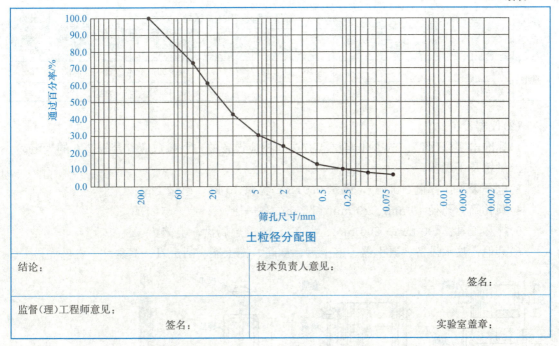

土粒径分配图

结论：	技术负责人意见：
	签名：
监督(理)工程师意见：	
签名：	实验室盖章：

(四)路基土的击实试验

1. 概述

在工程建设中，经常遇到工程上填土、换土及软弱地基的问题，解决这方面问题的办法就是采用压实的方法使路基土变得密实。要想土密实，就要研究土的压实性能，在室内进行击实试验。击实试验就是利用标准化的击实机具，模拟现场实际压实情况，获得最大干密度和最佳含水率。击实试验按击实功不同可分为轻型击实和重型击实。道路等级不同选用的击实方法不同。采用哪种方法根据工程需要和有关规定选定。

击实试验

2. 击实试验

(1)目的和适用范围。

本试验应根据工程要求和试样最大粒径按表 2.6 选用击实试验方法。当粒径大于 40 mm 的颗粒含量大于 5%且不大于 30%时，应对试验结果进行校正。当粒径大于 40 mm 的颗粒含量大于 30%时，按《公路土工试验规程》(JTG 3430—2020)中的表面振动压实仪法进行试验。

表 2.6 击实试验方法种类

试验方法	类型	锤底直径/cm	锤质量/kg	落高/cm	试筒尺寸		试样尺寸		层数	每层击数	最大粒径/mm
					内径/cm	高/cm	高度/cm	体积/cm³			
轻型	Ⅰ-1	5	2.5	30	10	12.7	12.7	997	3	27	20
	Ⅰ-2	5	2.5	30	15.2	17	12	2 177	3	59	40

续表

试验方法	类型	锤底直径/cm	锤质量/kg	落高/cm	试筒尺寸 内径/cm	试筒尺寸 高/cm	试样尺寸 高度/cm	试样尺寸 体积/cm³	层数	每层击数	最大粒径/mm
重型	Ⅱ—1	5	4.5	45	10	12.7	12.7	997	5	27	20
	Ⅱ—2	5	4.5	45	15.2	17	12	2 177	3	98	40

(2)仪器设备。

1)标准击实仪(图 2.15)。击实试验方法和相应设备的主要参数应符合表 2.6 的规定。

2)烘箱及干燥器。

3)电子天平:称量 2 000 g,感量 0.01 g;称量 10 kg,感量 1 g。

4)圆孔筛:孔径 40 mm、20 mm 和 5 mm 各一个。

5)拌和工具:400 mm×600 mm、深 70 mm 的金属盘、土铲。

6)其他:喷水设备、碾土器、盛土盘、量筒、推土器、削土刀、铝盒、平直尺等。

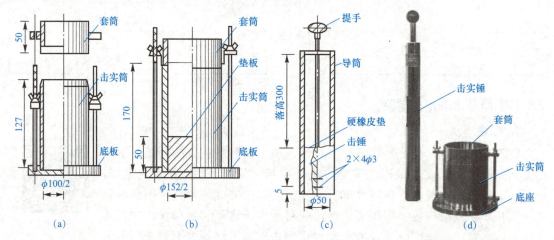

图 2.15 标准击实仪(单位:mm)

(a)小击实筒;(b)大击实筒;(c)击锤;(d)导杆

(3)试样。

1)本试验可分别采用不同的方法准备试样。各方法可按表 2.7 准备试料,击实试验后的试料不宜重复使用。

表 2.7 试料用量

使用方法	试筒内径/cm	最大粒径/mm	试料用量
干土法	10	20	至少 5 个试样,每个 3 kg
	15.2	40	至少 5 个试样,每个 6 kg
湿土法	10	20	至少 5 个试样,每个 3 kg
	15.2	40	至少 5 个试样,每个 6 kg

2)干土法。过 40 mm 筛后,按四分法至少准备 5 个试样,分别加入不同水分(含水率

按1%～3%递增),将土样拌和均匀,拌匀后闷料一夜备用。

3)湿土法。对于高含水率土,可省略过筛步骤,拣除直径大于40 mm的石子。保持天然含水率的第一个土样,可立即用于击实试验。其余几个试样,将土分成小土块,分别风干,使含水率按2%～4%递减。

(4)试验步骤。

1)根据土的性质和工程需求,按表2.6选择轻型或重型试验方法,选用干土法或湿土法。

2)称取试筒质量m_1,精确至1 g。将击实筒放在坚硬的地面上,在筒壁上抹一薄层凡士林,并在筒底(小试筒)或垫块(大试筒)上放置蜡纸或塑料薄膜。取制备好的土样分3～5次倒入筒内。小试筒按三层法时,每次800～900 g(其量应使击实后的试样等于或略高于筒高的1/3);按五层法时,每次400～500 g(其量应使击实后的土样等于或略高于筒高的1/5)。对于大试筒,先将垫块放入筒内底板上,按三层法,每层需试样1 700 g左右。整平表面,并稍加压紧,然后按规定的击实次数进行第一层土的击实,击实时击锤应自由垂直落下,锤迹必须均匀分布于土样表面,第一层击实后,将试样层面"拉毛",然后装入套筒,重复上述方法进行其余各层土的击实。小试筒击实后,试样不应高出筒顶面5 mm,大试筒击实后,试样不应高出筒顶面6 mm。

3)用削土刀沿套筒内壁削刮,使试样与套筒脱离后,扭动并取下套筒,齐筒顶细心削平试样,拆除底板,擦净筒外壁,称取筒与土的总质量m_2,精确至1 g。

4)用推土器推出筒内试样,从试样中心处取代表性的土样测其含水率,计算至0.1%。测定含水率用试样的数量应符合表2.8的规定。

表2.8 测定含水率用试样的数量

最大粒径/mm	试样质量/g	个数
<5	约100	2
约5	约200	1
约20	约400	1
约40	约800	1

(5)结果整理。

1)按式(2.9)和式(2.10)计算击实后各点的湿密度、干密度:

$$\rho = \frac{m_2 - m_1}{V} \tag{2.9}$$

$$\rho_d = \frac{\rho}{1 + 0.01w} \tag{2.10}$$

式中 m_1——筒质量(g);

m_2——筒与湿土的质量(g);

V——试筒体积(cm^3);

w——含水率(%);

ρ——湿密度(g/cm^3);

ρ_d——干密度(g/cm^3)。

2)以干密度为纵坐标,以含水率为横坐标,绘制干密度与含水率的关系曲线(图2.16),曲线上峰值点的纵、横坐标分别为最大干密度和最佳含水率。如曲线不能绘出明显的峰值点,应进行补点或重做。

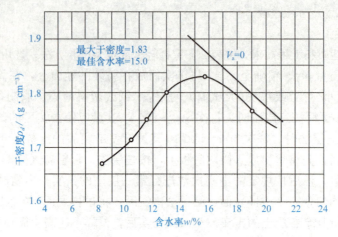

图 2.16　含水率与干密度的关系曲线

3)精度和允许差。最大干密度精确至 0.01 g/cm³;最佳含水率精确至 0.1%。

学习参考

击实试验记录

工程名称	××高速公路路基工程		合同编号	辽高××合字2021第1号	
承包单位	××高速公路中铁十三局		委托单编号	LJ02—××—019	
委托单位	××高速公路中铁十三局		试验者	×××	
监理单位	辽宁××监理有限公司		校核者	×××	
试验单位	辽宁××公路工程检测中心		分项工程	土方路基	
试验规程	JTG 3430—2020		试验日期	2021年6月9日	
	试样描述	砾石土	试验方法	重型Ⅱ—2	试筒类型	大试筒

		试验次数	11	13	15	17	19
干密度	筒+土质量/g		10 605	10 823	10 975	10 958	10 871
	筒质量/g		6 447	6 447	6 447	6 447	6 447
	湿密度/(g·cm⁻³)		1.91	2.01	2.08	2.07	2.03
	干密度/(g·cm⁻³)		1.75	1.81	1.84	1.80	1.74
含水率	盒号	39	53	40	54	48	47	78	65	51	89
	盒+湿土质量/g	128.07	119.15	119.59	133.45	136.39	137.14	128.43	131.96	137.15	134.69
	盒+干土质量/g	119.31	111.26	110.23	122.63	123.51	124.28	114.64	117.83	120.69	118.53
	盒质量/g	23.03	22.65	22.80	23.34	23.63	22.99	23.30	24.27	23.31	22.93
	含水率/%	9.1	8.9	10.7	10.9	12.9	12.7	15.1	15.1	16.9	16.9
	平均含水率/%	9.0		10.8		12.8		15.1		16.9	

续表

最佳含水率/%	12.8	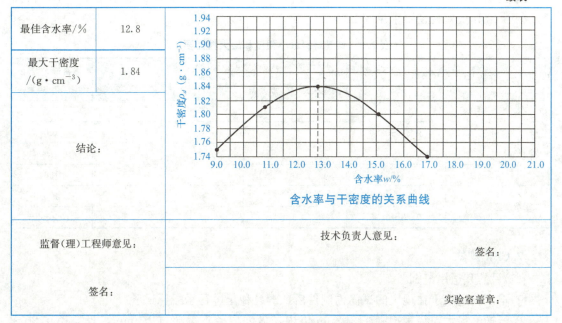
最大干密度/(g·cm^{-3})	1.84	
结论：		

含水率与干密度的关系曲线

监督(理)工程师意见： 签名：	技术负责人意见： 签名： 实验室盖章

3. 影响压实的因素

(1)土的含水率对整个压实过程的影响。从击实曲线图上可以看出，严格地控制最佳含水率是至关重要的。但是，不同的土类其最佳含水率和最大干密度也是不同的。一般粉粒和黏粒含量多的土其塑性指数就大，它的最佳含水率也大，同时最大干密度小。因此，一般砂性土的最佳含水率小于黏性土，而砂性土的最大干密度大于黏性土。

(2)击实功对最佳含水率和最大干密度的影响。对同一种土用不同的击实功进行击实试验的结果表明：击实功越大，土的最大干密度也越大，而土的最佳含水率则越小，但是这种增大是有一定限度的，超过这一限度，即使增加击实功，土的干密度的增加也很不明显。

(3)不同压实机械对压实的影响。如光面压路机、羊足碾和振动压路机等，它们的压实效果各不同，作用于不同土类时，其效果也不同。

(4)土粒级配的影响。大量路基的施工经验表明，粒料的级配对压实的密实度也有明显的影响。颗粒均匀的砂，单一尺寸的砾石和碎石，都很难碾压密实。只有级配良好的材料才能达到相关的密实度要求，也才能满足强度和稳定性的要求。

除上述因素外，施工现场的条件对压实效果也有一定的影响。

(五)路基土的承载比(CBR)试验

1. 概述

承载比又称CBR，是California Bearing Ratio 的缩写，由美国加利福尼亚州公路局首先提出来，用于评定路基土和路面材料的强度指标。CBR 是试料贯入量达到 2.5 mm 或 5 mm 时的单位压力与标准碎石压入相同贯入量时标准荷载强度(7 MPa 或 10.5 MPa)的比值，用百分数表示。具体

CBR 贯入试验

CBR 试验成型

应用于施工实际时,由于道路等级和填料最大粒径不同,要求路基的最小强度也不同。路基最小强度和最大粒径要求见表2.9。

表2.9 路基填料最小强度和最大粒径要求

项目分类		路面地面下深度/m	填料最小强度(CBR)/%			填料最大粒径/mm
			高速公路、一级公路	二级公路	三、四级公路	
填方路基	上路床	0~0.30	8	6	5	100
	下路床	0.30~0.80	5	4	3	100
	上路堤	0.80~1.50	4	3	3	150
	下路堤	>1.50	3	2	2	150
零填及路堑路床		0~0.30	8	6	5	100
		0.30~0.80	5	4	3	100

2. CBR 测试

(1)目的和适用范围。

1)本试验适用于在规定的试筒内制件后,对各种土进行承载比试验。

2)试样的最大粒径宜控制在 20 mm 以内,最大粒径不得超过 40 mm,且粒径在 20~40 mm 的颗粒含量不宜超过 5%。

(2)仪器设备。

1)圆孔筛:孔径 40 mm、20 mm、5 mm 筛各 1 个。

2)试筒:内径 152 mm、高 170 mm 的金属圆筒;套环,高 50 mm;筒内垫块,直径 151 mm、高 50 mm;夯击底板,同击实仪。试筒的样式和主要尺寸如图 2.17 所示,也可用击实试验的大击实筒。

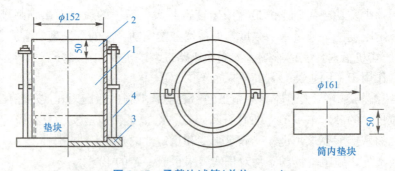

图 2.17 承载比试筒(单位:mm)
1—试筒;2—套环;3—夯击底板;4—拉杆

3)夯锤和导管:夯锤的底面直径为 50 mm,总质量为 4.5 kg。夯锤在导管内的总行程为 450 mm。夯锤的样式和尺寸与重型击实试验法所用的相同。

4)贯入杆,即端面直径为 50 mm、长约 100 mm 的金属柱。

5)路面材料强度仪或其他荷载装置,如图 2.18(a)所示。能调节贯入速度至 1 mm/min;测力环应包括 7.5 kN、15 kN、30 kN、60 kN、100 kN 和 150 kN 等型号。

6)百分表:3个。

7)其他。荷载板:直径 150 mm,中心孔眼直径 52 mm,每块质量 1.25 kg,共 4 块,并沿直径分为两个半圆块,如图 2.18(b)所示;多孔底板(试件放上后浸泡水中),测膨胀量时支承百分表的架子,如图 2.18(c)所示;试件顶面上的多孔板(测试件吸水时的膨胀量),如图 2.18(d)所示;水槽(浸泡试件用,槽内水面应高出试件顶面 25 mm);天平:称量 2 000 g,感量 0.01 g;称量 50 kg,感量 5 g;拌和盘、滤纸、直尺、推土器等。

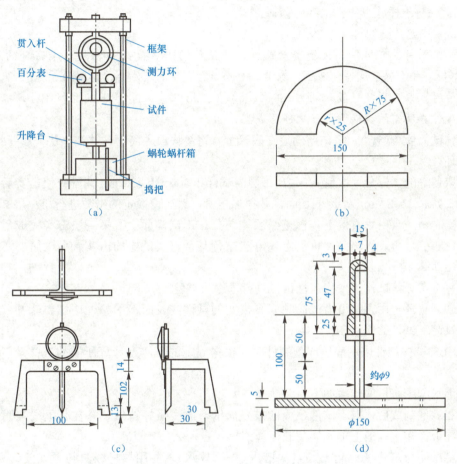

图 2.18 路面强度仪、多孔板、膨胀量测定装置、承载板(单位:mm)
(a)荷载装置示意图;(b)荷载板;(c)膨胀量测定装置;(d)带调节杆的多孔板

(3)试样。

1)将具有代表性的风干试料(必要时可在 50 ℃烘箱内烘干),用木碾捣碎。土团应捣碎至过 5 mm 的筛孔。用 40 mm 筛筛除直径大于 40 mm 的颗粒,并记录超尺寸颗粒的百分数。

2)按击实试验方法确定试料的最大干密度和最佳含水率。

(4)试验步骤。

1)取代表性试料测定其风干含水率。按最佳含水率制备 3 个试件,掺水,将试料充分拌匀后装入密闭容器或者塑料口袋内浸润。浸润时间:黏性土不得小于 24 h,粉性土可缩短到 12 h，砂土可缩短到 6 h，天然砂砾可缩短到 2 h 左右。用式(2.11)计算所需加水量。

$$m_w = \frac{m_i}{1+0.01w_i} \times 0.01(w-w_i) \tag{2.11}$$

式中 m_w——所需加水量(g)；
m_i——含水率为 w_i 时土样的质量(g)；
w_i——土样原有的含水率(%)；
w——要达到的含水率(%)。

注：需要时，可制备三种干密度试件，使试件的干密度控制在最大干密度的 90%～100%。如每种干密度试件制 3 个，则共制 9 个试件，9 个试件共需试样约 55 kg。采用击实成型试件时，每层击数一般分别为 30 次、50 次、98 次。采用静压成型制件时，根据确定的压实度计算所需的试样量，一次静压成型。

2)称试筒质量(m_1)，将试筒固定在底板上，将垫块放入筒内，并在垫块上放一张滤纸，安上套环。

3)取备好的试样分 3 次倒入筒内(每层需试样 1 500～1 750 g，其量应使击实后的试样高出 1/3 筒高 1～2 mm)。整平表面，并稍加压紧，然后按规定的击数进行第一层试样的击实，击实时锤应自由垂直落下，锤迹必须均匀分布于试样面上。第一层击实完成后，将试样层面"拉毛"，再装入套筒，重复上述方法进行其余每层试样的击实。大试筒击实后试样不宜高出筒高 10 mm。

4)每击实 3 筒试件，取代表性试样进行含水率试验。

5)卸下套环，用直刮刀沿试筒顶修平击实的试件，表面不平整处用细料修补。取出垫块，称试筒和试件的质量(m_2)。

6)CBR 试样制件采用静压成型制件时，根据确定的压实度计算所需的试样量，一次静压成型。

7)泡水测膨胀量的步骤如下。

①在试件制成后，取下试件顶面的破残滤纸，放一张好滤纸，并在其上安装附有调节杆的多孔板，在多孔板上加 4 块荷载板。

②将试筒与多孔板一起放入空水槽内(先不放水)，并用拉杆模具拉紧，安装百分表，并读取初读数。

③向水槽内注水，使水漫过试件顶部。在泡水期间，槽内水面保持在试件顶面以上大约 25 mm。通常试件要泡水 4 昼夜。

④泡水终了时，读取试件上百分表终读数，并用式(2.12)计算膨胀率：

$$\delta_e = \frac{H_1 - H_0}{H_0} \times 100\% \tag{2.12}$$

式中 δ_e——试件泡水后的膨胀率，计算至 0.1%；
H_1——试件泡水终了的高度(mm)；
H_0——试件初始高度(mm)。

⑤从水槽中取出试件，倒出试件顶面的水，静置 15 min，让其排水，然后卸去附加荷

载和多孔板、底板和滤纸,并称量(m_3),以计算试件的湿度和密度的变化。

8)贯入试验。

①应选用合适吨位的测力环,贯入结束时测力环读数宜占其量程的1/3以上。

②将泡水试验终了的试件放到路面材料强度试验仪的升降台上,调整偏球座。对准、整平并使贯入杆与试件顶面全面接触,在贯入杆周围放置4块荷载板。

③先在贯入杆上施加少许荷载,以便试样与土样紧密接触,然后将测力和测变形的百分表的指针均调整至整数,并记读初始读数。

④加荷使贯入杆以 1~1.25 mm/min 的速度压入试件,同时测记3个百分表的读数。记录测力计内百分表某些整读数(如 20、40、60)时的贯入量,并注意使贯入量为 250×10^{-2} mm 时,能有 5 个以上的读数。因此,测力计内的第一个读数应是贯入量为 30×10^{-2} mm 左右。

(5)结果整理。

1)以单位压力(P)为横坐标,以贯入量(L)为纵坐标,绘制 $P-L$ 关系曲线,如图 2.19 所示。图上曲线 1 是合适的。曲线 2 开始段是凹曲线,需要进行修正。修正时在变曲率点引一条切线,与纵坐标交于 O' 点,O' 点即为修正后的原点。

图 2.19 单位压力与贯入深度的关系曲线

2)根据式(2.13)和式(2.14)分别计算贯入量为 2.5 mm 和 5 mm 时的承载比(CBR)。即

$$\text{CBR}=\frac{P}{7\,000}\times 100\% \tag{2.13}$$

$$\text{CBR}=\frac{P}{10\,500}\times 100\% \tag{2.14}$$

式中 P——单位压力(kPa);

CBR——承载比(%),计算至 0.1%。

取两者的较大值作为该材料的承载比(CBR)。

3)试件湿密度用式(2.15)计算:

$$\rho=\frac{m_2-m_1}{2\,177} \tag{2.15}$$

式中 ρ——试件湿密度(g/cm³),计算至 0.01 g/cm³;

m_2——试筒与试件的合质量(g);

m_1——试筒的质量(g);

2 177——试筒容积(cm³)。

4)泡水后试件的吸水量按式(2.16)计算:

$$w_a=m_3-m_2 \tag{2.16}$$

式中 w_a——试件泡水后的吸水量(g);

m_3——泡水后试件和试筒合质量(g);

m_2——试筒和试件的合质量(g)。

(6)精度和允许差。计算3个平行试验的承载比变异系数C_V。如C_V大于12%，则去掉一个偏离大的值，取其余2个结果的平均值；如C_V小于12%，则取3个结果的平均值。CBR值(%)与膨胀量(%)取小数点后一位。

 学习参考

膨胀量试验记录

工程名称			××高速公路路基工程		合同编号	辽高××合字2021第3号	
承包单位			××高速公路中铁××局		编号	LJ04-CBR-01	
工程名称			×××高速公路路基工程第一合同段		委托单编号	LJ04-CBR-01	
监理单位			辽宁××监理有限公司		分项工程	土方路基	
试验单位			辽宁省×××公路工程质量检测中心		试验者	×××	
试验规程			JTG 3430—2020		校核者	×××	
试样描述			取土地点 K219+000 右5 m 深1.5 m		试验日期	2021年6月7日	
膨胀量	试验次数				1	2	3
	筒号		(1)		23#	24#	25#
	泡水前试件(原试件)高度/mm		(2)		120	120	120
	泡水后试件高度/mm		(3)		123.7	123.8	123.6
	膨胀量/%		(4)	[(3)-(2)]/(2)×100%	3.08	3.17	3.00
	膨胀量平均值/%				3.08		
密度	筒质量 m_1/g		(5)		4 507	4 485	4 526
	筒+试件质量 m_2/g		(6)		9 182	9 101	9 185
	筒体积/cm³		(7)		2 177	2 177	2 177
	湿密度 ρ/(g·cm⁻³)		(8)	[(6)-(5)]/(7)	2.147	2.120	2.140
	含水率 w/%		(9)		12.9	12.6	13.0
	干密度 ρ_d/(g·cm⁻³)		(10)	(8)/[1+0.01×(9)]	1.90	1.88	1.89
	干密度平均值 ρ/(g·cm⁻³)				1.89		
吸水率	泡水后筒+试件合质量 m_3/g		(11)		9 355	9 276	9 362
	吸水量 w_a/g		(12)	(11)-(6)	173	175	177
	吸水量平均值/g				175		
结论：				技术负责人意见： 签名			
监督(理)工程师意见： 签名						实验室盖章	

贯入试验记录(1)

工程名称	××高速公路路基工程	合同编号	辽高××合字2021第3号
委托单位	××高速公路中铁××局	编号	LJ04－CBR－01
工程名称	×××高速公路路基工程第一合同段	委托单编号	LJ04－CBR－01
监理单位	辽宁××监理有限公司	分项工程	土方路基
试验单位	辽宁×××公路工程质量检测中心	试验者	×××
试验规程	JTG 3430－2020	校核者	×××
试样描述	取土地点 K219+000 右 5 m 深 1.5 m	试验日期	2021年6月7日
试件编号	9	每层击数	98次

荷载测力计表读数 R	单位压力 P/kPa	百分表读数(0.01 mm)		平均百分表读数 (0.01 mm)	贯入量 L/mm
		左表读数	右表读数		
9.1	205	20	48	34	0.34
13.8	310	40	76	58	0.58
18.7	421	80	86	83	0.83
24.1	542	120	110	115	1.15
29.7	668	150	142	146	1.46
35.4	796	200	190	195	1.95
41.4	931	250	230	240	2.40
45.7	1 028	300	290	295	2.95
48.2	1 084	350	342	346	3.46
50.2	1 129	400	390	395	3.95
52.7	1 186	450	436	443	4.43
55.2	1 242	500	488	494	4.94
57.5	1 293	550	528	539	5.39

最大干密度 1.84 g/cm³		最佳含水率 12.8%	
测力环校正系数 C（N/0.01 mm）44.17		贯入杆面积 A（cm²）19.635	
$L=2.5$ mm 时，$P_{2.5}=943$ kPa		$CBR_{2.5}=943/7\ 000×100\%=13.5\%$	
$L=5.0$ mm 时，$P_5=1\ 247$ kPa		$CBR_5=1\ 247/10\ 500×100\%=11.9\%$	
结论：$CBR_{2.5}>CBR_5$ 符合规范要求			

单位压力与承载比关系曲线(1)

工程名称	××高速公路路基工程	合同编号	辽高××合字2021第3号
委托单位	××高速公路中铁××局	编号	LJ04－CBR－01
工程名称	×××高速公路路基工程第一合同段	委托单编号	LJ04－CBR－01
监理单位	辽宁××监理有限公司	分项工程	土方路基
试验单位	辽宁×××公路工程质量检测中心	试验者	×××
试验规程	JTG 3430－2020	校核者	×××
试样描述	取土地点 K219+000 右 5 m 深 1.5 m	试验日期	2021年6月7日

续表

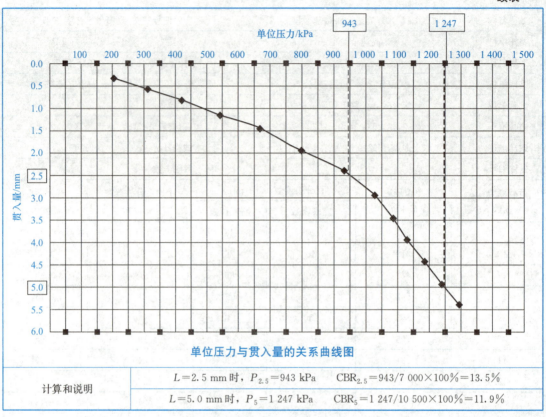

单位压力与贯入量的关系曲线图

计算和说明	$L=2.5$ mm 时, $P_{2.5}=943$ kPa $CBR_{2.5}=943/7\,000×100\%=13.5\%$
	$L=5.0$ mm 时, $P_5=1\,247$ kPa $CBR_5=1\,247/10\,500×100\%=11.9\%$

贯入试验记录(2)

委托单位	××高速公路路基工程	合同编号	辽高××合字 2021 第 3 号
工程名称	××高速公路中铁××局	编号	LJ04-CBR-01
工程名称	×××高速公路路基工程第一合同段	委托单编号	LJ04-CBR-01
监理单位	辽宁××监理有限公司	分项工程	土方路基
试验单位	辽宁×××公路工程质量检测中心	试验者	×××
试验规程	JTG 3430—2020	校核者	×××
试样描述	取土地点 K219+000 右 5 m 深 1.5 m	试验日期	2021 年 6 月 7 日
试件编号	9	每层击数	98 次

荷载测力计表读数 R	单位压力 P/kPa	百分表读数(0.01 mm)		平均百分表读数 (0.01 mm)	贯入量 L/mm
		左表读数	右表读数		
7.9	178	20	24	22	0.22
11.1	250	40	42	41	0.41
16.8	378	80	70	75	0.75
22.5	506	120	108	114	1.14
28.2	634	150	146	148	1.48
34.2	769	200	186	193	1.93

续表

40.1	902	250	232	241	2.41
44.1	992	300	282	291	2.91
47.0	1 057	350	344	347	3.47
49.0	1 102	400	390	395	3.95
50.9	1 145	450	440	445	4.45
53.2	1 197	500	486	493	4.93
55.7	1 253	550	528	539	5.39

最大干密度 1.84 g/cm³	最佳含水率 12.8%
测力环校正系数 C(N/0.01 mm) 44.17	贯入杆面积 A（cm²） 19.635
$L=2.5$ mm 时，$P_{2.5}=924$ kPa	$CBR_{2.5}=924/7\ 000×100\%=13.2\%$
$L=5.0$ mm 时，$P_5=1\ 211$ kPa	$CBR_5=1\ 211/10\ 500×100\%=11.5\%$

结论：$CBR_{2.5}>CBR_5$ 符合规范要求

单位压力与承载比关系曲线(2)

工程名称	××高速公路路基工程	合同编号	辽高××合字 2021 第 3 号
监理单位	辽宁××监理有限公司	编号	LJ04－CBR－01
工程名称	×××高速公路路基工程第一合同段	委托单编号	LJ04－CBR－01
委托单位	××市政路桥建设有限公司二公司	分项工程	土方路基
试验单位	辽宁省×××公路工程质量检测中心	试验者	×××
试验规程	JTG 3430－2020	校核者	×××
试样描述	取土地点 K219＋000 右 5 m 深 1.5 m	试验日期	2021 年 6 月 7 日
试样编号	9	击实次数	98

续表

计算和说明	$L=2.5$ mm 时，$P_{2.5}=924$ kPa　　$CBR_{2.5}=924/7\,000\times100\%=13.2\%$ $L=5.0$ mm 时，$P_5=1\,211$ kPa　　$CBR_5=1\,211/10\,500\times100\%=11.5\%$

贯入试验记录(3)

工程名称	××高速公路路基工程	合同编号	辽高××合字 2021 第 3 号
委托单位	××高速公路中铁××局	编号	LJ04－CBR－01
工程名称	×××高速公路路基工程第一合同段	委托单编号	LJ04－CBR－01
监理单位	辽宁××监理有限公司	分项工程	土方路基
试验单位	辽宁省×××公路工程质量检测中心	试验者	×××
试验规程	JTG 3430－2020	校核者	×××
试样描述	取土地点　K219+000 右 5 m 深 1.5 m	试验日期	2021 年 6 月 7 日
试件编号	11	每层击数	98

荷载测力计表读数 R	单位压力 P/kPa	百分表读数(0.01 mm)		平均百分表读数 (0.01 mm)	贯入量 L /mm
		左表读数	右表读数		
9.1	205	20	22	21	0.21
13.1	295	40	42	41	0.41
17.8	400	80	64	72	0.72
23.6	531	120	102	111	1.11
28.9	650	150	146	148	1.48
35.1	790	200	188	194	1.94
40.6	913	250	234	242	2.42
44.6	1 003	300	290	295	2.95
47.3	1 064	350	340	345	3.45
49.7	1 118	400	392	396	3.96
52.4	1 179	450	440	445	4.45
54.7	1 231	500	486	493	4.93
57.3	1 289	550	538	544	5.44

最大干密度/(g·cm^{-3})	1.84	最佳含水率/%	12.8
测力环校正系数 C (N/0.01 mm)	44.17	贯入杆面积 A/cm^2	19.635
$L=2.5$ mm 时，$P_{2.5}=929$ kPa		$CBR_{2.5}=929/7\,000\times100\%=13.9\%$	
$L=5.0$ mm 时，$P_5=1\,236$ kPa		$CBR_5=1\,236/10\,500\times100\%=11.8\%$	

结论：$CBR_{2.5}>CBR_5$ 符合规范要求

单位压力与承载比关系曲线(3)

工程名称	×××高速公路路基工程第一合同段	委托单编号	LJ04－CBR－01
委托单位	××高速公路中铁××局	编号	LJ04－CBR－01

续表

监理单位	辽宁××监理有限公司	分项工程	土方路基
试验单位	辽宁×××公路工程质量检测中心	试验者	×××
试验规程	JTG 3430—2020	校核者	×××
试样描述	取土地点 K219+000 右 5 m 深 1.5 m	试验日期	2021 年 6 月 7 日

计算和说明	$L=2.5$ mm 时，$P_{2.5}=929$ kPa　　$CBR_{2.5}=929/7\,000\times100\%=13.3\%$ $L=5.0$ mm 时，$P_5=1\,236$ kPa　　$CBR_5=1\,236/10\,500\times100\%=11.8\%$
结论：	$CBR_{2.5}=(13.3\%+13.2\%+13.5\%)\div3=13.3\%$ $CBR_5=(11.8\%+11.5\%+11.9\%)\div3=11.7\%$

学习思考

1. 土的工程分类可以归纳为_____级分类。
2. "普通土"分为_____、_____、_____、_____。
3. 碎石土是粒径大于_____mm 颗粒含量超过总质量的_____%的土。
4. 碎石土根据粒组含量，可分为_____块石、卵石、_____和_____。
5. 砂土为粒径大于_____mm 的颗粒含量不超过总质量的_____%且粒径大于_____mm 的颗粒含量超过总质量的 50% 的土。
6. 砂土根据粒组含量分为砾砂、_____、_____、细砂、粉砂。
7. 粉土是塑性指数小于或等于_____的土。
8. 土的工程分类可以归纳为三级分类，第一级分类是_____分类。
9. 土的工程分类可以归纳为三级分类，第二级分类是_____分类。

10. 土的工程分类可以归纳为三级分类，第三级分类是_____分类。
11. 土的工程分类就是将_____相近、_____相似的土划分为同一类型土。
12. 土的工程分类应依据_____、_____、_____确定。
13. 路基原地面的试验检测项目包括_____、_____、_____、_____。
14. 不能直接用作路基填料的材料：_____、_____、_____、_____。
15. 土的含水率试验检测方法有_____、_____；标准方法为_____。
16. 有机土测定含水率的温度宜控制在_____，时间为_____。
17. 液限和塑限的差值，即_____。
18. 界限含水率制备土样时需过_____mm筛；土样的含水率分别控制在_____mm（a 点）、_____mm（c 点）及二者_____（b 点）。
19. 若采用 76 g 锥做液限试验，则在 $h-w$ 图上，查得纵坐标入土深度_____mm 所对应横坐标的含水率 w，即为该土样的液限 W_L。
20. 若采用 100 g 锥做液限试验，则在 $h-w$ 图上，查得纵坐标入土深度_____mm 所对应横坐标的含水率 w，即为该土样的液限 W_L。
21. 筛分法适用于分析粒径大于_____mm 且不大于_____mm 的土颗粒。
22. 粒径小于 0.075 mm 的土的颗粒采用_____法分析。
23. 2 mm 筛下土不超过试样总质量的_____%，可省略细筛分析。
24. 筛分法试验，筛后各级留筛和筛下土总质量与筛前试样总质量之差，不应大于筛前试样总质量的_____%。
25. 击实试验按击实功，可分_____击实试验和_____击实试验。
26. Ⅰ型击实时击实筒的容积是_____。
27. 小试筒击实后，试样不应高出筒顶面_____mm；大试筒击实后，试样不应高出顶面_____mm。
28. 每一层击实后，试样层面要"_____"。
29. 影响压实的因素有_____、_____、_____、_____。
30. CBR 是试料贯入量达到_____mm 或_____mm 时的单位压力与标准碎石压入相同贯入量时标准荷载强度（7 MPa 或 10.5 MPa）的比值。
31. CBR 试验制件，按_____制备 3 个试件，掺水。
32. CBR 成型后的试件要泡水_____昼夜。
33. CBR 贯入试验加荷使贯入杆以_____mm/min 的速度压入试件。

任务二　路基工程施工、竣工阶段检测内容

学习情境

路基施工过程中作为检测人员应对进场原材料的质量进行检测及委托检测，施工过程中对路基填料质量进行把控，对路线范围内填料分层厚度及规定频率的压实度、弯沉、纵

断高程、断面尺寸、平整度、边坡等进行检测，并将试验资料整理归档。竣工阶段要掌握不同填料的实测项目、检测方法、评定方法。

学习目标

1. 路基施工阶段试验检测内容。
2. 路基竣工验收阶段试验检测内容。

学习要求

掌握路基施工过程中试验检测内容并对压实质量进行评定；整理归档试验资料。

学习引导

一、路基施工阶段试验检测

为保证路基具有足够的强度和稳定性，满足"精心设计、精细施工、质量第一"的现场施工方针，现场检测是施工过程控制的关键工序。要想保证施工过程的关键工序并及时发现施工过程中存在的质量问题，及时解决，减少损失，保证路基工程施工质量，必须对路基各结构层进行人工或机械压实。

(一)压实的作用

(1)可以充分发挥路基土的强度。
(2)可以减少路基在行车荷载下产生的形变。
(3)可以增加路基的不透水性和强稳定性。

(二)压实标准

填土路基、零填及路堑路床的压实标准按表 2.10 的规定取用。

表 2.10　路基压实度

路基部位		路床顶面以下深度/m	压实度/%		
			高级公路、一级公路	二级公路	三、四级公路
上路床		0~0.3	≥96	≥95	≥94
下路床	轻、中及重交通荷载等级	0.3~0.8	≥96	≥95	≥94
	特重、极重交通荷载等级	0.3~1.2	≥96	≥95	—
上路堤	轻、中及重交通荷载等级	0.8~1.5	≥94	≥94	≥93
	特重、极重交通荷载等级	1.2~1.9	≥94	≥94	—
下路堤	轻、中及重交通荷载等级	>1.5	≥93	≥92	≥90
	特重、极重交通荷载等级	>1.9			

注：①表列数值以重型击实试验方法求得；
　　②特别干旱地区的压实度标准可降低 2%~3%；
　　③路堤采用特殊填料或处于特殊气候地区时，压实度标准可根据试验在保证路基强度要求前提下适当降低

(三)压实质量试验与检测

压实质量的检测方法主要有灌砂法、环刀法、核子湿度密度仪法(简称核子法)。现场检测压实度的方法及适用范围见表2.11。

表2.11　现场检测压实度的方法及适用范围

检测方法	适用范围
灌砂法	适用于在现场测定路基土的压实层的密度和压实度,但不适用于填石路堤等有大孔洞或大空隙的结构压实度测试
环刀法	适用于现场测试细粒土及龄期不超过2 d的无机结合料稳定细粒土结构的密度测试
核子法	适用于散射和直接透射两种方式进行。其中,散射方式宜用于测试沥青混合料面层的压实度或硬化混凝土等难以打孔材料的密度。直接透射方式宜用于测试厚度不大于30 cm的土基、基层材料或非硬化水泥混凝土等可以打孔材料的密度及含水率

1. 灌砂法

(1)适用范围。见表2.11。

(2)仪具与材料技术要求。

1)灌砂设备:灌砂筒、标定罐和基板。

①灌砂筒:金属材质,形式和主要尺寸如图2.20所示,并符合表2.12的规定。灌砂筒上部为储砂筒,下部为圆锥体漏斗,筒底与漏斗顶端铁板之间设有开关。

灌砂法标定试验　　灌砂法现场试验

②标定罐:金属材质,上端有罐缘,形式和主要尺寸如图2.20所示,并符合表2.12的规定。

③基板:金属材质的方盘,盘中心有一个圆孔,主要尺寸符合表2.12的规定。

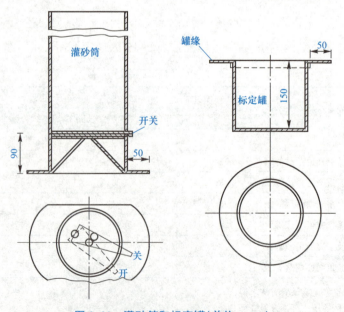

图2.20　灌砂筒和标定罐(单位:mm)

表 2.12　灌砂设备的主要尺寸要求

结构			小型	中型	大型
灌砂筒	储砂筒	直径/mm	100	150	200
		容积/cm³	2 121	4 771	8 482
	流砂孔	直径/mm	10	15	20
标定罐	金属标定罐	内径/mm	100	150	200
		外径/mm	150	200	250
基板	金属方盘基板	边长/mm	350	400	450
		深/mm	40	50	60
	中孔	直径/mm	100	150	200
	板厚	厚/mm	≥1.0(铁)	≥1.0(铁)	≥1.0(铁)
			≥1.2(铝合金)	≥1.2(铝合金)	≥1.2(铝合金)

注：储砂筒的容积可按照检测层厚度不同而适当调整，其他指标不变，以保证灌砂过程连续

灌砂筒的选择：在测试前，应根据填料粒径及测试层厚度选择不同尺寸的灌砂筒，并符合表 2.13 的规定。

表 2.13　灌砂筒类型

灌砂筒类型	填料最大粒径/mm	适宜的测试层厚度/mm
ϕ100	<13.2	≤150
ϕ150	<31.5	≤200
ϕ200	<63	≤300
ϕ250 及以上	≤100	≤400

注：路基填料最大粒径超过 100 mm 的，应采用其他方法测试压实度；当挖坑过程中存在超过规范规定粒径 10% 的填料时，应另在附近选点重做。试验过程中若发现储砂筒内砂不足以填满试坑，说明灌砂筒尺寸过小，应选择较大尺寸的灌砂筒重新试验，而不应该在试验过程中添加量砂。

2)玻璃板：边长为 500～600 mm 的方形板。

3)试样盘和铝盒：小筒挖出的试样可用铝盒存放，大筒挖出的试样可用 300 mm×500 mm×40 mm 的搪瓷试样盘存放。

4)电子秤：分度值不大于 1 g。

5)电子天平：用于含水率测试时，对细粒土、中粒土、粗粒土的分度值宜分别为 0.01 g、0.1 g、1.0 g。

6)含水率测试设备：如铝盒、烘箱、微波炉等。

7)量砂：粒径为 0.3～0.6 mm 清洁干燥的砂，20～40 kg。使用前须洗净、烘干、筛分至符合要求并放置 24 h 以上，使其与空气的湿度达到平衡。

8)盛砂的容器：塑料桶等。

9)其他。温度计：分度值不大于 1 ℃；凿子、螺钉旋具、铁锤、长把勺、长把小簸箕、毛刷等。

(3)方法与步骤。

1)准备工作。

①按有关标准和规程对结构层填料进行击实试验,得到最大干密度(ρ_c)。

②选用灌砂设备。

③标定灌砂筒下部圆锥体内砂的质量。

a. 在储砂筒筒口高度上,向储砂筒内装砂至距筒顶距离为 15 mm±5 mm。称取装入筒内砂的质量(m_1),精确至 1 g。以后每次标定及试验都应该维持装砂高度与质量不变。

b. 将开关打开,让砂自由流出,并使流出砂的体积与标定罐的容积相当(或等于工地所挖试坑内的体积),然后关上开关。

c. 不晃动储砂筒的砂,轻轻地将罐砂筒移至玻璃板上,将开关打开,让砂流出,直至筒内砂不再下流时,将开关关上,取走灌砂筒。

d. 称量留在玻璃板上的砂或称量储砂筒内砂的质量,精确至 1 g。玻璃板上的砂质量就是圆锥体内砂的质量(m_2)。

e. 重复上述步骤测量 3 次,取其平均值。

④标定量砂的松方密度 ρ_s(g/cm³)。

a. 用 15~25 ℃水确定标定罐的容积 V,精确至 1 mL。

b. 在储砂筒中装入质量为 m_1 的砂,并将灌砂筒放在标定罐上,将开关打开,让砂流出。在整个流砂过程中,不要碰到灌砂筒,直至储砂筒内的砂不再下流时,将开关关闭,取下灌砂筒,称取筒内剩余砂的质量(m_3),精确至 1 g。

c. 按式(2.17)计算填满标定罐所需砂的质量 m_a(g)。

$$m_a = m_1 - m_2 - m_3 \tag{2.17}$$

式中　m_a——标定罐中砂的质量(g);

m_1——装入灌砂筒内的砂的质量(g);

m_2——灌砂筒下部圆锥体内砂的质量(g);

m_3——灌砂入标定罐后,筒内剩余砂的质量(g)。

d. 重复上述步骤测量 3 次,取其平均值。

e. 按式(2.18)计算量砂的松方密度 ρ_s。

$$\rho_s = \frac{m_a}{V} \tag{2.18}$$

式中　ρ_s——量砂的松方密度(g/cm³);

V——标定罐的体积(cm³)。

2)试验步骤。

①在试验地点,选一块平坦表面,将其清扫干净,平坦表面的面积不得小于基板面积。

②将基板放在平坦表面上,当表面的粗糙度较大时,将盛有量砂(m_1)的灌砂筒放在基板中孔上,做好基板位置标识,将灌砂筒的开关打开,让砂流入基板的中孔内,直至储砂筒内的砂不再下流时关闭开关。取下灌砂筒,并称量筒内砂的质量(m_5),精确至 1 g。

③取走基板,收回留在试验地点未混入杂质的量砂,重新将表面清扫干净。

④将基板放回原处并固定,沿基板中孔凿洞(洞的直径与灌砂筒一致)。在凿洞过程中,不应使凿出的材料丢失,并随时将凿松的材料取出装入塑料袋中或大铝盒内密封,防止水分蒸发。试洞的深度应等于测定层厚度,但不得有下层材料混入,称取洞内材料的总质量 m_w,精确至 1 g。当需要测试厚度时,应先测量厚度再称量材料总质量。

⑤从挖出的全部材料中取出有代表性的试样,放在铝盒或洁净的搪瓷盘中,测定其含水率(w)。单组取样数量如下:用小灌砂筒测试时,对于细粒土,不少于 100 g;对于各种中粒土,不少于 500 g;用中灌砂筒测试时,对于细粒土,不少于 200 g,对于各种中粒土,不少于 1 000 g;对于粗粒土或水泥、石灰、粉煤灰等无机结合料稳定材料,宜将取出的材料全部烘干,且不少于 2 000 g,称其质量 m_d,精确至 1 g。用大型灌砂筒测试时,宜将取出的材料全部烘干,称其质量(m_d)。

⑥储砂筒内放满砂到要求质量 m_1,将基板安放在试坑原位上,灌砂筒安放在基板中间,下口对准基板的中孔,打开灌砂筒开关,让砂流入试坑内,在此期间,不应碰灌砂筒。直至储砂筒内的砂不再下流时,关闭开关,取走灌砂筒,并称量筒内剩余砂的质量(m_4),精确至 1 g。

⑦如清扫干净的平坦表面粗糙度不大,则可省去步骤②、③的操作。在试坑挖好后,将灌砂筒直接对准试坑,中间不需要放基板,打开灌砂筒开关,让砂流入试坑内,在此期间,不应碰灌砂筒。直至储砂筒内的砂不再下流时,关闭开关,取走灌砂筒,并称量剩余砂的质量(m_4'),精确至 1 g。

⑧取出储砂筒内的量砂,以备下次试验时再用。

⑨取走基板,将留在试坑内未混入杂质的量砂收回;将坑内剩余量砂清理干净后,回填与被测结构同材质的填料,并用铁锤分 3~4 层夯实。

⑩将回收的量砂烘干、过筛,并放置 24 h 以上,使其与空气的湿度达到平衡后可以继续使用。若量砂中混有杂质,则应废弃。

(4)数据处理。

1)按式(2.19)或式(2.20)计算填满试坑所用砂的质量。

灌砂时,试坑上放有基板时:

$$m_b = m_1 - m_4 - (m_1 - m_5) \tag{2.19}$$

灌砂时,试坑上不放基板时:

$$m_b = m_1 - m_4' - m_2 \tag{2.20}$$

式中 m_b——填满试坑的砂的质量(g);

m_1——灌砂前灌砂筒内砂的质量(g);

m_2——灌砂筒下部圆锥内砂的质量(g);

m_4、m_4'——灌砂后,灌砂筒内剩余砂的质量(g);

$m_1 - m_5$——灌砂筒下部圆锥体内及基板和粗糙表面间砂的合质量(g)。

2)按式(2.21)计算试坑材料的湿密度 ρ_w:

$$\rho_w = \frac{m_w}{m_b} \times \rho_s \tag{2.21}$$

式中 m_w——试坑中取出的全部材料的质量(g);

ρ_s——量砂的松方密度(g/cm³)。

3)按下式计算试坑材料的干密度 ρ_d：

$$\rho_d = \frac{\rho_w}{1+0.01w}$$

式中 w——试坑材料的含水率(%)。

4)当为水泥、石灰、粉煤灰等无机结合料稳定土时，可按式(2.22)计算干密度 ρ_d：

$$\rho_d = \frac{m_d}{m_b} \times \rho_s \tag{2.22}$$

式中 m_d——试坑中取出的稳定土的烘干质量(g)。

5)按式(2.23)计算施工压实度：

$$K = \frac{\rho_d}{\rho} \times 100 \tag{2.23}$$

式中 K——测试地点的施工压实度(%)；

ρ_d——试样的干密度(g/cm³)；

ρ——由击实试验得到的试样的最大干密度(g/cm³)。

2. 环刀法

(1)适用范围。本方法适用于现场测试细粒土及龄期不超过 2 d 的无机结合料稳定细粒土结构的密度，并计算施工压实度，以评价结构层的压实质量。

(2)仪具与材料技术要求。

1)人工取土器：包括环刀、环盖、定向筒和击实锤系统(导杆、落锤、手柄)。环刀内径 6~8 cm，高 2~5.4 ccm，壁厚 1.5~2 mm，如图 2.21 所示。

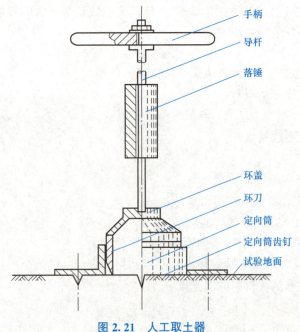

图 2.21 人工取土器

2)电动取土器:如图 2.22 所示。电动取土器由底座、立柱、升降机构、取芯机构、动力和传动机构组成。

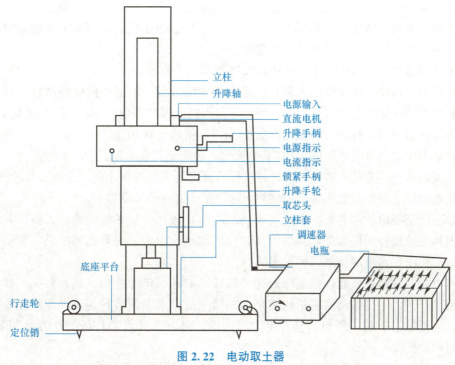

图 2.22 电动取土器

3)天平:分度值不大于 0.01 g。
4)其他:镐、小铁锹、修土刀、毛刷、直尺、钢丝锯、凡士林、木板及测定含水率设备等。

(3)方法与步骤。
1)对结构层填料进行击实试验,得到最大干密度及最佳含水率。
2)在现场选取位置相邻的两处作为平行试验的测点。
3)用人工取土器测试黏性土及无机结合料稳定细粒土密度的步骤如下。
①擦净环刀,称取环刀质量 m_2,精确至 0.1 g。
②在试验地点将面积约 30 cm×30 cm 的地面清扫干净,并铲去压实层表面浮动及不平整的部分。
③将定向筒齿钉固定于铲平的地面上,依次将环刀、环盖放入定向筒内,与地面垂直。
④将导杆保持垂直状态,用取土器落锤将环刀打入压实层中,在施工过程控制或质量评定时,环刀中部处于压实层厚的 1/2 深度;用于其他需要的测试时,可按其深度要求取样。
⑤去掉击实锤和定向筒,用镐将环刀及试样挖出。
⑥轻轻取下环盖,用修土刀自两边至中间削去环刀两端余土,用直尺测试直至修平为止。
⑦擦净环刀外壁,用天平称取环刀及试样合质量(m_1),精确至 0.01 g。

⑧自环刀中取出试样,取具有代表性的试样(不少于 100 g),测定其含水率(w)。

4)用人工取土器测定砂性土或砂层密度的步骤如下。

①如为湿润的砂土,试验时不宜使用击实锤和定向筒。在铲平的地面上,挖出一个直径较环刀外径略大的砂土柱,将环刀刃口向下,平置于砂土柱上,用两手平稳地将环刀垂直压下,环刀中部处于压实层厚的 1/2 深度。

②削掉环刀口上的多余砂土,并用直尺刮平。

③在环刀上口盖一块平滑的木板,一手按住木板,另一手用小铁锹将试样从环刀底部切断,然后将装满试样的环刀转过来,削去环刀刃口上部的多余砂土,并用直尺刮平。

④擦净环刀外壁,称环刀与试样合质量(m_1),精确至 0.01 g。

⑤自环刀中取具有代表性的试样(不少于 100 g)测定其含水率。

⑥干燥的砂土不能挖成砂土柱时,可直接将环刀压入或打入土中,至所要求的深度。

5)用电动取土器测定无机结合料细粒土和硬塑土密度的步骤如下。

①装上所需规格的取芯头。在施工现场取芯前,选择一块平整的路段,将四只行走轮扳起,四根定位销钉采用人工加压的方法,压入路基土层中。松开锁紧手柄,旋动升降手轮,使取芯头刚好与土层接触,锁紧手柄。

②将电瓶与调速器接通,调速器的输出端接入取芯机电源插口。指示灯亮,显示电路已通;启动开关,电机带动取芯机构转动。根据土层含水率调节转速,操作升降手柄至所需深度,上提取芯机构,停机,移开电动取土器。将取芯套筒套在切削好的土芯立柱上,摇动即可取出样品。

③取出样品,立即按取芯套筒长度用修土刀或钢丝锯修平两端,制成所需规格土芯,如拟进行其他试验项目,装入密封盒中,送实验室备用。

④称量土芯带套筒质量 m_2,从土芯中心部分取试样测定含水率。

(4)数据处理。

1)按式(2.24)计算试样的湿密度:

$$\rho = \frac{4 \times (m_1 - m_2)}{\pi \cdot d^2 \cdot h} \quad (2.24)$$

式中　m_1——环刀或取芯套筒与试样合质量(g);

　　　m_2——环刀或取芯套筒质量(g);

　　　d——环刀或取芯套筒直径(cm);

　　　h——环刀或取芯套筒高度(cm)。

2)按下式计算试样的干密度:

$$\rho_d = \frac{\rho}{1 + 0.01w}$$

3)按下式计算压实度:

$$K = \frac{\rho_d}{\rho_c} \times 100\%$$

4)计算两次平行试验结果的差值,若不大于 0.03 g/cm³,取其算术平均值作为测试结果;若大于 0.03 g/cm³,则重新测试。

3. 核子湿度密度仪测试压实度方法

(1)适用范围。

1)本方法适用于用核子湿度密度仪测试路基、路面材料的密度和含水率,并计算施工压实度,以评价结构层的压实质量。

2)本方法可采用散射和直接透射两种方式进行。其中,散射方式宜用于测试沥青混合料面层的压实度或硬化混凝土等难以打孔材料的密度;直接透射方式宜用于测试厚度不大于 30 cm 的土基、基层材料或非硬化水泥混凝土等可以打孔材料的密度及含水率。

(2)仪具与材料技术要求。

1)核子湿度密度仪(简称核子仪):满足国家规定的关于健康保护和安全使用的要求。核子仪应每 12 个月进行一次校验。密度的测试范围为 1.12~2.73 g/cm^3,测试允许误差不得超过±0.03 g/cm^3;含水率测量范围为 0~0.64 g/cm^3,测试允许误差为±0.015 g/cm^3。核子仪主要包括下列部件。

①放射源:γ射线源(双层密封的同位素放射源,如铯-137、钴-60 或镭-226 等)或中子源[如镅(241)-铍等]。

②探测器:γ射线探测器(如 G-M 计数管)或热中子探测器(如氦-3 管)。

③读数显示设备:如液晶显示器、脉冲计数器、数率表或直接读数表等。

④标准计数块:密度和含氢量均匀不变的材料块,用于标验仪器运行状况和提供射线计数的参考标准。

⑤钻杆:用于打测试孔,以便插入探测杆。

⑥安全防护设备:符合国家规定要求的设备。

⑦刮平板、钻杆、接线等。

2)细砂:粒径为 0.15~0.3 mm。

3)天平或台秤。

4)其他:毛刷等。

(3)方法与步骤。

1)准备工作。

①核子仪经维修后或使用过程中不能满足规定的限值时,应重新校验后使用。校验后仪器在所有标定块上每一测试深度上的标定响应应达到±16 kg/m^3。

②每天使用前或者对测试结果有怀疑时,按下列步骤测试标准值。

a. 将核子仪置于表面经压实且平整的地点,距其他放射源至少 8 m。

b. 接通电源,按照要求预热。

c. 将核子仪置于标准块上,按照要求评定标准计数。如标准计数超过规定限值,进行二次标准计数,若仍超出规定限值,需视作故障进行返修处理。

2)测试步骤。

①确定测试位置,距路面边缘或其他物体的最小距离不得小于 30 cm。

②检查核子仪周围 8 m 之内是否存在其他放射源(含另外的核子仪),如果有应移开或重新选点。

③当用散射法测试沥青路面密度时,应先用细砂填平测点表面孔隙,如图 2.23 所示,

再按图 2.24 所示的方法将仪器置于测点上。

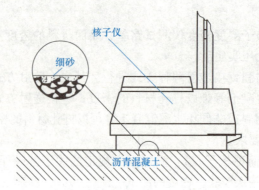

图 2.23 用细砂填平测试位置的方法

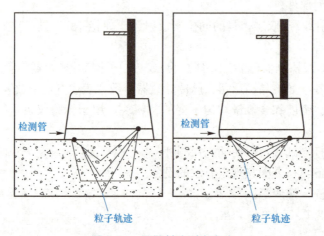

图 2.24 用散射法测定方法

④当使用直接透射法测试时,用导板、钻杆等在测点表面打孔,孔深应大于测试深度,且插进探杆后仪器不倾斜(图 2.25)。按图 2.26 所示的方法将探杆插入测试孔内,前后或者左右移动仪器,使其稳固。

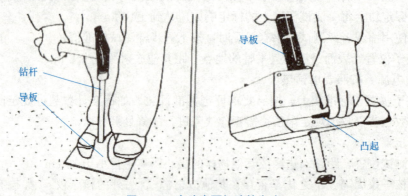

图 2.25 在路表面打孔的方法

项目二　路基工程试验与检测

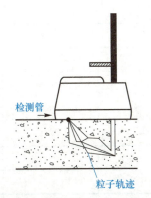

图 2.26　直接透射法测定方法

⑤开机并选定测试时间后进行测量，测试人员退至核子仪 2 m 以外。到达测试时间后，测试人员读取并记录数值，迅速关机，将手柄置于安全位置，结束本次测试。

⑥测试结束后，核子仪应装入专用的仪器箱内，放置在符合核辐射安全规定的地方。

⑦根据相关性试验结果确定材料的湿密度和含水率，并计算干密度及压实度；对于沥青混合料面层，用所确定的材料湿密度直接计算压实度。

用散射法时，一组测值不应少于 13 点，取平均值作为该段落的压实结果。

（4）数据处理。施工干密度及施工压实度计算同灌砂法。

学习参考

压实度检测记录表（灌砂法）

承包单位		中铁××局集团有限公司		合同编号	辽高××合字 2020 第 11 号	
监理单位		辽宁××监理有限公司		编号	LJ03－YSD－1	
工程名称		×××高速公路路基工程		委托单编号	LJ03－YSD－1	
委托单位		中铁××局集团有限公司项目部		分项工程	土方工程	
试验单位		辽宁××公路工程质量检测中心		试验者	×××	
试验规程		JTG 3450—2019		校核者	×××	
现场描述		碾压平整、密实		试验日期	2020 年 9 月 7 日	
试验位置				K1+200	K1+220	K1+240
干密度	筒内量砂质量/g	(1)		6 785	6 778	6 783
	剩余量砂质量/g	(2)		2 443	2 435	2 448
	锥体砂质量/g	(3)		685	685	685
	试坑耗砂质量/g	(4)	(1)－(2)－(3)	3 657	3 658	3 650
	量砂密度/(g·cm^{-3})	(5)		1.43	1.43	1.43
	试坑体积/cm^3	(6)	(4)/(5)	2 557	2 558	2 552

97

续表

干密度	试样质量/g	(7)		5 957		5 985		5 906	
	试样密度/(g·cm⁻³)	(8)	(7)/(6)	2.33		2.34		2.31	
	干密度/(g·cm⁻³)	(9)		2.18		2.19		2.17	
	标准干密度/(g·cm⁻³)	(10)		2.20		2.20		2.20	
	压实度/%	(11)	(9)/(10)	99.1		99.5		98.6	
含水率	盒号	(12)		12	14	21	23	35	37
	盒质量/g	(13)		98.0	99.5	97.7	96.4	94.8	99.2
	盒+湿料质量/g	(14)		673.0	762.3	654.8	687.9	723.6	756.7
	盒+干料质量/g	(15)		636.3	719.5	619.0	649.9	685.2	717.2
	含水率/%	(18)	(16)/(17)	6.86	6.90	6.86	6.87	6.50	6.40
	平均含水率/%	(19)		6.88		6.85		6.45	

结论:	技术负责人意见:
	签字:
监督(理)工程师意见:	
签名:	实验室盖章:

压实度检测记录表(环刀法)

承包单位	中铁××局集团有限公司	合同编号	辽高××合字2020第2号
监理单位	辽宁××监理有限公司	编号	LJ03-YSD-1
工程名称	×××高速公路路基工程	委托单编号	LJ03-YSD-1
委托单位	中铁××局集团有限公司	分项工程	土方工程
试验单位	辽宁省××公路工程质量检测中心	试验者	×××
试验规程	JTG 3450-2019	校核者	×××
现场描述	碾压平整、密实	试验日期	2020年6月2日
最大干密度	1.86 g/cm³	最佳含水率	12.0 %

取样桩号	环刀容积/cm³	湿土质量/g	湿密度/(g·cm⁻³)	含水率/%						干密度/(g·cm⁻³)	压实度/%
				盒号	盒质量/g	盒+湿土质量/g	盒+干土质量/g	含水率/%	平均含水率/%		
K2+500	200	390.3	1.95	1	22.44	79.27	73.16	12.0	11.7	1.74	93.9
				2	24.89	57.62	54.27	11.4			
K2+501	200	392.3	1.96	3	18.39	70.40	65.03	11.5	11.7	1.75	94.3
				4	25.21	81.01	75.10	11.8			

项目二　路基工程试验与检测

续表

取样桩号	环刀容积/cm³	湿土质量/g	湿密度/(g·cm⁻³)	含水率/%					干密度/(g·cm⁻³)	压实度/%
				盒号	盒质量/g	盒+湿土质量/g	盒+干土质量/g	含水率/%	平均含水率/%	
K2+502	200	392.2	1.96	5	25.21	86.01	79.28	12.4	12.0	1.75	
				6	18.39	59.59	55.29	11.7			
K2+503	200	392.4	1.96	7	25.21	72.45	67.51	11.7	11.8	1.75	94.3
				8	21.33	82.64	76.09	12.0			
结论：						技术负责人意见： 签字：					
监督(理)工程师意见： 签名：									实验室盖章：		

4. 土基现场 CBR 值检测

(1)适用范围。

1)本方法适用于在现场测试各种土基材料的现场 CBR 值，也适合于基层、底基层砂性土、天然砂砾、级配碎石等材料 CBR 值的试验，用于评价材料的承载能力。

2)本方法不适用于填料粒径超过 31.5 mm 的土基现场 CBR 值测试。

(2)仪具与材料技术要求。

1)反力装置：载重汽车后轴重不小于 60 kN，在汽车大梁的后轴之后设有一加劲横梁作反力架用。

2)荷载装置：由千斤顶、测力计(测力环或压力表)及球座组成。如图 2.26 所示。千斤顶可使贯入杆的贯入速度调节成 1 mm/min。测力计的量程不小于土基强度，测试精度不小于测力计量程的 1%。

3)贯入杆：直径为 50 mm、长约 200 mm 的金属圆柱体。

4)承载板：直径为 150 mm，中心孔眼直径为 52 mm，每块 1.25 kg，共 4 块，并沿直径分为两个半圆块。

5)贯入量测定装置：由如图 2.27 所示的刚性平台及百分表组成，百分表量程为 20 mm，精度为 0.01 mm，数量 2 个，对称固定于贯入杆上，端部与平台接触，平台跨度不小于 500 mm。此设备也可用两台贝克曼梁弯沉仪代替。

6)细砂：洁净、干燥的细砂，粒径为 0.3~0.6 mm。

7)其他：铁铲、盘、直尺、毛刷、天平等。

(3)方法与步骤。

1)准备工作。

①将测试地点直径约 300 mm 范围的表面找平，用毛刷刷净浮土。如表面为粗粒土时，撒布少许洁净的细砂填平，但不能覆盖全部土基表面，避免形成夹层。

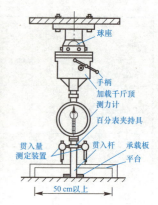

图 2.27　CBR 现场测试装置

②按图 2.27 设置贯入杆和千斤顶，千斤顶顶在加劲横梁上且调节至高度适中。贯入杆应与土基表面紧密接触。

③将支架平台、百分表(或两台贝克曼梁弯沉仪)按图 2.27 安装好。

2)测试步骤。

①在贯入杆位置安放 4 块 1.25 kg 的分开成半圆的承载板，共 5 kg。

②试验贯入前，先在贯入杆上施加 45 N 荷载后，将测力计及百分表调零，记录初始读数。

③用千斤顶连续加载，使贯入杆以 1 mm/min 的速度压入土基，分别记录贯入量为 0.5 mm、1.0 mm、1.5 mm、2.0 mm、2.5 mm、3.0 mm、4.0 mm、5.0 mm、7.5 mm、10.0 mm、12.5 mm 时的测力计和百分表读数，每级贯入量测力计和百分表的读数应保持同步。贯入量以两个百分表读数的平均值计，当两个百分表读数差值超过其平均值的 30% 时，应停止测试，并检查原因。根据情况，也可在贯入量达 7.5 mm 时结束试验。

④卸除荷载，移去测试装置。

⑤在试验点取样，测试材料含水率。取样数量如下。

a. 最大粒径不大于 4.75 mm，试样数量约 120 g。

b. 最大粒径不大于 19 mm，试样数量约 250 g。

c. 最大粒径不大于 31.5 mm，试样数量约 500 g。

⑥在紧靠试验点旁边的适当位置，用灌砂法或环刀法等测试土基的密度。

(4)数据处理。

1)将贯入试验得到的等级荷载数除以贯入断面积($19.635\ cm^2$)，得到各级压强(MPa)，绘制荷载压强—贯入量曲线，如图 2.28 所示。图上曲线 1 不需要修正，曲线 2 在起点处有明显凹凸，需要进行修正。修正时在拐点引一条切线，与纵坐标交于 O' 点，O' 点即修正后的原点。

2)从荷载压强—贯入量曲线上读取贯入量为 2.5 mm、5.0 mm 的荷载压强 P_1，按式(2.25)计算现场 CBR 值。CBR 值一般以贯入量为 2.5 mm 时的测定值为准，当贯入量为 5.0 mm 时的 CBR 值大于贯入量为 2.5 mm 的 CBR 时，应重新试验；如重新试验仍然如此

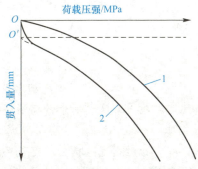

图 2.28 荷载压强—贯入量关系曲线

时，则以贯入量 5.0 mm 时的 CBR 为准。

$$\text{CBR}_{\text{现场}} = \frac{P_1}{P_0} \times 100\% \tag{2.25}$$

式中　P_1——荷载压强(MPa)；

　　　P_0——标准压强，当贯入量为 2.5 mm 时，为 7 MPa；当贯入量为 5.0 mm 时，为 10.5 MPa。

二、路基竣工验收阶段试验检测内容

在路基工程竣工验收阶段主要进行试验检测内容。按照 1~3 km 作为一个单元，对路基的压实度进行整体评定。

按竣工资料编制要求将试验资料整理归档，包括以下几项。

(1)路基原地面各常规试验的记录和记录的汇总表收集、整理和归档。

(2)取土场各项常规试验的记录和记录的汇总表收集、整理和归档。

(3)现场检测试验的压实度记录和评定表的收集、整理和归档。

自我测试题

一、单选题

1. 击实试验的目的是测定(　　)。

A. 最佳含水率 w_{op}，最大干密度 $\rho_{d\max}$ 　　B. 天然含水率 w，天然湿密度 ρ

C. 最佳含水率 w_{op}，干密度 ρ_d 　　D. 天然含水率 w，最大干密度 $\rho_{d\max}$

2. 在现行《公路土工试验规程》(JTG 3430—2020)中，粗粒组的粒径范围为(　　)mm。

A. 2~60 　　B. 0.075~2

C. 0.075~60 　　D. 60~200

3. 在液、塑限联合测定法中，同一土样测得的两次锥入深度 h_1、h_2 的允许误差为(　　)mm。

A. 1.0 　　B. 0.3 　　C. 0.5 　　D. 0.2

4. 酒精燃烧法中所用酒精的纯度应为(　　)。

A. 98% 　　B. 93% 　　C. 95% 　　D. 90%

5. 在液、塑限联合测定法中土样含水率最低的一点，其锥入深度应控制在(　)mm 以下。
A. 10　　　　　　B. 15　　　　　　C. 5　　　　　　D. 2

6. 土中的水可以分为(　)。
A. 自由水与结合水　　　　　　　　B. 重力水与结合水
C. 毛细水与重力水　　　　　　　　D. 毛细水与结合水

7. 环刀法测定无机结合料稳定细粒土密度适用于龄期不超过(　)d 的路基。
A. 2　　　　　　B. 7　　　　　　C. 14　　　　　　D. 28

8. 现场压实度测定方法中，(　)对测定结构层没有破坏。
A. 环刀法　　　　B. 灌砂法　　　　C. 核子仪散射法　　　　D. 钻芯法

9. 核子仪直接透射法测定路面结构层的密度时，应在结构层表面打孔，孔深应(　)要求测定的深度。
A. 等于　　　　　B. 略深于　　　　C. 浅于　　　　　D. 略浅于

10. 采用(　)测定现场路基压实度的方法，是国际公认最标准的方法。
A. 环刀法　　　　B. 灌砂法　　　　C. 核子仪法　　　　D. 水袋法

11. 测定二灰稳定碎石基层压实度，应优先采用(　)。
A. 环刀法　　　　B. 灌砂法　　　　C. 蜡封法　　　　D. 核子仪法

12. 目前，对于土方路基压实度，最大干密度的确定方法是(　)。
A. 击实试验法　　　　　　　　　　B. 振动试验法
C. 马歇尔试验法　　　　　　　　　D. 理论计算法

13. 含水率的定义是(　)。
A. 水重与干土重之比　　　　　　　B. 水重与湿土重之比
C. 干土重与湿土重之比　　　　　　D. 水重与水所占体积之比

14. 在液、塑限试验中，制备土样时过(　)mm 筛。
A. 0.5　　　　　B. 1　　　　　　C. 1.5　　　　　D. 2

15. 环刀法测定压实度时，环刀取样位置应位于压实层的(　)。
A. 上部　　　　　B. 中部　　　　　C. 底部　　　　　D. 任意位置

16. 重型击实试验与轻型击实试验比较，试验结果(　)。
A. 最大干密度大，最佳含水率大　　　B. 最大干密度小，最佳含水率小
C. 最大干密度大，最佳含水率小　　　D. 最大干密度小，最佳含水率大

17. 含水率为5%的砂220 g，将其干燥后的质量为(　)g。
A. 209　　　　　B. 209.52　　　　C. 210　　　　　D. 210.95

18. 土的击实试验中，制备细粒土土样时过(　)mm 筛。
A. 5　　　　　　B. 10　　　　　　C. 0.5　　　　　D. 2

19. 结合《公路工程质量检验评定标准　第一册　土建工程》(JTG F80/1—2017)的规定，测定级配碎石基层压实度应优先采用(　)。
A. 环刀法　　　　B. 灌砂法　　　　C. 钻芯取样法　　　　D. 核子仪法

20. 土基回弹模量 E_0 的单位是(　)。
A. MPa　　　　　B. MN　　　　　　C. kN　　　　　　D. kg

21. 对于天然砂砾,室内确定其最大干密度较适宜的方法为( )。
A. 重型击实法　　　　　　　　　B. 轻型击实法
C. 灌砂法　　　　　　　　　　　D. 表面振动压实仪法
22. 核子仪是利用( )射线来测量路面结构层材料密度的。
A. γ　　　　B. β　　　　C. x　　　　D. 快中子

二、判断题

1. 土的筛分试验适用于土的粒径大于 0.075 mm 的土。（　）
2. 路基土在最佳含水率条件下最容易压实。（　）
3. 路基压实度指标须分层检测,但只按上路床的检测数据评定。（　）
4. 环刀法测现场密度,不适用于含粒料的稳定土及松散性材料。（　）
5. 核子仪法测定的现场压实度不宜作为评定验收的依据。（　）
6. 对于高速公路填方路基上路床的压实度要求不能小于 96%。（　）
7. 高等级公路土方路基压实质量控制,应采用重型击实试验。（　）
8. 土的液性指数就是液限与塑限的差值。（　）
9. 土的击实试验先将土放置在 105 ℃ 的烘箱烘干后过 4.75 mm 的筛。（　）
10. 环刀取样宜位于压实层的下部。（　）
11. 核子仪法是检测路基压实质量的仲裁试验。（　）
12. 采用灌砂法测定路面结构层的压实度时,应力求试坑深度与标定罐的深度一致。（　）
13. 承载比 CBR 曲线在曲线起点出现凹曲线时要修正。（　）
14. 路基土最佳含水率是指击实曲线上最大干密度所对应的含水率。（　）

拓展思考题

1. 土的工程分类依据是什么?
2. 简述路基土的击实试验的试验步骤。
3. 影响压实的因素有哪些?
4. 简述灌砂法试验中灌砂筒下部圆锥体内砂的质量的标定过程。
5. 简述灌砂法试验中标准砂的密度标定过程。
6. 试简述灌砂法方法及步骤。
7. 土的含水率的测试方法有哪几种?

拓展练习

1. 界限含水率测试时,测得液限 $W_L=30\%$,$W_P=12.5\%$,$w=28\%$,试判断该土样的状态。
2. 在颗粒分析试验中,从级配曲线上读得 $d_{60}=7.2$ mm,$d_{30}=2.4$ mm,$d_{10}=0.5$ mm,试判断该土样级配情况。

3. 灌砂法试验结果为：量砂密度 1.15 g/cm³，试坑中全部材料质量 4 428.8 g，填满试坑的砂的质量 2 214.4 g，代表性试样含水率 5.0%，则试坑材料的干密度为多少？

4. 某二级公路路基压实施工中，用灌砂法测定压实度，测得灌砂筒内量砂质量为 5 820 g，填满标定罐所需砂的质量为 3 885 g，测定砂锥的质量为 615 g，标定罐的体积为 3 035 cm³，灌砂后称灌砂筒内剩余砂质量为 1 314 g，试坑挖出湿土质量为 5 867 g，烘干土质量为 5 036 g，室内击实试验得最大干密度为 1.68 g/cm³，试求该测点压实度和含水率。

5. 用中液限黏土填筑的路堤，试验室重型标准击实试验求得该土的最大干密度 $\rho_{d\max}=1.82$ g/cm³；按道路等级和部颁标准确定要求压实度 $K_0=93\%$（重型击实标准）。检测组对已完工的一段做了压实质量测定，数据见下表。试计算各测点干密度、压实度，并按 95% 保证率计算该路段压实度的代表值。

测点编号	湿密度/(g·cm⁻³)	含水率/%	干密度/(g·cm⁻³)	压实度/%
1	1.98	14.8		
2	1.94	14.6		
3	1.97	14.7		
4	2.03	15.6	1.76	96.7
5	2.07	16.2		
6	2.05	16.3	1.76	96.7
7	1.94	15.8		
8	2.04	16.2	1.76	96.7
9	2.02	15.7	1.75	96.1
10	2.01	15.6	1.74	95.6
11	1.99	15.4	1.72	94.5
12	2.01	15.9	1.73	95.1

项目三　路面工程试验与检测

知识目标

1. 掌握路面基层、底基层试验检测。
2. 掌握路面原材料的室内检测，能够进行沥青混合料配合比设计。
3. 掌握路面现场检测。

能力目标

1. 能够熟练完成路面工程施工准备阶段原材料及室内试验检测项目的检测工作。
2. 能够熟练完成路面工程施工阶段材料检测、配合比及现场试验检测工作。
3. 能够熟练完成路面工程竣工验收阶段的现场检测及材料整理。
4. 合理选择仪器，正确使用路面工程中所需的各类设备。
5. 能对试验检测仪器进行日常养护，对一般仪器进行检验和校正。

素质目标

1. 培养学生诚实守信、做人善良的品质。
2. 培养学生锲而不舍和吃苦耐劳的职业精神。
3. 培养学生面对艰苦环境不怕苦、不怕累、积极向上的品质。
4. 培养学生的社会责任感及事业心。

任务一　路面基层与底基层试验检测

学习情境

作为检测人员在某在建路面基层施工中，主要做好基层结合料剂量，材料的含水率、配合比、压实度等检测工作，以确保工程质量。

学习目标

1. 路面基层与底基层材料要求及检测内容。
2. 基层、底基层原材料的试验检测内容。
3. 路面基层与底基层混合料的设计。

学习要求

掌握路面基层、底基层材料的检测及评定；并独立完成无机结合料的配合比设计。

学习引导

基层位于面层之下，垫层或路基之上。基层主要承受面层传递的车轮垂直力的作用，并把它扩散到垫层和土基中，基层还可能受到面层渗水及地下水的侵蚀。故需要选择强度较高、刚度较大，并有足够水稳性的材料。用来修筑基层的材料主要有水泥、石灰、沥青等稳定土或稳定粒料(如碎石、砂砾)，工业废渣稳定土或稳定粒料，各种碎石混合料或天然砂砾。基层可分两层铺筑：其上层称为基层或上基层，起主要承重作用；下层则称为底基层，起次要承重作用。底基层材料的强度要求比基层略低些，可充分利用当地材料，以降低工程造价(图 3.1)。

面层位于整个路面结构的最上层。它直接承受行车荷载的垂直力、水平力，以及车身后所产生的真空吸力的反复作用，同时受到降雨和气温变化的不利影响最大，能最直接地反映路面使用性能的层次。因此，与其他层次相比，面层应具有较高的结构强度、刚度和稳定性，并且耐磨、不透水，其表面还应具有良好的抗滑性和平整度。

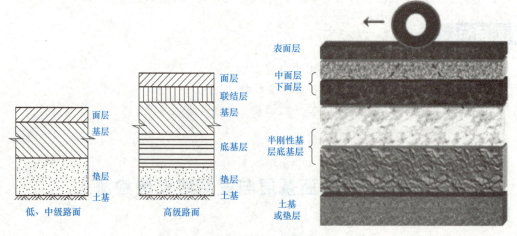

图 3.1 路面结构层次

一、路面基层与底基层材料要求

路面基层主要承受来自面层的垂直力，并把它分布在垫层或路基上。因此，基层应具有足够的强度和一定刚度。基层表面应平整，以保证面层厚度的均匀。我国常用的半刚性基层受水浸泡后强度下降很快,如面层封水不好,将严重影响基层的使用状况,因此,基层也应该具有稳定性。基层使用的材料一般可分为结合稳定类(有机结合料、无机结合料)和无结合料的粒料类。有时根据使用性能,又可分为半刚性基层和柔性基层两类。有机结合料基层主要包括热拌沥青碎石或乳化沥青碎石混合料、沥青贯入碎石等;无机结合稳定类材料包括水泥稳定类、石灰稳定类及工业废渣稳定类材料。粒料类基层主要包括泥结碎石、泥灰结碎石、填隙碎石、级配碎石等。在本任务中,主要就半刚性和无黏结粒料类基层、底基层材料的技术要求及检测方法加以论述。

(一)基层、底基层材料技术要求

(1)对于二级和二级以下的公路,水泥稳定土所用的粗粒土、中粒土、细粒土应满足如下要求。

1)水泥稳定土用作底基层时,单个颗粒的最大粒径不应超过 53 mm,水泥稳定土的颗粒组成应在表 3.1 所列范围内,土的均匀系数应大于 5。细粒土的液限不应超过 40,塑性指数不应超过 17。对于中粒土和粗粒土,如土中小于 0.6 mm 的颗粒含量在 30%以下,塑性指数可稍大。在实际工作中,宜选用均匀系数大于 10、塑性指数小于 12 的土。塑性指数大于 17 的土,宜采用石灰稳定,或用水泥和石灰综合稳定。

表 3.1 用作底基层时水泥稳定土的颗粒组成范围

筛孔尺寸/mm	53	4.75	0.6	0.075	0.002
通过质量百分率/%	100	50~100	17~100	0~50	0~30

注:本表中所列用筛均为方孔筛。在无相应尺寸方孔筛的情况下,可先将颗粒组成在半对数坐标纸上画出两根级配曲线,然后在对数坐标上查找所需筛孔的位置或点,从此点引一条垂线向上与两根曲线相交。从此,两交点画水平线与垂直坐标相交,即可得到所需筛孔尺寸的通过质量百分率

2)水泥稳定土用作基层时,单个颗粒的最大粒径不应超过 37.5 mm。水泥稳定土的颗粒组成应在表 3.2 范围内。集料中不宜含有塑性指数的土。对于二级公路宜按接近级配范围的下限组配混合料或采用表 3.3 中的 2 号级配。

3)级配碎石、未筛分碎石、砂砾、碎石土、砂砾土、煤矸石和各种粒状矿渣均适宜用水泥稳定。碎石包括岩石碎石、矿渣碎石、破碎砾石等。

表 3.2 用作基层时水泥稳定土的颗粒组成范围

筛孔尺寸/mm	37.5	26.5	19	9.5	4.75	2.36	1.18	0.6	0.075
通过质量百分率/%	90~100	66~100	54~100	39~100	28~84	20~70	14~57	8~47	0~30

(2)对于高速公路和一级公路,水泥稳定土所用的粗粒土和中粒土应满足如下要求。

1)水泥稳定土用作底基层时,单个颗粒的最大粒径不应超过 37.5 mm。水泥稳定土的颗粒组成应在表 3.3 所列 1 号级配范围内,土的均匀系数应大于 5。细粒土的液限不应超过 40%,塑性指数不应超过 17。对于中粒土和粗粒土,如土中小于 0.6 mm 的颗粒含量在 30%以下,塑性指数可稍大。实际工作中,宜选用均匀系数大于 10、塑性指数小于 12 的土。塑性指数大于 17 的土,宜采用石灰稳定,或用水泥和石灰综合稳定。对于中

粒土和粗粒土，宜采用表 3.3 中的 2 号级配，但小于 0.075 mm 的颗粒含量和塑性指数可不受限制。

2) 水泥稳定土用作基层时，单个颗粒的最大粒径不应超过 31.5 mm。水泥稳定土的颗粒组成应在表 3.3 所列 3 号级配范围内。

表 3.3 水泥稳定土的颗粒组成范围

编号	通过方孔筛的质量百分率/%								液限/%	塑性指数
	37.5 mm	31.5 mm	19 mm	9.5 mm	4.75 mm	2.36 mm	0.6 mm	0.075 mm		
1	100				50～100		17～100	0～30		
2	100	93～98	74～89	49～69	29～52	18～38	8～22	0～7	<28	<9
3	—	100	88～99	57～77	29～49	17～35	8～22	0～7	<28	<9

注：集料中 0.5 mm 以下细粒土有塑性指数时，小于 0.075 mm 的颗粒含量不应超过 5%；细粒土无塑性指数时，小于 0.075 mm 的颗粒含量不应超过 7%

3) 水泥稳定土用作基层时，对所用的碎石或砾石，应预先筛分成 3～4 个不同粒级，然后配合，使颗粒组成符合表 3.3 所列级配范围。

4) 水泥：普通硅酸盐水泥、矿渣硅酸盐水泥和火山灰质硅酸盐水泥都可用于稳定土，但应选用初凝时间 4 h 以上和终凝时间较长(宜在 6 h 以上)的水泥。宜选用强度等级在 32.5 和 42.5 的水泥。不得选用快硬水泥、早强水泥及受潮变质水泥。水泥稳定中粒土和粗粒土用作基层时，水泥剂量(水泥剂量＝水泥质量/干土质量)不宜超过 6%。必要时，应首先改善集料的级配，然后用水泥稳定。

5) 石灰：符合规范要求。综合稳定土中用的石灰应是消石灰粉或磨细生石灰粉。石灰消解时间必须在 7 d 以上、15 d 以内，加水量控制在 60%～80%，使其充分消解并过筛后使用，消石灰钙镁含量要大于 55%，生石灰钙镁含量要大于 65%。磨细的生石灰存放时间不宜过长且不得低于三级。露天堆放石灰，对石灰质量有很大影响，石灰中有效钙、镁含量随露天放置的时间增长而降低，因此，石灰运到现场后应尽快使用。如需堆放较长时间，应堆放在地势较高处，并覆盖封存好。

6) 凡是饮用水(含牲畜饮用水)均可用于水泥稳定土施工。

7) 粉煤灰：粉煤灰中 SiO_2、Al_2O_3 和 Fe_2O_3 的总含量应大于 70%，烧失量不应超过 20%；其比表面积宜大于 2 500 cm^2/g(或 90%通过 0.3 mm 筛孔，70%通过 0.075 mm 筛孔)。湿粉煤灰的含水率不宜超过 35%。

8) 煤渣：煤渣最大粒径不应大于 30 mm，颗粒组成宜有一定级配，且不宜含杂质。

(3) 水泥稳定粒径较均匀时，宜在砂中添加少部分塑性指数小于 10 的黏性土或石灰土，也可添加部分粉煤灰，加入比例可按使混合料的标准干密度接近最大值确定，一般为 20%～40%。

(4) 水泥稳定土中碎石或砾石的压碎值应符合下列要求。

基层：

高速公路和一级公路　　　　不大于 30%

二级和二级以下公路　　　　不大于 35%

底基层：

高速公路和一级公路　　　　　　不大于30％

二级和二级以下公路　　　　　　不大于40％

(5)有机质含量超过2％的土，必须先用石灰进行处理，闷料一夜后再用水泥稳定。

(6)硫酸盐含量超过0.25％的土，不应用水泥稳定。

(7)石灰、粉煤灰用作基层时，土中碎石、砾石颗粒的最大粒径不应超过37.5 mm。石灰、粉煤灰碎石混合料中碎石的级配范围见表3.4；石灰、粉煤灰碎石混合料中砂砾的级配范围见表3.5。

表3.4　石灰、粉煤灰碎石混合料中碎石的级配范围

结构层	通过方孔筛的质量百分率/％								
	37.5 mm	31.5 mm	19 mm	9.5 mm	4.75 mm	2.36 mm	1.18 mm	0.6 mm	0.075 mm
基层	—	100	81～98	52～70	30～50	18～38	10～27	6～20	0～7
底基层	100	90～100	72～90	48～68	30～50	18～38	10～27	6～20	0～7

表3.5　石灰、粉煤灰碎石混合料中砂砾的级配范围

结构层	通过方孔筛的质量百分率/％								
	37.5 mm	31.5 mm	19 mm	9.5 mm	4.75 mm	2.36 mm	1.18 mm	0.6 mm	0.075 mm
基层		100	85～98	55～75	39～59	27～47	17～35	10～25	0～10
底基层	100	85～100	65～89	50～72	35～55	25～45	17～35	10～27	0～15

(8)无黏结粒料类材料的要求。

1)集料。集料中针、片状颗粒的含量应不超过20％。

用于底基层的碎石最大粒径不大于37.5 mm；压碎值，对于高速公路、一级公路不应大于30％；二级公路不应大于35％；二级以下公路不应大于40％。用于基层的碎石的最大粒径不应大于31.5 mm；压碎值对于高速公路、一级公路不应大于26％；二级公路不应大于30％；二级以下公路不应大于35％。

级配碎石、级配砾石基层材料的级配组成应符合规范要求。

2)粒料类材料的CBR值和压实度标准见表3.6。

表3.6　粒料类材料的CBR值和压实度标准

混合料类型	层位	CBR值/％	(大于)压实度/％
级配碎石	基层	180	98
	底基层	100	96
级配砾和天然砂砾	基层	160	98
	底基层	60(B、C级交通)　40(A级交通)	96
填隙碎石	基层		85(固体体积率)
	底基层		85(固体体积率)

二、基层、底基层原材料的试验检测内容试验

在水泥稳定土层施工前,应取所定料场中有代表性的土样按《公路土工试验规程》(JTG 3430—2020)进行下列试验:颗粒分析试验;液限和塑性指数试验;相对密度试验;击实试验;碎石或砾石的压碎值试验;有机质含量(必要时做)试验;硫酸盐含量(必要时做)试验。

对级配不良的碎石、碎石土、砂砾、砂砾土、砂等,宜改善其级配。应检验水泥的强度等级和终凝时间。

无侧限抗压强度

三、路面基层与底基层混合料的设计

(一)一般规定

(1)各级公路用水泥稳定材料的 7 d 无侧限抗压强度应符合表 3.7 的规定。

(2)水泥稳定土的组成设计应根据表 3.7 的强度标准,通过试验选取最适宜稳定的土,确定必需的水泥剂量和混合料的最佳含水率,在需要改善混合料的物理力学性质时,还应确定掺加料的比例。

(3)综合稳定土的组成设计应通过试验选取最适宜稳定的土,确定必需的水泥和石灰剂量以及混合料的最佳含水率。

(4)采用综合稳定时,如水泥用量占结合料总量的30%以上,应按本任务的技术要求进行组成设计。水泥和石灰的比例宜取 60:40、50:50 或 40:60。

表 3.7 水泥稳定土的抗压强度标准

结构层	公路等级	极重、特重交通	重交通	中、轻交通
基层	高速公路、一级公路	5.0~7.0	4.0~6.0	2.0~5.0
	二级及二级以下	4.0~6.0	3.0~5.0	2.0~4.0
底基层	高速公路、一级公路	3.0~5.0	2.5~4.5	2.0~4.0
	二级及二级以下	2.5~4.5	2.0~4.0	1.0~3.0

注:①公路等级高或交通荷载等级高或结构安全性要求高时,推荐取上限强度标准;
②表中强度标准指 7 d 龄期无侧限抗压强度的代表值。

(二)混合料的设计步骤

(1)分别按下列五种①水泥剂量配制同一种土样、不同水泥剂量的混合料。
作基层用:
中粒土和粗粒土:3%,4%,5%,6%,7%②;
塑性指数小于 12 的细粒土:5%,7%,8%,9%,11%;
其他细粒土:8%,10%,12%,14%,16%。
作底基层用:

---

①在能估计合适剂量的情况下,可以将五种不同剂量缩减到三或四种。
②如要求用作基层的混合料有较高强度时,水泥剂量可用 4%、5%、6%、7%、8%。

中粒土和粗粒土：3%，4%，5%，6%，7%；
塑性指数小于 12 的细粒土：4%，5%，6%，7%，9%；
其他细粒土：6%，8%，9%，10%，12%。

(2)确定各种混合料的最佳含水率和最大干(压实)密度，至少应做三个不同水泥剂量混合料的击实试验，即最小剂量、中间剂量和最大剂量。其他两个剂量混合料的最佳含水率和最大干密度用内插法确定。

(3)按规定压实度分别计算不同水泥剂量的试件应有的干密度。

(4)按最佳含水率和计算的干密度制备试件。进行强度试验时，作为平行试验的最少试件数量应不小于表 3.8 的规定。如试验结果的偏差系数大于表中规定的值，则应重做试验，并找出原因，加以解决。如不能降低偏差系数，则应增加试件数量。

(5)试件在规定温度下保湿养生 6 d，浸水 24 h 后，按《公路工程无机结合料稳定材料试验规程》(JTG E51—2009)的规定进行无侧限抗压强度试验。

表 3.8 最少试件数量

试件数量 土类	偏差系数	<10%	10%~15%	15%~20%
细粒土		6	9	
中粒土		6	9	13
粗粒土			9	13

(6)计算试验结果的平均值和偏差系数。

(7)根据表 3.7 的强度标准，选定合适的水泥剂量，此剂量试件室内试验结果的平均抗压强度 R 应符合式(3.1)的要求：

$$\overline{R} \geqslant R_d / (1 - Z_a \times C_V) \tag{3.1}$$

式中　R_d——设计抗压强度(表 3.7)；
　　　C_V——试验结果的偏差系数(以小数计)；
　　　Z_a——标准正态分布表中随保证率(或置信度 a)而变的系数，高速公路、一级公路：保证率 95%，$Z_a = 1.64$；其他公路：保证率 90%，$Z_a = 1.282$。

四、路面基层与底基层材料检测

路面基层与底基层除对所用土、水泥集料材料进行原材料分析外，还要对混合料中所掺材料的剂量、强度、级配曲线、击实及含水率进行试验检测。

(一)石灰化学分析试验——有效氧化钙的测试方法

1. 目的和适用范围

本方法适用于测定各种石灰的有效氧化钙含量，作为评定路用石灰质量的主要指标。

2. 仪器设备

(1)方孔筛：0.15 mm，1 个。

(2)烘箱：50~250 ℃，1台。

(3)干燥器：ϕ25 cm，1个。

(4)称量瓶：ϕ30 mm×50 mm，10个。

(5)瓷研钵：ϕ12~13 mm，1个。

(6)天平：分析天平，量程不小于50 g，感量0.000 1 g，1台；电子天平，量程不小于500 g，感量0.01 g，1台。

(7)电炉：1 500 W，1个。石棉网：20 cm×20 cm，1块。

(8)短颈漏斗：3个；塑料洗瓶：1个；洗耳球：大、小各1个。

(9)玻璃珠：ϕ3 mm，1袋(0.25 kg)。

(10)其他：具塞三角瓶，250 mL，20个；塑料桶，20 L，1个；三角瓶，300 mL，10个；容量瓶，250 mL、1 000 mL，各1个；试剂瓶，250 mL、1 000 mL，各5个；量筒200 mL、100 mL、50 mL、5 mL，各1个；塑料试剂瓶，1 L，1个；滴瓶，60 mL，3个；烧杯，50 mL，5个；250 mL，10个；试剂勺，5个；棕色广口瓶，60 mL，4个；250 mL，5个等。

3. 试剂

(1)蔗糖(分析纯)。

(2)酚酞指示剂：称取0.5 g酚酞溶于50 mL 95%乙醇中。

(3)0.1%甲基橙水溶液：称取0.05 g甲基橙溶于50 mL蒸馏水(40~50 ℃)中。

(4)盐酸标准溶液(相当于0.5 mol/L)：将42 mL浓盐酸(相对密度1.19)稀释至1 L，按下述方法标定其摩尔浓度后备用。

称取0.8~1.0 g(精确至0.000 1 g)已在180 ℃烘干2 h的碳酸钠(优级纯或基准级)记录为m，置于250 mL三角瓶中，加100 mL水使其完全溶解；然后加入2~3滴0.1%甲基橙指示剂，记录滴定管中待标定的盐酸标准溶液的体积V_1，用待标定的盐酸标准溶液滴定至碳酸钠溶液由黄色变为橙红色；将溶液加热至微沸，并保持微沸3 min，然后放在冷水中冷却至室温，如此时橙红色又变为黄色，再用盐酸标准溶液滴定，至溶液出现稳定橙红色时为止。记录滴定管中盐酸标准溶液的体积V_2。V_1、V_2的差值即为盐酸标准溶液的消耗量V。盐酸标准溶液的摩尔浓度①按式(3.2)计算。

$$M = m/(V \times 0.053) \tag{3.2}$$

式中 M——盐酸标准溶液的摩尔浓度(mol/L)；

　　　m——称取碳酸钠的质量(g)；

　　　V——滴定时盐酸标准溶液的消耗量(mL)；

　　　0.053——与1.00 mL盐酸标准溶液[C(HCl)=1.000 mol/L]相当的以克表示无水碳酸钠的质量。

4. 准备试样

(1)生石灰试样：将生石灰样品打碎，使颗粒不大于1.18 mm。拌和均匀后用四分法缩减至200 g左右，放入瓷研钵中研细，再经四分法缩减至200 g左右，研磨所得石灰样品通

---

①该处盐酸标准溶液的浓度相当于1 mol/L标准溶液浓度的1/2左右。

过 0.15 mm(方孔筛)的筛。从此细样中均匀挑取 10 g 左右,置于称量瓶中,在 105 ℃烘箱中烘至恒重,储于干燥器中,供试验用。

(2)消石灰试样:将消石灰样品用四分法缩减至 10 g 左右,如有大颗粒存在,须在瓷研钵中磨细至无不均匀颗粒存在为止。置于称量瓶中,在 105 ℃烘箱中烘至恒量,储存于干燥器中,供试验用。

5. 试验步骤

称取约 0.5 g(用减量法称量,精确至 0.000 1 g)试样,记录为 m_1,放入干燥的 250 mL 具塞三角瓶中,取 5 g 蔗糖覆盖在试样表面,投入干玻璃珠 15 粒,迅速加入新煮沸并已冷却的蒸馏水 50 mL,立即加塞振荡 15 min(如有试样结块或粘于瓶壁现象,则应重新取样)。打开瓶塞,用水冲洗瓶塞及瓶壁,加入 2~3 滴酚酞试剂,记录滴定管中盐酸标准溶液体积 V_3,用已标定的约 0.5 mol/L 盐酸标准溶液滴定(滴定速度以每秒 2~3 滴为宜),至溶液的粉红色显著消失并在 30 s 内不再复现即为终点,记录滴定管中盐酸标准溶液的体积 V_4。V_3、V_4 的差值即为盐酸标准溶液的消耗量 V_5。

6. 计算

按式(3.3)计算有效氧化钙的含量:

$$X = \frac{V_5 \times M \times 0.028}{m_1} \times 100\% \tag{3.3}$$

式中 X——有效氧化钙的含量(%);

m_1——试样质量(g);

V_5——滴定时消耗盐酸标准溶液的体积(mL);

0.028——氧化钙毫克当量;

M——盐酸标准溶液的摩尔浓度(mol/L)。

7. 精密度与允许差

对同一石灰样品至少应做两个试样并进行两次测定,并取两次结果的平均值代表最终结果。石灰中氧化钙和有效钙含量在 30%以下的允许重复性误差为 0.40,含量为 30%~50%的为 0.50,大于 50%的为 0.60。

(二)石灰化学分析试验——有效氧化镁的测试方法

1. 目的和适用范围

本方法适用于测定各种石灰的总氧化镁含量。

2. 仪器设备

仪器设备同氧化钙的测定。

3. 试剂

(1)1∶10 盐酸:将 1 体积盐酸(相对密度 1.19)以 10 体积蒸馏水稀释。

(2)氢氧化铵-氯化铵缓冲溶液:将 67.5 g 氯化铵溶于 300 mL 无二氧化碳的蒸馏水中,加浓氢氧化铵(氨水,相对密度为 0.90)570 mL,然后用水稀释至 1 000 mL。

(3)酸性铬兰 K-萘酚绿 B(1∶2.5)混合指示剂:称取 0.3 g 酸性铬兰 K 和 0.75 g 萘酚绿 B 及 50 g 已在 105 ℃烘箱中烘干的硝酸钾混合研细,保存于棕色广口瓶中。

(4)EDTA 二钠标准溶液:将 10 g EDTA 二钠溶于 40~50 ℃蒸馏水中,待全部溶解并冷却至室温后,用水稀释至 1 000 mL。

(5)氧化钙标准溶液:精确称取 1.784 8 g 在 105 ℃烘箱中烘干(2 h)的碳酸钙(优级纯),置于 250 mL 烧杯中,盖上表面皿。从杯嘴缓慢滴加 1∶10 的盐酸 100 mL,加热溶解,待溶液冷却后,移入 1 000 mL 的容量瓶中,用新煮沸冷却后的蒸馏水稀释至刻度线并摇匀,此溶液每毫升的 Ca^{2+} 含量相当于 1 mg 氧化钙的 Ca^{2+} 含量。

(6)20%的氢氧化钠溶液:将 20 g 氢氧化钠溶于 80 mL 蒸馏水中。

(7)钙指示剂:将 0.2 g 钙试剂羟酸钠和 20 g 已在 105 ℃烘箱中烘干的硫酸钾混合研细,保存于棕色广口瓶中。

(8)10%酒石酸钾钠溶液:将 10 g 酒石酸钾钠溶于 90 mL 的蒸馏水中。

(9)三乙醇胺(1∶2)溶液:将 1 体积三乙醇胺以 2 体积蒸馏水稀释并摇匀。

4. EDTA 二钠标准溶液与氧化钙和氧化镁关系的标定

(1)精确吸取 $V_1=50$ mL 氧化钙标准溶液置于 300 mL 三角瓶中,用水稀释至 100 mL 左右;加入钙指示剂约 0.2 g,以 20%氢氧化钠溶液调整溶液酸碱度至出现酒红色;再过量加 3~4 mL,然后以 EDTA 二钠标准溶液滴定,至溶液由酒红色变成纯蓝色为止。记录 EDTA 二钠标准溶液体积 V_2。

(2)EDTA 二钠标准溶液对氧化钙的滴定度,按式(3.4)计算:

$$T_{CaO}=\frac{CV_1}{V_2} \tag{3.4}$$

式中 T_{CaO}——EDTA 二钠标准溶液对氧化钙的滴定度,即 1 mL 的 EDTA 二钠标准溶液相当于氧化钙的毫克数;

C——1 mL 氧化钙标准溶液含有氧化钙的毫克数,等于 1;

V_1——吸取氧化钙标准溶液的体积(mL);

V_2——消耗 EDTA 二钠标准溶液的体积(mL)。

(3)EDTA 二钠标准溶液对氧化镁的滴定度(T_{MgO}),即 1 mL EDTA 二钠标准溶液相当于氧化镁的毫克数,按式(3.5)计算:

$$T_{MgO}=T_{CaO}\times\frac{40.31}{56.08}=0.72T_{CaO} \tag{3.5}$$

5. 准备试样

(1)生石灰试样:将生石灰样品打碎,使颗粒不大于 1.18 mm。拌和均匀后用四分法缩减至 200 g 左右,放入瓷研钵中研细,再经四分法缩减至 200 g 左右。研磨所得石灰样品通过 0.15 mm(方孔筛)的筛。从此细样中均匀挑取 10 g 左右,置于称量瓶中,在 105 ℃烘箱中烘至恒重,储于干燥器中,供试验用。

(2)消石灰试样:将消石灰样品用四分法缩减至 10 g 左右,如有大颗粒存在,须在瓷研钵中磨细至无不均匀颗粒存在为止。置于称量瓶中,在 105 ℃烘箱中烘至恒量,储存于干燥器中,供试验用。

6. 试验步骤

(1)称取约 0.5 g(精确至 0.000 1 g)石灰试样,并记录试样质量 m,放入 250 mL 烧杯中，用水湿润，加 1∶10 盐酸 30 mL，用表面皿盖住烧杯，加热至微沸，并保持微沸 8~10 min。

(2)用水把表面皿洗净，冷却后把烧杯内的沉淀及溶液移入 250 mL 容量瓶中，加水至刻度摇匀。

(3)待溶液沉淀后，用移液管吸取 25 mL 溶液，放入 250 mL 三角瓶中，加 50 mL 水稀释后，加酒石酸钾钠溶液 1 mL、三乙醇胺溶液 5 mL，再加入氢氧化铵－氢氧化铵化铵缓冲溶液 10 mL(此时待测标准溶液的 pH＝10)、酸性铬兰 K－萘酚绿 B 指示剂约 0.1 g。记录滴定管中初始 EDTA 二钠标准溶液体积 V_5，用 EDTA 二钠标准溶液滴定，至溶液由酒红色变为纯蓝色时即为终点，记录滴定管中 EDTA 二钠标准溶液的体积 V_6。V_5、V_6 的差值即为滴定钙镁合量的 EDTA 二钠标准溶液的消耗量 V_3。

(4)再从上述第(2)步的容量瓶中，用移液管吸取 25 mL 溶液，置于 300 mL 三角瓶中，加水 150 mL 稀释后，加三乙醇胺溶液 5 mL 及 20%的氢氧化钠溶液 5 mL(此时待测溶液的 pH≥12)，放入约 0.2 g 钙指示剂。记录滴定管中初始 EDTA 二钠标准溶液体积 V_7，用 EDTA 二钠标准溶液滴定，至溶液由酒红色变为纯蓝色即为终点，记录滴定管中 EDTA 二钠标准溶液体积 V_8。V_7、V_8 的差值即为滴定钙离子的 EDTA 二钠标准溶液的消耗量 V_4。

7. 计算

氧化镁的含量按式(3.6)计算：

$$X=\frac{T_{MgO}(V_3-V_4)\times 10}{m\times 1\ 000}\times 100\% \tag{3.6}$$

式中　X——氧化镁的含量(%)；

T_{MgO}——EDTA 二钠标准溶液对氧化镁的滴定度；

V_3——滴定钙、镁合量消耗 EDTA 二钠标准溶液的体积(mL)；

V_4——滴定钙消耗 EDTA 二钠标准溶液的体积(mL)；

10——总溶液对分取溶液的体积倍数；

m——试样质量(g)。

8. 结果整理

对同一石灰样品至少应做两个试样并进行两次测定，读数精确至 0.1 mL。取两次测定结果的平均值代表最终结果。

(三)水泥或石灰剂量测定方法——EDTA 滴定法

1. 适用范围

本方法适用于在工地快速测定水泥和石灰稳定土中水泥或石灰的剂量，并可用于检查现场拌和及摊铺的均匀性，本方法适用于在水泥终凝之前的水泥含量测定，现场土样的石灰剂量应在路拌后尽快测试，否则需要用相应龄期的 EDTA 二钠标准溶液消耗量的标准曲线确定，本方法也可以用来测定水泥和石灰综合稳定材料中结合料的剂量。

EDTA 标准曲线制定动画

EDTA 试剂配制

2. 仪器设备

(1)酸式滴定管：50 mL，1 支；滴定台：1 个；滴定管夹：1 个。

(2)大肚移液管：10 mL，10 支；锥形瓶(三角瓶)：200 mL，20 个。

(3)烧杯：2 000 mL(或 1000 mL)，1 只；300 mL，10 只；容量瓶：1 000 mL，1 个。

(4)搪瓷杯：容量大于 1 200 mL，10 只；不锈钢棒(或粗玻璃棒)：10 根。

(5)量筒：100 mL 和 5 mL，各 1 只；50 mL，2 只。

(6)棕色广口瓶：60 mL，1 只(装钙红指示剂)。

(7)电子天平：量程不小于 1 500 g，感量 0.01 g。

(8)秒表：1 只；表面皿：$\phi 9$ cm，10 个；研钵：$\phi 12 \sim 13$ cm，1 个。

(9)土壤筛：筛孔 2.0 mm 或 2.5 mm，1 个。

(10)洗耳球：1 个；精密试纸：pH 为 12~14；洗瓶(塑料)：500 mL，1 只。

(11)聚乙烯桶：20 L(装蒸馏水和氯化铵及 EDTA 二钠标准溶液)，3 个；5L(装氢氧化钠)，1 个；5L(大口桶)，10 个。

(12)毛刷、去污粉、吸水管、塑料勺、特种铅笔、厘米纸。

水泥剂量滴定试验所需仪器如图 3.2 所示。

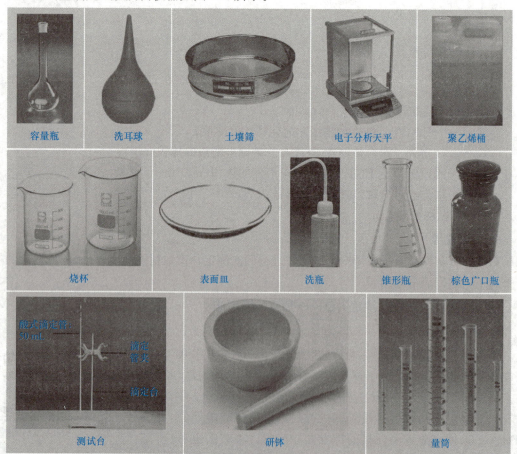

图 3.2　水泥剂量滴定试验所需仪器

3. 试剂

(1)EDTA二钠标准溶液：准确称取EDTA二钠标准溶液(分析纯)37.23 g，用40～50 ℃的无二氧化碳蒸馏水溶解，待全部溶解并冷却至室温后，定容至1 000 mL。

(2)10%氯化铵(NH_4Cl)溶液：将500 g氯化铵(分析纯或化学纯)放在10 L的聚乙烯桶内。加蒸馏水4 500 mL，充分振荡，使氯化铵完全溶解。也可以分批在1 000 mL的烧杯中配置，然后倒入塑料桶内摇匀。

(3)1.8%氢氧化钠溶液：用电子天平称取18 g氢氧化钠(NaOH)(分析纯)，放入洁净干燥的1 000 mL烧杯中，加1 000 mL蒸馏水使其全部溶解，待溶液冷却至室温后，加入2 mL三乙醇胺(分析纯)，搅拌均匀后储于塑料桶中。

(4)钙红指示剂：将0.2 g钙试剂羧酸钠(分子式为$C_{21}H_{13}N_2NaO_7S$，分子量为460.39)与20 g预先在105 ℃烘箱中烘1 h的硫酸钾混合。一起放入研钵中，研成极细粉末，储于棕色的广口瓶中，以防吸潮。

4. 准备标准曲线

(1)取样：取工地用石灰和土，风干后用烘干法测其含水量(如为水泥，可假定含水量为0)。

(2)混合料组成的计算。

1)公式：

$$干料质量 = \frac{湿料质量}{1+含水量}$$

2)计算步骤：

$$干混合料质量 = \frac{湿混合料质量}{1+最佳含水量}$$

$$干土质量 = \frac{干混合料质量}{1+石灰或水泥剂量}$$

干石灰或水泥质量 = 干混合料质量 − 干土质量

湿土质量 = 干土质量 × (1 + 土的风干含水量)

湿石灰质量 = 干石灰质量 × (1 + 石灰的风干含水量)

石灰土中应加入的水 = 湿混合料质量 − 湿石灰质量 − 湿土质量

(3)准备5种试样，每种两个样品(以水泥稳定材料为例)，如为水泥稳定中、粗粒土，每个样品取1 000 g左右(如为细粒土，则可称取300 g左右)准备试验。为了减少中、粗粒土的离散，宜按设计级配单份掺配的方式备料。

5种混合料的水泥剂量应为：水泥剂量为0，最佳水泥剂量左右、最佳水泥剂量±2%和+4%[①]，每种剂量取两个(为湿质量)试样，共10个试样，并分别放在10个大口聚乙烯桶(如为稳定细粒土，可用搪瓷杯或1 000 mL具塞三角瓶；如为粗粒土，可用5 L的大口聚乙烯桶)内。土的含水率应等于工地预期达到的最佳含水率，土中所加水应与工地所用水相同。

---

① 在此，准备标准曲线的水泥剂量可为0、2%、4%、6%、8%。如水泥剂量较高或较低，应保证工地实际水泥或石灰的剂量位于标准线所用剂量的中间。

(4)取一个盛有试样的盛样器,在盛样器内加入两倍试样质量(湿料质量)体积的10%氯化铵溶液(如湿料质量为300 g,则氯化铵溶液为600 mL;如湿料质量为1 000 g,则氯化铵溶液为2 000 mL)。料为300 g,则搅拌3 min(每分钟搅拌110~120次);料为1 000 g,则搅拌5 min。如用1 000 mL具塞三角瓶,则手握三角瓶(瓶口向上)用力振荡3 min(每分钟120次±5次),以代替搅拌棒搅拌,放置沉淀10 min①,然后将上部清液转移到300 mL烧杯内,搅匀,加盖表面皿待测。

(5)用移液管吸取上层(液面下1~2 cm)悬浮液10 mL放入200 mL的三角瓶内,用量管量取1.8%氢氧化钠溶液50 mL倒入三角瓶中,此时溶液pH值为12.5~13.0,然后加入钙红指示剂(质量约为0.2 g),摇匀,溶液呈玫瑰红色。记录滴定管中EDTA二钠标准溶液的体积V_1,然后用EDTA二钠标准溶液滴定,边滴定边摇匀,并仔细观察溶液颜色;在溶液颜色变为紫色时,放慢滴定速度,并摇匀;直到溶液为纯蓝色,即为滴定终点。记录滴定管中EDTA二钠标准溶液体积V_2(以mL计,精确至0.1 mL)。计算V_1-V_2,即为EDTA二钠标准溶液的消耗量。

(6)对其他几个盛样器中的试样,用同样的方法进行试验,并记录各自的EDTA二钠标准溶液的消耗量。

(7)以同一水泥或石灰剂量稳定材料EDTA二钠标准溶液消耗量(mL)的平均值为纵坐标,以水泥或石灰剂量(%)为横坐标制图。两者的关系应是一条顺滑的曲线,如图3.3所示。如素土或水泥或石灰改变,必须重做标准曲线。

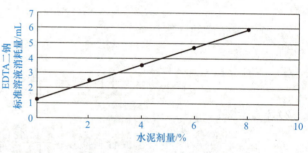

图3.3 EDTA标准曲线

5. 试验步骤

(1)选取有代表性的无机结合料稳定材料,对稳定中、粗粒土取试样约3 000 g,对稳定细粒土取试样1 000 g。

(2)对于水泥或石灰稳定细粒土,称300 g放在搪瓷杯中,用搅拌棒将结块搅散,加10%氯化铵溶液600 mL,对于水泥或石灰稳定中、粗粒土,可直接称取1 000 g左右,放入10%氯化铵溶液2 000 mL,然后如前述步骤进行试验。

(3)利用所绘制的标准曲线,根据EDTA二钠标准溶液消耗量,确定混合料中的水泥或石灰剂量。

6. 结果整理

本试验应进行两次平行测定,取算术平均值,精确至0.1 mL。允许重复性误差不得大于平均值的5%;否则,重新进行试验。

---

① 如10 min后得到的是混浊悬浮液,则应增加放置沉淀时间,直到出现无明显悬浮颗粒的悬浮液为止,并记录所需时间。以后,所有该种水泥(或石灰)稳定材料的试验,均应以同一时间为准。

学习参考

EDTA 滴定法测定水泥剂量标准曲线

承包单位	中铁×××集团有限公司	合同编号	辽高××合字 2024 第 2 号
监理单位	辽宁×××监理有限公司	委托单编号	LM01-JC-001
工程名称	桓永至永陵高速公路路基工程	分项工程	路面基层
委托单位	中铁×××集团有限公司桓永 2 标	试验者	×××
试验单位	辽宁省×××公路工程检测中心	校核者	×××
试验规程	JTG 3441—2024	试验日期	2024 年 7 月 5 日
材料名称	基层稳定水泥碎石	材料组成：碎石∶砂=66∶34	水泥名称：万夏牌 P.O42.5 级

序号	EDTA 消耗量/mL			水泥剂量/%	备注
	1	2	平均值		
1	0.5	0.6	0.55	0.0	
2	6.2	6.0	6.10	2.0	
3	11.1	11.3	11.20	4.0	
4	17.3	17.8	17.55	6.0	
5	22.3	21.7	22.00	8.0	
6	24.6	25.2	24.90	10.0	

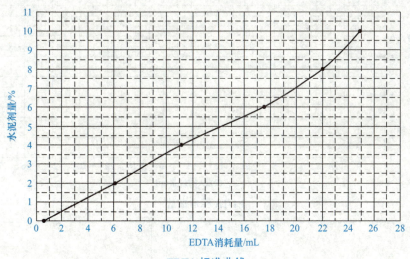

EDTA 标准曲线

结论：

技术负责人意见：

签名：

监督(理)工程师意见：

签名：

实验室盖章：

EDTA滴定法测定水泥剂量

承包单位	中铁×××集团有限公司		合同编号	辽高恒永合字2024第2号
监理单位	辽宁×××监理有限公司		委托单编号	LJ01-JC-001
工程名称	×××高速公路路基工程		分项工程	路面基层
委托单位	中铁×××集团有限公司桓永2标		试验者	×××
试验单位	辽宁省×××公路工程检测中心		校核者	×××
试验规程	JTG 3441—2024		试验日期	2024年7月5日
材料名称	基层稳定水泥碎石	材料组成：碎石：砂=66：34		水泥名称：万夏牌P.O42.5级
序号	EDTA消耗量/mL			水泥剂量/%
	1	2	平均	
1	3 000	17.6	17.55	6
2	3 000	17.5		

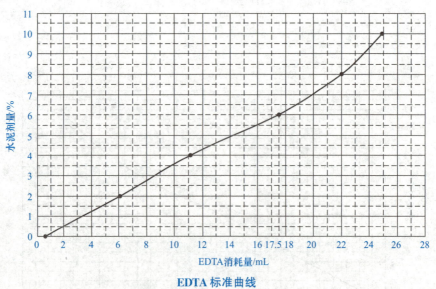

EDTA标准曲线

结论：	技术负责人意见： 签名：
监督（理）工程师意见： 签名：	实验室盖章：

(四)无机结合料稳定材料的含水率试验

含水率对无机结合料稳定材料的强度有很大的影响,尤其对水泥稳定土强度影响最大。当含水率不足时,水泥不能在混合料中完全水化和水解,发挥不了水泥对土的稳定作用,影响强度形成。同时含水率小,不能达到最佳含水率还会影响水泥稳定土的压实度。因此要求水泥稳定土在满足水化和水解作用的同时,也要使含水率达到最佳含水率,才能满足基层的稳定性、刚度及强度。检测无机结合料稳定材料含水率的方法有烘干法、砂浴法、酒精法。下面只介绍烘干法和砂浴法。

1. 烘干法

(1)适用范围。本方法适用于测定水泥、石灰、粉煤灰及无机结合料稳定材料的含水量。

(2)仪器设备。

1)水泥、粉煤灰、生石灰、消石灰、稳定土(包括细粒、中粒和粗粒土)。

2)烘箱:量程不小于110 ℃,控温精度为±1 ℃。

3)称量盒、干燥器。

4)电子天平:量程——细粒土不小于150 g,感量0.01 g;中粒土不小于1 000 g,感量0.1 g;粗粒土不小于3 000 g,感量0.1 g。

(3)试验步骤。

1)称称量盒质量 m_1,精确至0.01 g。

2)取代表试样:稳定细粒土取50~100 g;稳定中粒土取500 g,稳定粗粒土取2 000 g。快速装入称量盒内,盖好盖子。

3)称湿稳定土和盒合质量 m_2,精确至0.01 g。

4)烘干:水泥稳定材料,烘箱温度事先加热至110 ℃以上;其他材料温度加热至105 ℃。打开盒盖,将盛有试样的称量盒放在盒盖上,然后一起放入烘箱烘干,需要烘干时间随试样种类和试样数量而改变。当冷却试样连续两次称量的差(每次间隔4 h)不超过原试样质量的0.1%时,即认为样品已烘干。

5)称盒与干稳定土质量 m_3:烘干后,从烘箱取出盛有试样的称量盒,盖好盖子,放入干燥器内冷却至室温。称盒与干稳定土合质量,精确至0.01 g。

6)用式(3.7)计算无机结合料稳定材料的含水率。

$$w=\frac{m_2-m_3}{m_3-m_1}\times 100\% \tag{3.7}$$

式中 w——无机结合料稳定材料的含水率(%);

m_1——称量盒的质量(g);

m_2——称量盒和湿稳定材料的合质量(g);

m_3——称量盒和干稳定材料的合质量(g)。

(4)结果整理。本试验应进行两次平行测定,取算术平均值,保留至小数点后两位。允许重复性误差应符合表3.9的要求。

表3.9 含水率测定的允许重复性误差值

含水率/%	允许误差/%	含水率/%	允许误差/%
≤7	≤0.5	>40	≤2
>7,≤40	≤1		

2. 砂浴法

(1)适用范围。本方法适用于在工地快速测定无机结合料稳定材料的含水率。当土中含有大量石膏、碳酸钙或有机质时,不使用本方法。

(2)仪器设备。

1)称量盒,直径50 mm,高25~30 mm。

2)电子天平:稳定细粒土,量程不小于150 g,感量0.01 g;稳定中粒土,量程不小于1 000 g,感量0.1 g;稳定粗粒土,量程不小于3 000 g,感量0.1 g。

3)砂浴:能放入方盘的砂浴1个,砂深至少为25 mm。

4)加热砂浴的设备:1套;调土刀:刀片长100 mm,宽20 mm;方盘。

(3)试验步骤。

1)称称量盒质量m_1,精确至0.01 g。

2)取代表试样:称取试样30 g快速装入称量盒内,盖好盖子。

3)称湿稳定土和盒合质量m_2,精确至0.01 g。

4)取下盒盖,将盛有试样的称量盒放在正在加热的砂浴内,但需注意勿使砂浴温度太高。加热过程中,经常用调土刀搅拌试样,促使水分蒸发。

5)当加热一段时间(通常1 h)使试样干燥后,从砂浴中取出称量盒,盖上盒盖,并放置冷却。

6)称盒与干试样质量m_3,并精确至0.01 g。

7)计算同式(3.7)。

(4)结果整理同烘干法。

(五)无机结合料稳定类材料的击实试验

1. 适用范围

(1)本方法适用于不同级配形式和细、中、粗粒式水泥稳定材料(在水泥水化前)、石灰稳定材料及石灰(或水泥)粉煤灰稳定材料的击实试验,以确定其最佳含水率和最大干密度。

(2)试验集料的公称最大粒径宜控制在37.5 mm以内(方孔筛)。

(3)试验方法类别。本试验方法分三类,各类击实方法的主要参数见表3.10。

表3.10 试验方法类别表

| 类别 | 锤的质量/kg | 锤击面直径/mm | 落高/mm | 试筒尺寸 | | | 锤击层数 | 每层锤击次数 | 平均单位击实功/J | 容许最大公称粒径/mm |
				内径/mm	高/mm	容积/mm³				
甲	4.5	50	450	100	127	997	5	27	2.687	19.0

续表

类别	锤的质量/kg	锤击面直径/mm	落高/mm	试筒尺寸			锤击层数	每层锤击次数	平均单位击实功/J	容许最大公称粒径/mm
				内径/mm	高/mm	容积/mm³				
乙	4.5	50	450	152	170	2 177	5	59	2.687	19.0
丙	4.5	50	450	152	170	2 177	3	98	2.677	37.5

2. 仪器设备

(1)击实筒：小型，内径100 mm、高127 mm的金属圆筒，套环高50 mm，底座；大型，内径152 mm、高170 mm的金属圆筒，套环高50 mm，直径151 mm和高50 mm的筒内垫块，底座。

(2)电子天平：量程4 000 g，感量0.01 g。

(3)电子天平：量程15 kg，感量0.1 g。

(4)方孔筛：孔径53 mm、37.5 mm、26.5 mm、19 mm、4.75 mm、2.36 mm各1个。

(5)量筒：50 mL、100 mL、500 mL各1个。

(6)刮刀、脱模器、拌和工具、烘箱、称量盒、游标卡尺。

(7)多功能自控电动击实仪：击锤的底面直径50 mm，总质量4.5 kg。击锤在导管内的总行程为450 mm。可设置击实次数，并保证击锤自由垂直落下，落高应为450 mm，锤迹均匀分布于试样面。

3. 试验准备

(1)将具有代表性的风干试料(必要时，也可以在50 ℃烘箱内烘干)用木槌捣碎或用木碾碾碎。土团均应破碎到能通过4.75 mm的筛孔。但应注意不使粒料的单个颗粒破碎或使其破碎程度超过施工中拌和机械的破碎率。

(2)将已破碎的具有代表性的土过4.75 mm筛备用(用甲法或乙法做试验)。

(3)如试料中含有粒径大于4.75 mm的颗粒，则先将试料过19 mm筛；如存留19 mm筛上的颗粒的含量不超过10%，则过26.5 mm筛，留作备用(用甲法或乙法做试验)。

(4)如试料中粒径大于19 mm的颗粒含量超过10%，则将试料过37.5 mm筛；如果存留在37.5 mm筛上的颗粒的含量不超过10%，则过53 mm筛备用(用丙法试验)。

(5)每次筛分后，均应记录超尺寸颗粒的百分率P。

(6)在预定做击实试验的前一天，取有代表性的试料测定其风干含水率。对于细粒土，试样应不少于100 g；对于中粒土，试样应不少于1 000 g；对于粗粒土的各种集料，试样应不少于2 000 g。

(7)在试验前用游标卡尺准确测量试模内径、高和垫块的高，以计算试筒的容积。

4. 试验步骤(以水泥稳定材料为例)

(1)准备工作：在试验前应将试验所需的各种仪器设备准备齐全，测量设备应满足精度要求；调试击实仪器，检查其运转是否正常。

(2)甲法。

1)将已筛分的试样用四分法逐次分小,至最后取出 10~15 kg 试料。再用四分法将已取出的试料分成 5~6 份,每份试料的干质量为 2.0 kg(对于细粒材料)或 2.5 kg(对于各种中粒材料)。

2)预定 5~6 个不同含水率,依次相差 0.5%~1.5%,且其中至少有两个大于和两个小于最佳含水率。

3)按预定含水率制备试样。将 1 份试料平铺于金属盘内,将事先计算的该份试料中应加的水量均匀洒在试料上,用小铲将试料充分拌和到均匀状态(如为石灰稳定材料、石灰粉煤灰综合稳定材料、水泥粉煤灰综合稳定材料和水泥、石灰综合稳定材料,可将石灰、粉煤灰和试料一起拌匀),然后装入密闭容器或塑料口袋内浸润备用。浸润时间要求:黏质土 12~24 h,粉质土 6~8 h,砂类土、砂砾土、红土砂砾、级配砂砾等可以缩短到 4 h,含土很少的未筛分碎石、砂砾和砂可缩短到 2 h。浸润时间一般不超过 24 h。

应加水量按式(3.8)计算:

$$m_w = \left(\frac{m_n}{1+0.01w_n} + \frac{m_c}{1+0.01w_c}\right) \times 0.01w - \frac{m_n}{1+0.01w_n} \times 0.01w_n - \frac{m_c}{1+0.01w_c} \times 0.01w_c$$

(3.8)

式中　m_w——混合料中应加的水量(g);

　　　w——要求达到的混合料的含水率(%);

　　　m_n——混合料中素土(或集料)的质量(g),其原始含水率为 w_n,即风干含水率(%);

　　　m_c——混合料中水泥或石灰的质量(g),其原始含水率为 w_c(%)。

4)将所需要的稳定剂水泥加入浸润后的试样中,并用小铲、泥刀或其他工具充分拌和到均匀状态。水泥应在土样击实前逐个加入。加有水泥的试样拌和后,应在 1 h 内完成下述击实试验。拌和后超过 1 h 的试样,应予作废(石灰、石灰粉煤灰稳定材料除外)。

5)试筒套环与击实底板应紧密。将击实筒放在坚实的地面上,取四分法制备好的试样 400~500 g(其量应使击实后的试样等于或略高于筒高的 1/5)倒入筒内,整平其表面并稍加压紧,然后将其安装到多功能自控电动击实仪上,设定所需锤击次数,进行第 1 层试样击实。击实后用刮刀将已击实层表面"拉毛",然后重复上述做法,进行其余 4 层试样的击实。最后一层试样击实后,试样超出筒顶的高度不得大于 6 mm,超出高度过大的试件应该作废。

6)用刮刀沿套环内壁削挖(试样与套环脱离)后,扭动并取下套环。齐筒顶细心刮平试样,并拆除底板。如试样底面略凸出筒外或有孔洞,则应细心刮平或修补。擦净试筒外壁,称其质量 m_1。

7)用脱模器推出筒内试样。从试样内部从上至下取两个有代表性的样品,测定其含水率,计算至 0.1%。两个试样的含水率的差值不得大于 1%。所取样品质量见表 3.11。擦净试筒,称其质量 m_2。烘箱温度应事先调整到 110 ℃左右,以使放入的试样能立即在 105~110 ℃的温度下烘干。

8)按步骤 3)~7)进行其余含水率下稳定材料的击实和测定工作。凡已用过的试样,一律不得重复使用。

表 3.11 测稳定材料含水率的样品质量

公称最大粒径/mm	样品质量/g
2.36	约 50
19	约 300
37.5	约 1 000

(3)乙法。在缺乏内径 10 cm 的试筒时,以及在需要与承载比等试验结合起来进行时,采用乙法进行击实试验。本法更适宜公称最大粒径达 19 mm 的集料。

1)将已过筛的试料用四分法逐次分小,至最后取出约 30 kg 试料。再用四分法将所取的试料分成 5~6 份,每份试料的干质量约为 4.4 kg(细粒土)或 5.5 kg(中粒土)。

2)以下各步的做法与甲法 2)~8)步相同。但应该先将垫块放入筒内底板上,然后加料击实。所不同的是,每层需取制备好的试样 900 g(对于水泥或石灰稳定细粒土)或 1 100 g(对于稳定中粒土),每层的锤击次数为 59 次。

(4)丙法。

1)将已过筛的试料用四分法逐次分小,至最后取约 33 kg 试料。再用四分法将所取的试料分成 6 份(至少要 5 份),每份质量约 5.5 kg(风干质量)。

2)预定 5~6 个不同含水率,依次相差 0.5%~1.5%。在估计最佳含水率左右可只差 0.5%~1%。

3)同甲法步骤 3)。

应加水量同式(3.8)。

4)同甲法步骤 4)。

5)将试筒、套筒、套环与夯击底板紧密联结在一起,并将垫块放在筒内底板上。击实筒应放在坚实地面上,取制备好的试样 1.8 kg 左右[其量应使击实后的试样略高于(高出 1~2 mm)筒高的 1/3]倒入筒内,平整其表面,并稍加压紧。然后将其安装到多功能自控电动击实仪上,设定所需锤击次数,进行第一层试样击实。击实后用刮刀"拉毛",然后重复上述做法,进行其余两试样的击实。最后一层试样击实后,试样超出试筒顶的高度不得大于 6 mm。超出高度过大的试件应该作废。

6)用刮刀沿套环内壁削挖(使试样与套环脱离),扭动并取下套环。齐筒顶细心刮平试样,并拆除底板,取走垫块。擦净试筒的外壁,称其质量 m_1。

7)用脱模器推出筒内试样。从试样内部从上至下取两个有代表性的样品(可将脱出试件用锤打碎后,用四分法采取),测定其含水率,计算至 0.1%。两个试样的含水率的差值不得大于 1%。所取样品数量应不少于 700 g,如只取一个样品测定含水率,则样品数量应不少于 1 400 g。烘箱的温度应事先加热到 110 ℃ 左右,以使放入的试样能立即在 105~110 ℃ 的温度下烘干。擦净试筒,称其质量 m_2。

8)按步骤 3)~7)进行其余含水率下稳定材料的击实和测定。凡已用过的试料,一律不再重复使用。

(5)计算。

1)稳定材料湿密度计算。按式(3.9)计算每次击实后稳定材料的湿密度。

$$\rho_w = \frac{m_1 - m_2}{V} \tag{3.9}$$

式中 ρ_w——稳定材料的湿密度(g/cm^3);
m_1——试筒与湿试料的总质量(g);
m_2——试筒的质量(g);
V——试筒的容积(cm^3)。

2)稳定材料干密度计算。按式(3.10)计算每次击实后稳定材料的干密度。

$$\rho_d = \frac{\rho_w}{1 + 0.01w} \tag{3.10}$$

式中 ρ_d——稳定材料的干密度(g/cm^3);
ρ_w——稳定材料的湿密度(g/cm^3);
w——稳定材料的含水率(%)。

3)制图。

①以干密度为纵坐标、含水率为横坐标,绘制干密度—含水率关系曲线。曲线必须为凸形的,如试验点不足以连成完整的驼峰形曲线,则应该进行补充试验。

②将试验各点采用二次曲线方法拟合曲线,曲线的峰值点对应的含水率及干密度即为最佳含水率和最大干密度。

4)超尺寸颗粒的校正。当试样中大于规定最大粒径的超尺寸颗粒的含量为5%~30%时,可以按下列各式对试验所得最大干密度和最佳含水率进行校正(超尺寸颗粒的含量小于5%时,可以不进行校正)。

①最大干密度按式(3.11)校正。

$$\rho'_{dm} = \rho_{dm}(1 - 0.01p) + 0.9 \times 0.01pG'_a \tag{3.11}$$

式中 ρ'_{dm}——校正后的最大干密度(g/cm^3);
ρ_{dm}——试验后所得最大干密度(g/cm^3);
p——试样中超尺寸颗粒的百分率(%);
G'_a——超尺寸颗粒的毛体积相对密度。

②最佳含水率按式(3.12)校正。

$$w'_0 = w_0(1 - 0.1p) + 0.01pw_a \tag{3.12}$$

式中 w'_0——校正后的最佳含水率(%);
w_0——试验后所得最佳含水率(%);
p——试样中超尺寸颗粒的百分率(%);
w_a——超尺寸颗粒的吸水率(%)。

5)结果整理。

①应做两次平行试验,取两次试验的平均值作为最大干密度和最佳含水率。两次重复性试验最大干密度的差不应该超过 0.05 g/cm^3(稳定细粒土)和 0.08 g/cm^3(稳定中粒土和粗粒土),最佳含水率的差不应超过 0.5%(最佳含水率小于10%)和 1.0%(最佳含水率大于10%)。超过上述规定值,应重做试验,直到满足精度要求。

②混合料密度计算应保留小数点后三位有效数字,含水率应保留小数点后一位有效数字。

(六)无机结合料稳定类材料的无侧限抗压强度试验(圆柱形试件)

1. 目的和适用范围

本试验适用于测定无机结合料稳定材料的无侧限抗压强度、间接抗拉强度、室内抗压回弹模量、动态模量和劈裂模量等。

2. 仪器设备

(1)方孔筛:孔径53 mm、37.5 mm、31.5 mm、26.5 mm、4.75 mm和2.36 mm的筛各1个。

(2)试模:细粒土,试模的直径×高=50 mm×50 mm;中粒土,试模的直径×高=100 mm×100 mm;粗粒土,试模的直径×高=150 mm×150 mm。适用于不同土的试模尺寸如图3.4所示。

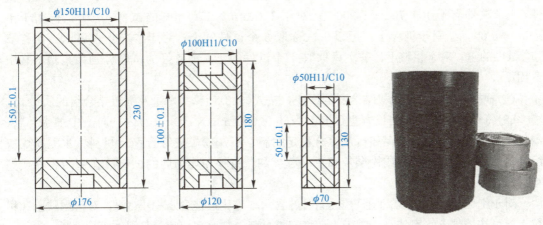

图3.4 圆柱形试件和垫块设计尺寸(单位:mm)

(3)电动脱模器;反力架(反力为400 kN以上);液压千斤顶(200~1 000 kN)。

(4)钢板尺(量程200 mm或300 mm,最小刻度1 mm);游标卡尺(量程200 mm或300 mm)。

(5)电子天平(量程15 kg,感量0.1 g;量程4 000 g,感量0.01 g);压力试验机(可替代千斤顶和反力架,量程不小于2 000 kN,行程、速度可调)。

(6)标准养护室、水槽。

3. 试验准备

(1)试件的径高比一般为1∶1,根据需要也可成型1∶1.5或1∶2的试件。试件的成型根据需要的压实度水平,按照体积标准,采用静力压实法制备。

(2)将具有代表性的风干试料(必要时,可以在50 ℃烘箱内烘干),用木槌和木碾捣碎,但应避免破坏料粒的原粒径。按照公称最大粒径的大一级筛,将土过筛并进行分类。

(3)在预定做试验的前一天,取有代表性的试料测定其风干含水率。对于细粒土试样不应少于100 g;对于中粒土试样不应少于1 000 g;对于粗粒土试样不应少于2 000 g。

(4)按照无机结合料稳定材料击实试验方法确定无机结合料稳定材料的最佳含水率和最大干密度。

4. 试件制备

（1）调试成型所需要的各种设备，检查设备是否运行正常；将成型的模具擦拭干净，并涂抹机油。成型中粗粒土时，试模筒的数量与每组试件的个数相配套。上下垫块应与试模筒相配套，上下垫块完全放入试筒后，试筒内上下自由移动（上下垫块直径比试筒内径小约 0.2 mm）且上下垫块完全放入试筒后，试筒内未被上下垫块占用的空间体积能满足径高比 1∶1 的设计要求。试件的成型根据需要的压实度水平，按照体积标准，采用静力压实法制备。

（2）对于无机结合料稳定细粒土，至少应制备 6 个试件；对于无机结合料稳定中粒土和粗粒土，至少应分别制备 9 个和 13 个试件。

（3）根据击实结果，称取一定数量的风干土，并计算干土的质量，其数量随试件大小而变。对 50 mm×50 mm 的试件，1 个试件需干土 180～210 g；对于 100 mm×100 mm 的试件，1 个试件需干土 1 700～1 900 g；对于 150 mm×150 mm 的试件，1 个试件需干土 5 700～6 000 g。对于细粒土，可以一次称取 6 个试件的土；对于中粒土，可以一次称取 1 个试件的土；对于粗粒土，一次只称取 1 个试件的土。准备好的试料分别装入塑料袋中备用。

（4）根据击实结果和无机结合料的配比，按式（3.8）计算加水量及无机结合料的质量。

（5）将称好的土样放在长方盘（约 400 mm×600 mm×700 mm）内。向土中加水拌料、闷料。石灰稳定材料、水泥和石灰综合稳定材料、石灰粉煤灰综合稳定材料、水泥粉煤灰综合稳定材料，可将石灰或粉煤灰和土一起拌和，将拌和均匀后的试料放在密闭容器或塑料袋（封口）内浸润备用。

对于细粒土（特别是黏性土），浸润时的含水率应比最佳含水率小 3%；对于中粒土和粗粒土，可按最佳含水率加水；对于水泥稳定类材料，加水率应比最佳含水率小 1%～2%。

浸润时间要求：黏质土 12～24 h，粉质土 6～8 h，砂类土、砂砾土、红土砂砾、级配砂砾等可以缩短到 4 h 左右，含土很少的未筛分碎石、砂砾及砂可以缩短到 2 h。浸润时间一般不超过 24 h。

（6）在试件成型前 1 h 内，加入预定数量的水泥拌和均匀。在拌和过程中，应将预留的水加入土中，使混合料的含水率达到最佳含水率，拌和均匀的加有水泥的混合料应在 1 h 内按下述方法制成试件，超过 1 h 的混合料应该作废，其他结合料稳定土，混合料虽不受此限制，但也应尽快制成试件。

（7）用反力架和液压千斤顶，或采用压力试验机制件。将试模配套的下垫块放入试模的下部，但外露 2 cm 左右。将称量的规定质量 m_1(g) 的稳定土混合料分 2～3 次灌入试模中（用漏斗），每次灌入后用夯棒轻轻均匀插实。如制取 ϕ 50 mm × 50 mm 的小试件，则可以将混合料一次倒入试模中，然后将上垫块放入试模内，应使其也外露 2 cm 左右（即上、下垫块露出试模外的部分应该相等）。

（8）将整个试模（连同上、下垫块）放到反力架内的千斤顶上或压力机上，以 1 mm/min 的加载速率加压，直到上下压柱都压入试模为止。维持压力 2 min。

（9）解除压力后，取下试模，并放到脱模器上将试件顶出。用水泥稳定有黏结性的材料（如黏质土）时，制件后可立即脱模；水泥稳定无黏结性细粒土时，宜过 2～4 h 再脱模，对于中、粗粒土的无机结合料稳定材料，宜过 2～6 h 脱模。

(10)在脱模器上取试件时，应用双手抱住试件侧面的中下部，然后沿水平方向轻轻旋转，待感觉试件移动后，再将试件轻轻捧起，放至试验台上。切勿直接将试件向上捧起。

(11)称试件的质量 m_2，小试件、中试件精确至 0.01 g；大试件精确到 0.1 g。然后用游标卡尺测量试件的高度 h，精确至 0.1 mm。检查试件的高度和质量，不满足成型标准的试件作废。

(12)试件称量后应立即放在塑料袋中封闭，并用潮湿的毛巾覆盖，移放至养生室。

5. 计算

单个试件的标准质量：

$$m_0 = V \times \rho_{max} \times (1+w_{opt}) \times \gamma \tag{3.13}$$

考虑到试件成型过程中的质量损耗，实际操作过程中每个试件的质量可增加 0～2%，即

$$m_0' = m_0 \times (1+\delta) \tag{3.14}$$

每个试件的干料(包括干土和无机结合料)总质量：

$$m_1 = \frac{m_0'}{1+w_{opt}} \tag{3.15}$$

每个试件中的无机结合料质量：

$$外掺法：m_2 = m_1 \times \frac{\alpha}{1+\alpha} \tag{3.16}$$

$$内掺法：m_2 = m_1 \times \alpha \tag{3.17}$$

每个试件中的干土质量：

$$m_3 = m_1 - m_2 \tag{3.18}$$

每个试件的加水量：

$$m_w = (m_2 + m_3) \times m_{opt} \tag{3.19}$$

验算：

$$m_0' = m_2 + m_3 + m_w \tag{3.20}$$

式中　V——试件体积(cm^3)；

　　　w_{opt}——混合料最佳含水率(%)；

　　　ρ_{max}——混合料最大干密度(g/cm^3)；

　　　γ——混合料压实度标准(%)；

　　　m_0、m_0'——混合料质量(g)；

　　　m_1——干混合料质量(g)；

　　　m_2——无机结合料质量(g)；

　　　m_3——干土质量(g)；

　　　δ——计算混合料质量的冗余量(%)；

　　　α——无机结合料的掺量(%)；

　　　m_w——加水质量(g)。

6. 结果整理

(1)小试件的高度误差范围应为 $-0.1\sim0.1$ cm,中试件的高度误差范围应为 $-0.1\sim0.15$ cm,大试件的高度误差范围应为 $-0.1\sim0.2$ cm。

(2)质量损失:小试件应不超过标准质量 5 g,中试件应不超过 25 g,大试件不超过 50 g。

7. 无机结合料稳定类材料的无侧限抗压强度的试件养生

(1)试件从试模内脱出并量高称质量后,中试件和大试件应装入塑料袋内。试件装入塑料袋后,将袋内空气排除干净,扎紧袋口,将包好的试件放入养护室。

(2)标准养生的温度为 20 ℃±2 ℃,标准养生的湿度不小于 95%。试件宜放在铁架或木架上,间距为 10~20 mm。试件表面应保持一层水膜,并避免水直接冲淋。

(3)标准养生期是 7 d,最后一天浸水。在养生期的最后一天,将试件取出,观察试件的边角有无磨损和缺块,并量高称质量,然后将试件浸泡于 20 ℃±2 ℃ 的水中,应使水面在试件顶上约 2.5 cm。

(4)如养生期间有明显的边角缺损,则试件作废。

(5)在养生期间,试件质量损失应符合下列规定:小试件不超过 1 g;中试件不超过 4 g;大试件不超过 10 g。质量损失超过此规定的试件,应予作废。

8. 无机结合料稳定类材料的无侧限抗压强度的试验

(1)根据试验材料的类型和一般的工程经验,选择合适量程的压力机和测力计,试件破坏荷载应大于测力量程的 20% 且小于测力量程的 80%。球形支座和上下顶板涂上机油,使球形支座能够灵活转动。

(2)将浸水一昼夜的试件从水中取出,用软布吸去试件表面的水分,并称试件的质量 m_4。

(3)用游标卡尺测量试件的高度 h,精确至 0.1 mm。

(4)将试件放在压力机或路面强度试验仪上,并在升降台上先放一扁球座,进行抗压试验。试验过程中,应保持加载速率为 1 mm/min。记录试件破坏时的最大压力 P(N)。

(5)从试件内部取代表性样品,测定其含水率 w。

(6)计算:

试件的无侧限抗压强度按式(3.21)计算

$$R_C = \frac{P}{A} \tag{3.21}$$

式中 R_C——试件的无侧限抗压强度(MPa);

P——试件破坏时的最大压力(N);

A——试件的截面面积(mm^2);$A = \frac{1}{4}\pi D^2$;

D——试件的直径(mm)。

(7)结果整理。

1)抗压强度保留一位小数。

2)同一组试件试验中,采用 3 倍均方差方法剔除异常值,小试件可以允许有 1 个异常值,中试件可以允许有1~2个异常值,大试件可以允许有2~3个异常值。异常值数量超过上述规定的试验重做。

3)同一组试验的变异系数C_V(%)符合下列规定,方为有效试验。

小试件C_V≤6%;中试件C_V≤10%;大试件C_V≤15%。如不能保证试验结果的变异系数小于规定的值,则应按允许误差10%和90%概率重新计算所需的试件数量,增加试件数量并另做新试验。新试验结果与老试验结果一并重新进行统计评定,直到变异系数满足上述规定为止。

(8)检测频率与强度评定。在现场按规定频率取样,按工地预定达到的压实度制备试件。每2 000 m²或每工作班制备1组试件;不论稳定细粒土、中粒土或粗粒土,当多次偏差系数C_V≤10%时,可为6个试件;C_V=10%~15%,可为9个试件;C_V>15%,则需13个试件。

试件的平均强度R应满足式(3.1)的要求,评定路段内半刚性材料强度评为不合格时,相应分项工程为不合格。

学习参考

半刚性基层(底基层)无侧限抗压强度试验记录表

编号:WJ—503—2024050603　　　　　　　　　　　　施工单位:×××公司

项目名称		××高速公路改扩建工程路面综合二合同		结构层名称:水稳级配碎石基层			试验单位	×××合同段工地试验室	
设计强度 3.0 MPa		材料组成		1—3碎石、1—2碎石、石屑、水泥		配合比	10:20:70:5	水泥种类、强度等级	矿渣硅酸盐水泥 32.5
最大干密度2.222 g·cm⁻³			最佳含水率5.8%			成型压实度	98%	成型日期	2024年5月6日
成型试件	试件编号	1	2	3	4	5	6	7	8	9	
	质量/g	6 112	6 109	6 114	6 116	6 108	6 118	6 111	6 117	6 113	均方差σ=0.32
	高/mm	149.2	150.4	149.8	148.9	149.6	148.5	150.7	148.3	148.1	
	湿密度/(g·cm⁻³)	2.318	2.299	2.310	2.324	2.311	2.331	2.295	2.334	2.336	偏差系数 $C=\dfrac{\sigma}{R}=0.068$
	含水率/%	5.7	5.8	5.6	5.7	5.5	5.7	5.9	5.7	5.6	
	干密度/(g·cm⁻³)	2.193	2.173	2.188	2.199	2.191	2.203	2.167	2.208	2.212	
	浸水前试件质量m_3/g	6 109	6 104	6 110	6 114	6 102	6 115	6 104	6 113	6 112	强度判断式: $\overline{R} \geq \dfrac{R_{设}}{1-Z_aC_V}$ 4.7>3.4
	浸水后试件质量m_4/g	6 173	6 173	6 172	6 172	6 169	6 172	6 165	6 183	6 172	
	吸水量/g $V=m_4-m_3$	64	69	62	58	67	57	61	70	60	

续表

浸水试件	试件高/mm	149.2	150.4	149.8	148.9	149.6	148.5	150.7	148.3	148.1	强度判断式：$\overline{R} \geqslant \dfrac{R_{设}}{1-Z_a C_V}$ 4.7＞3.4
	湿密度/(g·cm^{-3})	2.341	2.323	2.332	2.346	2.334	2.352	2.315	2.359	2.358	
	含水率/%	7.1	6.9	7.2	7.1	7.0	7.3	7.2	7.1	7.0	
	干密度/(g·cm^{-3})	2.186	2.173	2.175	2.190	2.181	2.192	2.160	2.203	2.204	
无侧限抗压强度	试件面积/mm^2	17 671	17 671	17 671	17 671	17 671	17 671	17 671	17 671	17 671	
	破坏荷载/kN	82.5	79.5	88.5	77.5	87.0	85.0	77.0	75.0	91.0	
	破坏强度/MPa	4.7	4.5	5.0	4.4	5.0	4.8	4.4	4.3	5.2	
	平均强度/MPa					4.7					
试验	记录			计算			复核			质检负责人	

无侧限抗压强度试验报告

工程名称：××高速公路改扩建工程路面综合二合同　　　　工程部位：K54＋220－320 右幅基层

承包单位	辽宁××公路工程有限责任公司	委托单位	辽宁××公路工程有限责任公司	委托编号	WJ-503-2024050603
施工单位	××公司	监理单位	××公路工程监理有限责任公司	试验者	×××
试验单位	×××合同段工地试验室	试验规程	JTG 3441—2024	校核者	×××
分项工程	路面底基层	试样描述	试件表面平整	报告日期	2024 年 5 月 13 日
取样地点	拌和站	公路等级	高速公路	试件类型及制作方法	大试件、静压法	水泥强度等级	32.5
试样名称	无侧限试件	设计强度/MPa	3.0	最佳含水率/%	5.8	成型时间	2024—5—6
工程部位	见结论	试件尺寸/cm	15×15	最大干密度/(g·cm^{-3})	2.222	试验时间	2024—5—13
结构层名称	基层	混合料名称	5%水泥稳定碎石	成型压实度/%	98	龄期/d	7

试件编号	养生前质量/g	成型试件				浸水前试件质量/g	浸水后试件质量/g	吸水量/g	浸水试件			抗压强度		
		高度/cm	湿密度/(g·cm^{-3})	含水率/%	干密度/(g·cm^{-3})				高度/cm	湿密度/(g·cm^{-3})	含水率/%	干密度/(g·cm^{-3})	试压面积/mm^2	破坏荷载/kN	抗压强度/MPa
1									15				17 671.46	80.0	4.5
2									15				17 671.46	81.5	4.6

项目三　路面工程试验与检测

续表

试件编号	养生前质量/g	成型试件			浸水前试件质量/g	浸水后试件质量/g	吸水量/g	浸水试件			抗压强度		
		高度/cm	湿密度/(g·cm^{-3})	含水率/%	干密度/(g·cm^{-3})				高度/cm	湿密度/(g·cm^{-3})	含水率/%	干密度/(g·cm^{-3})	试压面积/mm²	破坏荷载/kN	抗压强度/MPa
3									15				17 671.46	76.0	4.3
4									15				17 671.46	77.5	4.4
5									15				17 671.46	83.0	4.7
6									15				17 671.46	78.0	4.4
7									15				17 671.46	85.0	4.8
8									15				17 671.46	82.5	4.7
9									15				17 671.46	88.0	5.0
试件个数	9	平均值 $\bar{R}$/MPa		4.6	标准差 σ		0.22	偏差系数 C_V/%		4.8	$R_设/(1-Z_aC_V)$				3.4
结论： $\bar{R} \geqslant R_设/(1-Z_aC_V)$					符合设计及规范要求										
试验：		计算：			复核：			质检负责人：			项目主管：				

学习思考

1. 水泥稳定土用作底基层时，单个颗粒的最大粒径不应超过_____ mm。
2. 水泥稳定土用作基层时，对所用的碎石或砾石，应预先筛分成_____个不同粒级。
3. 高速公路和一级公路，水泥稳定土基层中碎石或砾石的压碎值不大于_____。
4. 有机质含量超过2%的土，必须先用_____进行处理。
5. 硫酸盐含量超过0.25%的土，不应用_____稳定。
6. EDTA滴定法需制备_____、_____、_____、_____四种试剂 。
7. 水泥稳定材料中，水泥的含水率为_____。
8. 悬浮液中加入1.8%氢氧化钠溶液后其pH值为_____。
9. 无侧限抗压强度试件养生，标准养生的温度为_____，标准养生的湿度为_____。
10. 粉煤灰中SiO_2、Al_2O_3和Fe_2O_3的总含量应大于_____，烧失量不应超过_____。
11. 无侧限抗压强度圆模的径高比为_____。
12. 水泥稳定试件成型在加水泥拌和_____时间完成击实试验。
13. EDTA滴定法快速测定石灰土中石灰剂量试验中，钙红指示剂加入石灰土和氯化铵反应中，溶液呈_____色。
14. 无机结合料稳定材料无侧限抗压强度试验中，对试件施压速度是_____。
15. 无机结合料稳定材料无侧限抗压试件在养护期间，中试件水分损失不应超过_____。
16. 水泥稳定碎石采用集中厂拌法施工时，实际采用的水泥剂量可以比设计时确定的剂量_____。

任务二　路面面层室内材料试验检测

学习情境

作为检测人员，在路面施工中首先要把好材料进场关，从源头上控制工程质量。根据设计文件和图纸要求选择合格的原材料，进行配合比设计。对于确定的原材料(粗集料、细集料、填料、沥青、添加剂)进场时按批次和规定的检验项目进行检验，杜绝不合格材料进场。对于不同料源的材料需要分开堆放，分别进行配合比设计。

学习目标

1. 路面原材料检测项目及要求。
2. 沥青混合料配合比设计(马歇尔法)。
3. 路面原材料检测。

学习要求

掌握路面所需原材料检测项目及要求；掌握沥青混合料配合比设计；掌握原材料室内检测。

沥青混合料路用性能

沥青混合料组成材料的技术要求

学习引导

一、路面原材料检测项目及要求

(一)路面原材料试验检测项目

(1)粗集料试验检测项目：颗粒组成、压碎值、表观相对密度、针片状含量、小于 0.075 mm 颗粒的含量、对沥青的黏附性、吸水率、洛杉矶磨耗、坚固性、石料磨光值、冲击值、软石含量、堆积密度(松装)。

(2)细集料试验检测项目：颗粒组成、砂当量、表观相对密度、小于 0.075 mm 颗粒的含量、棱角性(流动时间)。

(3)矿粉试验检测项目：表观密度、含水率、粒度组成、亲水系数、外观(有无结团)、塑性指数、加热安定性。

(4)沥青试验检测项目：针入度、软化点、延度(石油沥青标明多少度延度)、闪点、含蜡量、密度(15 ℃)、溶解度、沥青薄膜加热试验、乳化沥青标准黏度、沥青含量、蒸发残留物含量(改性乳化沥青)、蒸发残留针入度(改性乳化沥青)、蒸发残留软化点(改性乳化沥青)、蒸发残留延度(改性乳化沥青)。

(5)沥青混合料试验检测项目：外观(随时观测、观察集料粗细、均匀性、离析、油石比、色泽、冒烟、有无花白料、油团等各种现象)、混合料温度(出厂、摊铺碾压)、矿料级配、沥青用量(油石比)、马歇尔稳定度(残留稳定度)、车辙、生产配合比验证、抽提。

(二)路面原材料选取及技术要求

1. 粗集料

粗集料应该是洁净、干燥、表面粗糙、形状接近立方体,且无风化、不含杂质,并具有足够的强度、耐磨耗性。粗集料的质量应符合表 3.12 的要求。可采用碎石、破碎砾石、筛选砾石、矿渣等。用于高速公路、一级公路、城市快速公路、主干路沥青路面表层的粗集料应选用坚硬、耐磨、抗冲击性好的碎石或破碎砾石,不得使用筛选砾石、矿渣及软质集料,该类粗集料应符合表 3.13 对磨光值和黏附性的要求。当坚硬石料来源缺乏时,允许掺加一定比例较小粒径的普通粗集料,掺加比例根据试验确定。在以骨架原则设计的沥青混合料中不得掺加其他粗集料。破碎砾石应采用粒径大于 50 mm 的颗粒轧制,破碎前必须清洗,含泥量不大于 1%。粗集料与沥青的黏附性要求:在高速公路、一级公路、城市快速路和主干沥青路面中,需要使用坚硬的粗集料,当用花岗石、石英岩等酸性岩石轧制的粗集料时,若达不到表 3.13 对粗集料与沥青黏附性等级的要求时,必须采取抗剥落措施。工程中常用的抗剥落方法包括使用高黏度沥青;在沥青中掺加抗剥落剂;用干燥的生石灰、消石灰粉或水泥作为填料的一部分,其用量已为矿料总量的 1%~2%;将粗集料用石灰浆处理后使用。粗集料的粒径规格应按照表 3.14 进行生产和使用。如某一档粗集料不符合表 3.14 的规格,但确认与其他集料组配后的合成级配符合设计级配的要求时,也可以使用。

表 3.12　沥青混合料用粗集料质量技术要求

指标	单位	高速公路及一级公路		其他等级公路
		表面层	其他层次	
石料压碎值,不大于	%	26	28	30
洛杉矶磨耗值,不大于	%	28	30	35
表观相对密度,不小于	t/m³	2.60	2.50	2.45
吸水率,不大于	%	2.0	3.0	3.0
坚固性,不大于	%	12	12	—
针片状颗粒含量(混合料),不大于	%	15	18	20
其中粒径大于 9.5 mm,不大于	%	12	15	
其中粒径小于 9.5 mm,不大于	%	18	20	
水洗法<0.075 mm 颗粒含量,不大于	%	1	1	1
软石含量,不大于	%	3	5	5

注:①坚固性试验可根据需要进行。
　　②用于高速公路、一级公路时,多孔玄武岩的视密度可放宽至 2.45 t/m³,吸水率可放宽至 3%,但必须得到建设单位的批准,且不得用于 SMA 路面。
　　③对 S14 即 3~5 规格的粗集料,针片状颗粒含量可不予要求,粒径 0.075 mm 的颗粒含量可放宽到 3%。

表 3.13　粗集料与沥青的黏附性、磨光值的技术要求

雨量气候区	1(潮湿区)	2(湿润区)	3(半干区)	4(干旱区)
年降雨量/mm	>1 000	500～1 000	250～500	<250
粗集料的磨光值 PSV，不小于高速公路、一级公路表面层	42	40	38	36
粗集料与沥青的黏附性，不小于高速公路、一级公路表面层	5	4	4	3
粗集料与沥青的黏附性，不小于高速公路、一级公路的其他层次及其他等级公路的各个层次	4	4	3	3

表 3.14　沥青混合料用粗集料规格

规格名称	公称粒径/mm	通过下列筛孔/mm 的质量百分率/%												
		106	75	63	53	37.5	31.5	26.5	19	13.2	9.5	4.75	2.36	0.6
S1	40～75	100	90～100	—	—	0～15	—	0～5						
S2	40～60		100	90～100	—	0～15	—	0～5						
S3	30～60		100	90～100	—	—	0～15	—	0～5					
S4	25～50			100	90～100	—	—	0～15	—	0～5				
S5	20～40				100	90～100	—	—	0～15	—	0～5			
S6	15～30					100	90～100	—	—	0～15	—	0～5		
S7	10～30					100	90～100	—	—	—	0～15	—	0～5	
S8	10～25						100	90～100	—	—	0～15	—	0～5	
S9	10～20							100	90～100	—	0～15	—	0～5	
S10	10～15								100	90～100	0～15	—	0～5	
S11	5～15								100	90～100	40～70	0～15	0～5	
S12	5～10									100	90～100	0～15	0～5	
S13	3～10									100	90～100	40～70	0～20	0～5
S14	3～5										100	90～100	0～15	0～3

2. 细集料

细集料应洁净、干燥、无风化、不含杂质，并有适当的级配范围的天然砂、机制砂或石屑。其物理力学指标要求见表 3.15。并与沥青有良好的黏结能力，在高速公路、一级公路、城市快速路、主干路沥青面层用沥青黏结性能差的天然砂或用花岗石、石英岩等酸性岩石破碎的人工砂及石屑时，应采取前述粗集料的抗剥离措施对细集料进行处理。天然砂宜采用河砂或海砂，当使用山砂时应经过清洗。天然砂的规格应符合表 3.16 的规定，经筛洗法测定的砂中小于 0.075 mm 颗粒含量对于高速公路、一级公路、城市快速路、主干路

不得大于3%；对于其他等级道路不得大于5%。石屑是轧制粗集料时的边角余料并通过4.75 mm或2.36 mm的部分，强度一般较低，针片状含量较高。所以，在生产石屑的过程中应特别注意，避免山体覆盖层或夹层的泥土混入石屑。石屑规格应符合表3.17的要求。不得使用泥土、细粉、细薄碎片颗粒含量高的石屑，砂当量应符合表3.15的要求。对于高速公路、一级公路、城市快速路、主干路，应将石屑加工成S14（3～5 mm）和S16（0～3 mm）两档使用，在细集料中石屑含量不宜超过总量的50%。填料最好采用石灰岩或岩浆岩中的强基性岩石等憎水性石料经磨细得到的矿粉，生产矿粉的原石料中泥土杂质应清除。矿粉要求干燥、洁净，能自由地从石粉仓中流出，其质量应符合表3.18的要求。在拌和厂采用干法除尘回收的粉尘可以代替一部分矿粉的使用，湿法除尘的应经过干燥粉碎处理，且不得含有杂质。用量不得超过填料总量的25%，塑性指数不得大于4%，其余质量要求与矿粉相同。粉煤灰作为填料时，用量不能超过填料总量的50%且烧失量应小于12%，与矿粉混合后的塑性指数应小于4%，其余质量要求与矿粉相同。高速公路、一级公路和城市快速路、主干路不宜采用粉煤灰作为填料。

表3.15 沥青混合料用细集料质量要求

项目	单位	高速公路、一级公路	其他等级公路
表观相对密度，不小于	t/m³	2.50	2.45
坚固性（>0.3 mm部分），不小于	%	12	—
含泥量（小于0.075 mm的含量），不大于	%	3	5
砂当量，不小于	%	60	50
亚甲蓝值，不大于	g/kg	25	—
棱角性（流动时间），不小于	s	30	—
注：坚固性试验可根据需要进行			

表3.16 沥青混合料用天然砂规格

筛孔尺寸/mm	通过各孔筛的质量百分率/%		
	粗砂	中砂	细砂
9.5	100	100	100
4.75	90～100	90～100	90～100
2.36	65～95	75～90	85～100
1.18	35～65	50～90	75～100
0.6	15～30	30～60	60～84
0.3	5～20	8～30	15～45
0.15	0～10	0～10	0～10
0.075	0～5	0～5	0～5
注：当生产石屑采用喷水抑制扬尘工艺时，应特别注意含粉量不得超过表中要求			

表 3.17 沥青混合料用机制砂或石屑规格

规格	公称粒径/mm	水洗法通过各筛孔的质量百分率/%							
		9.5	4.75	2.36	1.18	0.6	0.3	0.15	0.075
S15	0～5	100	90～100	60～90	40～75	20～55	7～40	2～20	0～10
S16	0～3	—	100	80～100	50～80	25～60	8～45	0～25	0～15

表 3.18 沥青混合料用矿粉质量要求

项目		单位	高速公路、一级公路	其他等级公路
表观密度，不小于		t/m³	2.50	2.45
含水率，不大于		%	1	1
粗粒范围	<0.6 mm	%	100	100
	<0.15 mm	%	90～100	90～100
	<0.075 mm	%	75～100	70～100
外观		—	无团粒结块	
亲水系数		—	<1	
塑性指数		—	<4	
加热安定性		—	实测记录	

3. 沥青

沥青应根据气候条件和沥青混合料类型、道路等级、交通性质、路面类型、施工方法及当地使用经验等，经技术论证后确定(对于重载交通路段，高速公路实行渠化交通的路段，山区及丘陵区上坡路段，服务区、停车场等行车速度慢的路段，应选用稠度大的沥青。对于交通量小、公路等级低的路段可选用稠度略小的沥青)。石油沥青质量符合表 3.19 的要求，道路石油沥青按照气候分区和档次设定可划分为不同指标，具体适用范围见表 3.20。改性沥青可根据改性的目的选择改性剂。改性沥青评价方法除增加的弹性恢复、黏韧性和离析等外，其他沿用道路石油沥青的评价方法。改性沥青根据聚合物类型分为Ⅰ、Ⅱ、Ⅲ三类；按照软化点不同又将Ⅰ、Ⅲ类聚合物改性沥青分为 A、B、C、D 四个等级，将Ⅱ类聚合物改性沥青分为 A、B、C 三个等级，来适应不同的气候条件，改性沥青的使用条件应符合表 3.21 的要求。

表 3.19 石油沥青质量要求

指标	单位	等级	沥青标号						
			160 号	130 号	110 号	90 号	70 号	50 号	30 号
针入度(25 ℃, 5 s, 100 g)	d mm		140～200	120～140	100～120	80～100	60～80	40～60	20～40
适用的气候分区				2-1	2-2 2-3	1-1 1-2 2-2 2-3	1-3 1-4 2-2 2-3 2-4	1-4	
针入度指数 PI		A				−1.5～+1.0			
		B				−1.8～+1.0			

续表

指标	单位	等级	沥青标号						
			160号	130号	110号	90号	70号	50号	30号
软化点(R&B)不小于	℃	A	38	40	43	45	44	46	45	49	55
		B	36	39	42	43	42	44	43	46	53
		C	35	37	41	42		43		45	50
60℃动力黏度不小于	Pa·s	A	—	60	120	160	140	180	160	200	260
10℃延度不小于	cm	A	50	50	40	45 30 20	30 20	20 15	25 20 15	15	10
		B	30	30	30	30 20 15	20 15	15 10	20 15 10	10	8
15℃延度不小于	cm	A、B	100						80	50
		C	80	80	60	50		40		30	20
蜡含量(蒸馏法)不大于	%	A	2.2							
		B	3							
		C	4.5							
闪点不小于	℃		230			245		260			
溶解度不小于	%		99.5							
密度(15℃)	g/cm³		实测记录							
TFOT(或RTFOT)后										
质量变化不大于	%		±0.8							
残留针入度比不小于	%	A	48	54	55	57	61		63	65
		B	45	50	52	54	58		60	62
		C	40	45	48	50	54		58	60
残留延度(10℃)不小于	cm	A	12	12	10	8	6		4	—
		B	10	10	8	6	4		2	—
残留延度(15℃)不小于	cm	C	40	35	30	20	15		10	—

表3.20 道路石油沥青的适用范围

沥青等级	适用范围
A级沥青	各个等级的公路,适用于任何场合和层次
B级沥青	①高速公路、一级公路沥青下面层及以下的层次,二级及二级以下公路的各个层次;②用作改性沥青、乳化沥青、改性乳化沥青、稀释沥青的基质沥青
C级沥青	三级及三级以下公路的各个层次

表 3.21 聚合物改性沥青技术要求

指标	单位	SBS 类（Ⅰ类）				SBR 类（Ⅱ类）			EVA、PE 类（Ⅲ类）			
		Ⅰ-A	Ⅰ-B	Ⅰ-C	Ⅰ-D	Ⅱ-A	Ⅱ-B	Ⅱ-C	Ⅲ-A	Ⅲ-B	Ⅲ-C	Ⅲ-D
针入度 25 ℃，100 g，5 s	d mm	>100	80~100	60~80	30~60	>100	80~100	60~80	>80	60~80	40~60	30~40
针入度指数 PI，不小于		−1.2	−0.8	−0.4	0	−1.0	−0.8	−0.6	−1.0	−0.8	−0.6	−0.4
延度 5 ℃，5 cm/min 不小于	cm	50	40	30	20	60	50	40	—			
软化点 TR&B，不小于	℃	45	50	55	60	45	48	50	48	52	56	40
运动黏度 135 ℃，不大于	Pa·s	3										
闪点，不小于	℃	230				230			230			
溶解度，不小于	%	99				99			—			
弹性恢复 25 ℃，不小于	%	55	60	65	75							
黏韧性，不小于	N·m	—				5						
韧性，不小于	N·m					2.5						
离析，48 h，软化点差，不大于	℃	2.5				—			无改性剂明显析出、凝聚			
TFOT（或 RTFOT）后残留物												
质量变化，不大于	%	±1.0										
针入度比 25 ℃，不小于	%	50	55	60	65	50	55	60	50	55	58	60
延度 5 ℃，不小于	cm	30	25	20	15	30	20	10	—			

二、沥青混合料配合比设计（马歇尔法）

沥青混合料配合比设计包括目标配合比设计、生产配合比设计及生产配合比验证（试验路试铺阶段）三个阶段。后两个设计是在前一个设计基础上进行的，要借助施工单位的拌和、摊铺及碾压设备完成。通过三个阶段配合比设计的过程，可确定沥青混合料中组成材料的品种、矿质集料的级配和沥青用量。故在此着重介绍目标配合比设计的过程。

沥青混合料中矿质混合料组成设计

(一)目标配合比设计

目标配合比设计可分成两个步骤进行,即矿质混合料的组成设计和最佳沥青用量的确定。密级配的沥青混合料的目标配合比,采用马歇尔配比设计方法。其设计流程如图 3.5 所示。

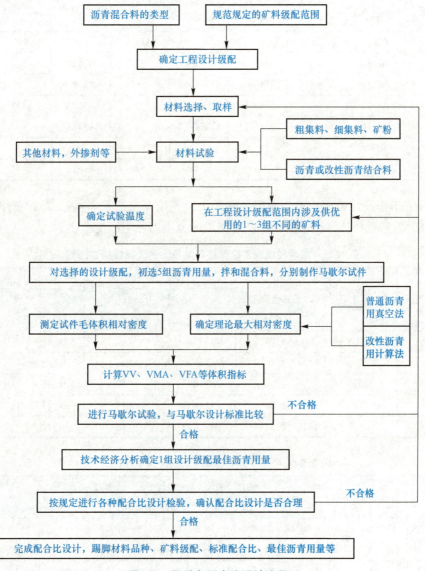

图 3.5 马歇尔配合比设计流程

1. 矿质混合料配合组成设计

矿质混合料配合组成设计的设计目的是选配一个具有足够密实度,并且有较高的内摩阻力的矿质混合料。通常用规范推荐的矿质混合料级配范围来确定。

(1)选择热拌沥青混合料类型。热拌沥青混合料适用于各种等级公路的沥青路面。其种类应考虑集料公称最大粒径、矿料级配、空隙率等因素进行选择,分类见表 3.22。

表 3.22　热拌沥青混合料种类

沥青混合料类型	密级配		密级配	开级配		半开级配	公称最大粒径/mm	最大粒径/mm
	连续级配		间断级配	间断级配		沥青稳定碎石		
	沥青混凝土	沥青稳定碎石	沥青玛琋脂碎石	排水式沥青磨耗层	排水式沥青碎石层			
粗粒式	AC-25	ATB-25	—	—	ATPB-25	—	26.5	31.5
中粒式	AC-20	—	SMA-20	—	—	AM-20	19.0	26.5
	AC-16	—	SMA-16	OGFC-16	—	AM-16	16.0	19.0
细粒式	AC-13	—	SMA-13	OGFC-13	—	AM-13	13.2	16.0
	AC-10	—	SMA-10	OGFC-10	—	AM-10	9.5	13.2
砂粒式	AC-5	—	—	—	—	AM-5	4.75	9.5
设计空隙率/%	3～5	3～4	3～4	>18	>18	6～12	—	—

(2)确定工程设计级配范围。根据公路等级、气候及交通条件按表 3.23 选择采用粗型(C 型)或细型(F 型)混合料,并在表 3.24 规定的范围内确定级配范围。

表 3.23　粗型和细型密级配沥青混凝土的关键性筛孔通过率

混合料类型	公称最大粒径/mm	用以分类的关键性筛孔/mm	粗型密级配		细型密级配	
			名称	关键性筛孔通过率/%	名称	关键性筛孔通过率/%
AC-25	26.5	4.75	AC-25 C	<40	AC-25 F	>40
AC-20	19	4.75	AC-20 C	<45	AC-20 F	>45
AC-16	16	2.36	AC-16 C	<38	AC-16 F	>38
AC-13	13.2	2.36	AC-13 C	<40	AC-13 F	>40
AC-10	9.5	2.36	AC-10 C	<45	AC-10 F	>45

表 3.24　密级配沥青混凝土混合料矿料级配范围

级配类型		通过下列筛孔(mm)的质量百分率/%											
		31.5	26.5	19	16	13.2	9.5	4.75	2.36	1.18	0.6	0.3	0.15	0.075
粗粒式	AC-25	100	90～100	75～90	65～83	57～76	45～65	24～52	16～42	12～33	8～24	5～17	4～13	3～7
中粒式	AC-20		100	90～100	78～92	62～80	50～72	26～56	16～44	12～33	8～24	5～17	4～13	3～7
	AC-16			100	90～100	76～92	60～80	34～62	20～48	13～36	9～26	7～18	5～14	4～8
细粒式	AC-13				100	90～100	68～85	38～68	24～50	15～38	10～28	7～20	5～15	4～8
	AC-10					100	90～100	45～75	30～58	20～44	13～32	9～23	6～16	4～8
砂粒式	AC-5						100	90～100	55～75	35～55	20～40	12～28	7～18	5～10

调整工程设计级配范围应遵循以下原则。

1)首先规范确定采用粗型(G 型)或细型(F 型)的混合料。对夏季温度高、高温持续时间长,重载交通多的路段,宜选用粗型密级配沥青混合料,并取较高的设计空隙率。对冬季温度低且低温持续时间长的地区，或者重载交通较少的路段，宜选用细型密级配沥青混合料，并取较低的设计空隙率。

2)通常情况下，合成级配曲线宜尽量接近设计级配中限，尤其应使 0.075 mm、2.36 mm 和 4.75 mm 筛孔的通过量尽量接近设计级配范围中限。

3)为确保高温抗车辙能力，同时兼顾低温抗裂性能的需要，设计配合比时宜适当减少公称最大粒径附近的粗集料用量，减少 0.6 mm 以下部分细料的用量，使中等粒径集料较多，形成平坦的 S 形级配曲线，并取中等或偏高水平的设计空隙率。

(3)矿质混合料配合比计算。

1)组成材料的技术指标测定：按照规定的方法对实际工程中使用的材料进行取样，测试粗集料、细集料和矿粉的密度并进行筛析试验，确定各种规格集料的级配组成。

2)确定各档集料的用量比例：根据各档集料筛析结果，借助电子计算机的电子表格用试配法确定各档集料用量比例。

3)计算矿质混合料的合成级配：矿质混合料的合成级配曲线必须符合设计级配范围的要求，不得有过多的犬牙交错。当经过再三调整，仍有两个以上的筛孔超过级配范围时，必须对原材料进行调整或更换原材料重新设计。

2. 确定沥青混合料的最佳沥青用量

沥青最佳用量是通过马歇尔试验的结果确定出来的，用 OAC 表示。沥青用量虽然可以通过各种理论公式计算得到，但由于实际材料性质的差异，计算得到的最佳沥青用量，仍要通过试验进行修正。所以，采用马歇尔试验方法，是整个沥青混合料配合比设计内容的基础。

沥青用量可采用沥青油石比或沥青用量两种方法表达。前者是指沥青与矿料质量比百分数；后者是指沥青占沥青混合料的百分数，在配合比设计中采用油石比更方便些。

(1)制备试样。

1)马歇尔试件制备，要针对选定混合料类型，根据经验确定沥青大致预估用量。预估用量可采用式(3.22)确定：

$$P_a = \frac{P_{a1} \times Y_{sb1}}{Y_{sb}} \tag{3.22}$$

$$P_b = \frac{P_a}{100 + Y_{sb}} \times 100\% \tag{3.23}$$

式中　P_a——预估的最佳油石比(%)；

　　　P_{a1}——已建类似工程沥青混合料的标准油石比(%)；

　　　Y_{sb}——集料的合成毛体积相对密度；

　　　Y_{sb1}——已建类似工程集料的合成毛体积相对密度；

　　　P_b——预估的最佳沥青用量(%)。

以预估的油石比为中值，按一定间隔(密级配通常按 0.5%，对沥青碎石混合料可适当缩小间隔为 0.3%～0.4%)取 5 个或 5 个以上不同油石比分别制成马歇尔试件。每一组试件制成的个数按现行试验规程要求确定，粒径较大的沥青混合料，宜增加数量。当缺少参考预估沥青用量时，可以考虑以 5.0% 的沥青用量为基准，从两侧等距离扩展沥青用量，直至在所选的沥青用量范围中能够确定出最佳沥青用量。

2)按已确定的矿质混合料级配类型,计算某个沥青用量条件下一个马歇尔试件或一组试件中各种规格集料的用量,实践中,一个标准马歇尔试件所需料按 1 200 g 来计算。

3)计算出一个或一组马歇尔试件的沥青油石比(或沥青用量),按要求拌和沥青混合料,按规定的击实次数和操作方法成型马歇尔试件。

(2)测定物理指标。测定沥青混合料试件的毛体积密度和最大理论密度(改性沥青或SMA混合料采用计算最大理论密度),并计算试件的空隙率、沥青饱和度、矿料间隙率等体积参数。混合料密度的测定根据其类型及密实程度选择适宜的方法。吸水率小于0.5%的密实性沥青混合料采用水中重法;吸水率大于2%的沥青碎石混合料采用蜡封法;吸水率小于2%的沥青混合料则采用表干法测定。

(3)测定力学指标。进行马歇尔试验测定马歇尔稳定度和流值。

(4)确定最佳沥青用量(油石比)。将马歇尔试验结果汇总,以沥青用量或油石比为横坐标,以马歇尔试验的各项指标(毛体积密度、空隙率、沥青饱和度、矿料间隙率、稳定度、流值)为纵坐标,将结果绘制成圆滑的曲线。确定符合沥青混合料技术标准的沥青用量范围 $OAC_{min} \sim OAC_{max}$。选择的沥青范围必须涵盖设计空隙率的全部范围,并尽可能涵盖沥青饱和度的要求范围,并使密度及稳定度出现峰值。如果没有涵盖设计空隙率全部范围,须扩大沥青用量范围重新进行试验。沥青混合料技术标准见表3.25。

沥青最佳用量的确定

表 3.25 密级配沥青混凝土混合料马歇尔试验技术标准

(本表适用于公称最大粒径≤26.5 mm 的密级配沥青混凝土混合料)

试验指标		单位	高速公路、一级公路				其他等级公路	行人道路
			夏炎热区(1-1、1-2、1-3、1-4区)		夏热区及夏凉区(2-1、2-2、2-3、2-4、3-2区)			
			中轻交通	重载交通	中轻交通	重载交通		
击实次数(双面)		次	75				50	50
试件尺寸		mm	ϕ101.6 mm×63.5 mm					
空隙率 VV	深约90 mm以内	%	3~5	4~6	2~4	3~5	3~6	2~4
	深约90 mm以下	%	3~6		2~4	3~6	3~6	—
稳定度 MS 不小于		kN	8				5	3
流值 FL		mm	2~4	1.5~4	2~4.5	2~4	2~4.5	2~5
矿料间隙率 VMA/% 不小于	设计空隙率/%	相应于以下公称最大粒径(mm)的最小 VMA 及 VFA 技术要求/%						
		26.5	19	16	13.2	9.5	4.75
	2	10	11	11.5	12	13	15
	3	11	12	12.5	13	14	16
	4	12	13	13.5	14	15	17
	5	13	14	14.5	15	16	18
	6	14	15	15.5	16	17	19
沥青饱和度 VFA/%			55~70		65~75		70~85	

1)确定最佳沥青用量初始值 OAC_1:在曲线上求出相对应于密度、稳定度的最大值,目标空隙率(或范围中值),沥青饱和度范围中值的沥青用量 a_1、a_2、a_3、a_4 取其平均值作为 OAC_1,见式(3.24):

$$OAC_1 = \frac{a_1 + a_2 + a_3 + a_4}{4} \tag{3.24}$$

如图 3.6 所示,相应于密度最大值、稳定度最大值、目标空隙率、沥青饱和度范围中值的沥青用量分别为 $a_1 = 5.35\%$、$a_2 = 4.19\%$、$a_3 = 4.80\%$、$a_4 = 4.98\%$,可以得到:$OAC_1 = (5.35\% + 4.19\% + 4.80\% + 4.98\%)/4 = 4.83\%$;如果在所选择的沥青用量范围内未能涵盖沥青饱和度的要求范围内,按式(3.25)求取三者的平均值作为 OAC_1。

$$OAC_1 = \left(\frac{a_1 + a_2 + a_3}{3}\right) \tag{3.25}$$

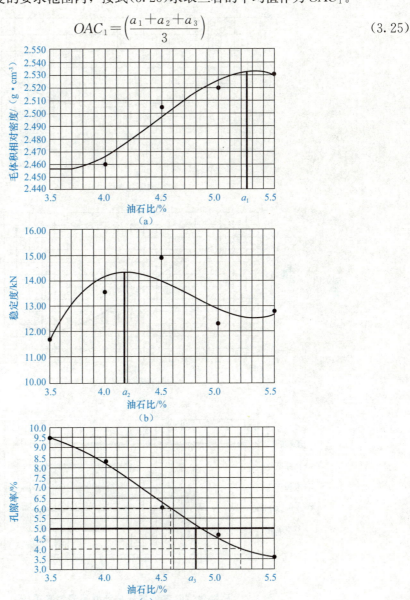

图 3.6 马歇尔试验各项指标与沥青用量关系图

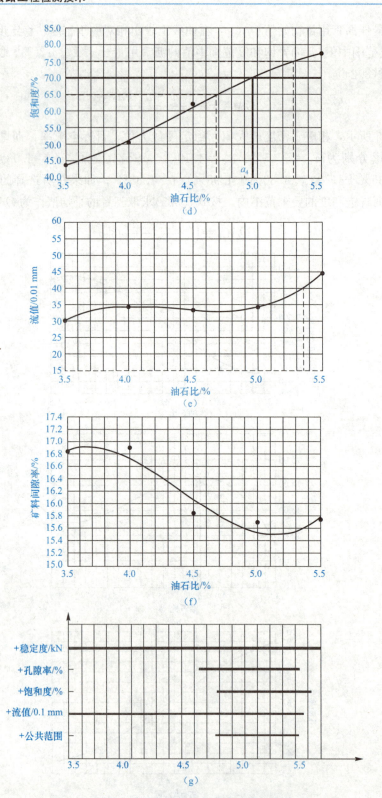

图3.6 马歇尔试验各项指标与沥青用量关系图(续)

对所选择试验的沥青用量范围,密度或稳定度没有出现峰值(最大值经常在曲线的两端)时,可直接以目标空隙率所对应的沥青用量 a_3 作为 OAC_1,但 OAC_1 必须介于 $OAC_{\min} \sim OAC_{\max}$,否则应重新进行配合比设计。

2)确定最佳沥青用量初始值 OAC:以稳定度、流值、空隙率、饱和度指标均符合沥青混合料技术标准要求的沥青用量范围 $OAC_{\min} \sim OAC_{\max}$ 的中值作为 OAC_2,见式(3.26)。

$$OAC_2 = \frac{OAC_{\min} + OAC_{\max}}{2} \tag{3.26}$$

如图 3.6 所示,$OAC_{\min} = 4.68\%$,$OAC_{\max} = 5.29\%$。$OAC_2 = (OAC_{\min} + OAC_{\max})/2 = (4.68\% + 5.29\%)/2 = 4.99\%$。

3)综合确定最佳沥青用量 OAC:通常情况下取 OAC_1 及 OAC_2 的中值作为计算的最佳沥青用量 OAC。检验与 OAC 对应的 VMA 是否满足最小 VMA 值的要求标准;也应考虑沥青路面工程实践经验和公路等级、气候条件、交通情况,调整确定最佳沥青用量 OAC;对于炎热地区公路、高速公路、一级公路的重载交通路段,山区公路的大坡度路段,预计有可能产生较大车辙时,宜在空隙率符合要求的范围内将计算的最佳沥青用量减小 0.1% ~ 0.5% 作为设计沥青用量;对寒区公路、旅游公路、交通量很少的公路,最佳沥青用量可以在 OAC 的基础上增加 0.1% ~ 0.3%,以适当减小设计空隙率,但不得降低压实度要求。

(5)检验最佳沥青用量时的粉胶比和有效沥青含量。

1)计算沥青结合料被集料吸收比例及有效沥青含量,分别按式(3.27)和式(3.28)计算。

沥青混合料中被集料吸收的沥青结合料比例:

$$P_{ba} = \frac{\gamma_{se} - \gamma_{sb}}{\gamma_{se} \times \gamma_{sb}} \times \gamma_b \times 100 \tag{3.27}$$

沥青混合料中的有效沥青用量:

$$P_{be} = P_b - \frac{P_{ba}}{100} \times P_s \tag{3.28}$$

式中 γ_{se}——集料的有效相对密度,无量纲;

γ_{sb}——集料的合成毛体积相对密度,无量纲;

γ_b——沥青的相对密度(25 ℃/25 ℃),无量纲;

P_b——沥青含量(%);

P_s——各种矿料占沥青混合料总质量的百分率之和,即 $P_s = 100 - P_b$。

2)计算最佳沥青用量时的粉胶比和有效沥青膜厚度。沥青混合料的粉胶比是指沥青混合料的矿料中 0.075 mm 通过率与有效沥青含量的比值,按式(3.29)计算。常用的公称最大粒径为 13.2 ~ 19 mm 的密级配沥青混合料,粉胶比宜控制在 0.8 ~ 1.2。

$$FB = \frac{P_{0.075}}{P_{be}} \tag{3.29}$$

式中 FB——粉胶比,无量纲;

$P_{0.075}$——矿料级配中 0.075 mm 通过率(水洗法)(%)。

集料的比表面积和沥青混合料的沥青膜有效厚度按式(3.30)和式(3.31)计算。

$$SA = \sum(P_i \times FA_i) \qquad (3.30)$$

$$DA = \frac{P_{be}}{\gamma_b \times SA} \times 10 \qquad (3.31)$$

式中 SA——集料的比表面积(m^2/kg);

P_i——各种粒径通过百分率(%);

DA——沥青膜有效厚度(μm);

FA_i——相对应各种粒径的集料的表面积系数,见表3.26。

表3.26 集料表面积系数算例

筛孔尺寸/mm	19	16	13.2	9.5	4.75	2.36	1.18	0.6	0.3	0.15	0.075	集料比表面积总和 SA/($m^2 \cdot kg^{-1}$)
表面积系数 FA_i	0.004 1	—	—	0.004 1	0.008 2	0.016 4	0.028 7	0.061 4	0.122 9	0.327 7	
通过 P_i/%	100	99.9	97.6	81.6	46	32.9	24.1	16.6	12.9	9.5	6.0	
比表面积 $FA_i \times P_i$/($m^2 \cdot kg^{-1}$)	0.41			0.19	0.27	0.40	0.48	0.79	1.17	1.97	5.67

(6)沥青混合料性能检验。

1)高温稳定性检验:按照最佳沥青用量 OAC,按规定制成车辙试件,在规定的条件下进行试验,以检验沥青混合料在高温条件下抵抗车辙的能力。如果动稳定性不符合表3.27规定的要求,应对矿料的级配或者沥青用量进行调整,重新进行配合比的设计。

表3.27 沥青混合料车辙试验动稳定度技术要求

气候条件与技术指标		相应于下列气候分区所要求的动稳定度/(次·mm^{-1})							
七月平均最高气温/℃及气候分区		>30				20~30			<20
		1. 夏炎热区				2. 夏热区			3. 夏凉区
		1—1	1—2	1—3	1—4	2—1	2—2	2—3	2—4	3—2
普通沥青混合料,不小于		800		1 000		600		800		600
改性沥青混合料,不小于		2 400		2 800		2 000		2 400		1 800
SMA混合料	非改性,不小于	1 500							
	改性,不小于	3 000							
OGFC混合料		1 500(一般交通路段)、3 000(重交通路段)							

2)低温抗裂性的检验:当沥青混合料中所采用的矿料最大公称粒径等于或者小于19 mm,按照最佳沥青用量 OAC 制成车辙试件,再切割成规定的棱柱体试件,在温度−10 ℃、加载速率50 mm/min的条件下进行低温弯曲试验,测定破坏强度、破坏应变、

破坏劲度模量，并根据应力-应变曲线的形状，综合评价沥青混合料的低温抗裂性能。其中，沥青混合料的破坏应变宜不小于表 3.28 的要求。

表 3.28　沥青混合料低温弯曲试验破坏应变($\mu\varepsilon$)技术要求

气候条件与技术指标	相应于下列气候分区所要求的破坏应变($\mu\varepsilon$)								
年极端最低气温/℃及气候分区	<−37.0		−37.0～−21.5			−21.5～−9.0		>−9.0	
	1. 冬严寒区		2. 冬寒区			3. 冬冷区		4. 冬温区	
	1—1	2—1	1—2	2—2	3—2	1—3	2—3	1—4	2—4
普通沥青混合料，不小于	2 600		2 300			2 000			
改性沥青混合料，不小于	3 000		2 800			2 500			

3) 水稳定性的检验：按最佳沥青用量 OAC 制成马歇尔试件，然后做浸水马歇尔试验或者劈裂试验，其残留稳定度或者冻融劈裂强度满足表 3.29 的要求。

如果最佳沥青用量 OAC 与两个初始值 OAC_1 和 OAC_2 相差较大，按 OAC 和 OAC_1（或者 OAC_2）分别制成试件，进行上述性能检验，根据试验结果适当调整 OAC 的值。

表 3.29　沥青混合料水稳定性检验技术要求

气候条件与技术指标		相应于下列气候分区的技术要求			
年降雨量/mm 及气候分区		>1 000	500～1 000	250～500	<250
		1. 潮湿区	2. 湿润区	3. 半干区	4. 干旱区
浸水马歇尔试验残留稳定度/%　不小于					
普通沥青混合料		80		75	
改性沥青混合料		85		80	
SMA 混合料	普通沥青	75			
	改性沥青	80			
冻融劈裂试验的残留强度比/%　不小于					
普通沥青混合料		75		70	
改性沥青混合料		80		75	
SMA 混合料	普通沥青	75			
	改性沥青	80			

(二)生产配合比设计

目标配合比确定后即进行生产配合比设计阶段，结合实际施工的拌合机进行以确定生产配合比。试验前，根据混合料的级配类型选择合适筛号，保证进料均匀并排除超粒径的矿料。试验时按目标配比设计冷料比例上料、烘干和筛分，然后从热料仓取样进行筛分，进行矿料级配计算，得到不同料仓和矿粉用量的比例并按该比例进行马歇尔试验。并取目标配合比设计的最佳沥青用量 OAC、$OAC\pm0.3\%$ 等 3 个沥青用量进行马歇尔试验和试拌，通过室内试验及从拌合机取样试验综合确定生产配合比的最佳沥青用量，由此确定的最佳沥青用量与目标配合比设计的结果的差值不宜大于±0.2%。

(三)生产配合比验证

拌合机采用生产配合比进行试拌、铺筑试验段,并用拌和沥青混合料及路上钻取的芯样进行马歇尔试验检验,由此确定生产用的标准配合比。标准配合比应作为生产上控制的依据和质量检验的标准。标准配合比的矿料级配至少应包括 0.075 mm、2.36 mm、4.75 mm 及公称最大粒径筛孔的通过率接近优选的工程设计级配范围的中值。实验室积极配合现场,在拌和、摊铺现场抽取沥青混合料进行马歇尔试验,进行车辙试验和水稳定性检验。在试铺时,实验室可到现场取样进行抽取试验,验证级配和油石比是否合格,并采取钻芯取样法测定实际空隙率,如此确定标准配合比进入正常生产阶段。

三、路面原材料检测

(一)粗集料的筛分试验(水筛)

1. 目的与适用范围

(1)本方法适用于测定粗集料的颗粒组成,本方法也可适用于测定集料混合料的颗粒组成。

(2)对沥青混合料、粒料材料、无机结合料稳定类材料等用粗集料应采用水先法筛分试验。

2. 仪器设备

(1)摇筛机和试验筛。

(2)天平:量程满足称量要求,感量不大于称量质量的 0.1%。

(3)烘箱:鼓风干燥箱,恒温 105 ℃±5 ℃。烘干能力不小于 25 g/h。烘干能力验证方法:清空烘箱,1 L,玻璃烧杯盛 500 g(起始水温为 20 ℃±1 ℃)放入烘箱,在 105 ℃±5 ℃烘干 4 h,计算每个小时水质量损失。应检验烘箱中各支撑架的四角及中部。

(4)盛水容器:浸泡试样用容器,如不锈钢的金属盆。

(5)温度计:量程 0~200 ℃,分度值 1 ℃。

(6)其他:金属盘、铲子、毛刷、搅棒等。

3. 试验准备

将样品缩分至表 3.30 要求质量的试样两份,105 ℃±5 ℃烘干至恒重,并冷却至室温。

表 3.30 粗集料筛分试验的试样质量

公称最大粒径/mm	75	63	37.5	31.5	26.5	19	16	13.2	9.5	4.75
一份的最小试样质量/kg	25	17	6.5	5.0	4.0	2.0	1.5	1.0	1.0	0.5

4. 试验步骤

(1)取一份干燥试样,称其总质量(m_0)。将试样移入盛水容器中摊平,加入水至高出试样 150 mm。根据需要可将浸没试样静置一定时间,便于细粉从大颗粒表面分离。普通集料浸没水中不使用分散剂。特殊情况下,如沥青混合料抽提得到的集料混合料等可采用分散剂,但应在报告中说明。

(2)根据集料粒径选择 4.75 mm、0.075 mm，或 2.36 mm、0.075 mm 组成一组套筛，其底部为 0.075mm 试验。试验前筛子的两面应先用水润湿。

(3)用搅棒充分搅动试样，使细粉完全脱离颗粒表面、悬浮在水中，但应注意试样不得破碎或溅出容器。搅动后立即将浑浊液缓缓倒入套筛上，滤去小于 0.075 mm 的颗粒。倾倒时避免将粗颗粒一起倒出而损坏筛面。

(4)采用水冲洗等方法，将两只筛上颗粒并入容器中。再次加水于容器中，重复(3)中的步骤，直至浸没的水目测清澈为止。

(5)将两只筛上及容器中的试样全部回收到一个金属盘中。当容器和筛上黏附有集料颗粒时，在容器中加水、搅动使细粉悬浮在水中，并快速全部倒入套筛上；再将筛子倒扣在金属盘上，用少量的水并助以毛刷将颗粒刷落入金属盘中。待细粉沉淀后，滗去金属盘中的水，注意不要散失颗粒。

(6)将金属盘连同试样一起置于 105 ℃±5 ℃烘箱中烘干至恒重，称取水洗后的干燥试样总质量($m_洗$)。

(7)将回收的干燥集料按干筛法步骤进行筛分，称取每号筛的分计筛余量(m_i)和筛底质量($m_底$)。

5. 结果整理

(1)试样的筛分损耗率按式(3.32)计算，精确至 0.01%。

$$p_s = \frac{m_洗 - m_底 - \sum m_i}{m_洗} \times 100 \quad (3.32)$$

式中　p_s——试样的筛分损耗率(%)；

$m_洗$——水洗后的干燥试样总质量(g)；

$m_底$——筛底质量(g)；

m_i——各号筛的分计筛余量(g)；

i——依次为 0.075 mm、0.15 mm……至集料最大粒径的排序。

(2)试样的各号筛分计筛余率按式 3.33 计算，准确至 0.01%。

$$p'_i = \frac{m_i}{m_0 - (m_洗 - m_底 - \sum m_i)} \times 100 \quad (3.33)$$

式中　p'_i——试样的各号筛分计筛余率(%)；

m_0——筛分前的干燥试样总质量(g)。

(3)试样的各号筛筛余率 A，为该号筛及以上各号筛的分计筛余率之和，准确至 0.01%。

(4)试样的各号筛通过率 P 为 100 减去该号筛的筛余率，准确至 0.1%。

(5)取两份试样的各号筛通过率的算术平均值作为试验结果，准确至 0.1%。

6. 允许误差

(1)一份试样的筛分损耗率应不大于 0.5%。

(2) 0.075 mm 通过率重复性试验的允许误差为 1%。

筛分结果以各筛孔的质量通过百分率表示(表 3.31)。宜绘制集料筛分曲线，其横坐标为筛孔尺寸的0.45次方(表3.32),纵坐标为普通坐标,如图3.7所示。

表3.31 粗集料水筛法筛分记录

干燥试样总质量 m_3/g		第1组				第2组				平均
		3 000				3 000				
水洗后筛上总质量 m_4/g		2 879				2 868				
水洗后0.075 mm 筛下量 $m_{0.075}$/g		121				132				
0.075 mm 通过率 $P_{0.075}$/%		4				4.4				4.2
	筛孔尺寸/mm	分计筛余量 m_i/g	分计筛余率/%	筛余率/%	通过率/%	分计筛余量 m_i/g	分计筛余率/%	筛余率/%	通过率/%	通过率/%
水洗后干筛法筛分	19	5.0	0.2	0.2	99.8	0.0	0.0	0.0	100.0	99.9
	16	696.3	23.2	23.4	76.6	680.3	22.7	22.7	77.3	76.9
	13.2	882.3	29.4	52.8	47.2	839.2	28.0	50.7	49.3	48.2
	9.5	713.2	23.8	76.6	23.4	778.5	26.0	76.7	23.3	23.4
	4.75	343.4	11.5	88.1	11.9	348.7	11.6	88.3	11.7	11.8
	2.36	70.1	2.3	90.4	9.6	68.3	2.3	90.6	9.4	9.5
	1.18	87.5	2.9	93.3	6.7	79.1	2.6	93.2	6.8	6.7
	0.6	67.8	2.3	95.6	4.4	59.3	2.0	95.2	4.8	4.6
	0.3	4.6	0.2	95.7	4.3	4.3	0.1	95.3	4.7	4.5
	0.15	5.6	0.2	95.9	4.1	3.8	0.1	95.5	4.5	4.3
	0.075	2.3	0.1	96.0	4.0	4.0	0.1	95.6	4.4	4.2
	筛底 $m_底$	0				0				
	干筛后总质量 $\sum m_i$/g	2 878.1	96.0			2 865.5	95.6			
损耗 m_5/g		0.9				2.5				
损耗率/%		0.03				0.09				
扣除损耗后总质量/g		2 999.1				2 997.5				

表3.32 级配曲线的横坐标(按 $x = d_i^{0.45}$ 计算)

筛孔 d_i/mm	0.075	0.15	0.3	0.6	1.18	2.36	4.75
横坐标 x	0.312	0.426	0.582	0.795	1.077	1.472	2.016
筛孔 d_i/mm	9.5	13.2	16	19	26.5	31.5	37.5
横坐标 x	2.745	3.193	3.482	3.762	4.370	4.723	5.109

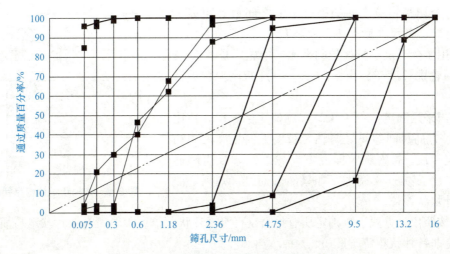

图 3.7 集料筛分曲线与矿料级配设计曲线

(二)粗集料针片状颗粒含量试验(游标卡尺法)

1. 目的与适用范围

(1)本方法适用于卡尺法测定粗集料的针片状颗粒含量。

(2)本方法测定的针片状颗粒,是指最大长度与最小厚度之比大于 3 的颗粒。当采用其他比例时,应在试验报告中注明。

(3)本方法主要适合于沥青混合料、无结合料粒料材料和无机稳定材料用粗集料针片状颗粒含量测定。

针片状颗粒
含量试验
(游标卡尺法)

2. 仪具与材料

(1)试验筛:根据集料粒级选用不同孔径的方孔筛,并满足粗集料筛分所要求的试样筛的要求。

(2)卡尺:可采用常规游标卡尺,精密为 0.1 mm。也可选用固定比例卡尺。

(3)天平:感量不大于称量质量的 0.1%。

3. 试验步骤

(1)将样品用 4.75 mm 试验筛充分过筛,取筛上颗粒缩分至表 3.33 要求质量的试样两份,且每份试样不少于 100 颗,烘干或室内风干。

表 3.33 粗集料针片状颗粒含量试验的试样质量

公称最大粒径/mm	75	63	53	37.5	31.5	26.5	19	16	13.2	9.5
一份最小试样质量/kg	28	20	12.0	5.0	3.0	3.0	1.0	0.5	0.4	0.2

(2)取一份试样称取质量(m_0)。

(3)将试样平摊于试验台上,用目测直接挑出接近立方体的颗粒。

(4)按图 3.8 所示,将疑似针片状颗粒平放在桌面上成一稳定的状态。平面图中垂直与颗粒长度方向的两个切割颗粒表面的平行平面之间最大距离为颗粒长度 L;垂直与宽度方向的两个切割颗粒表面的平行平面之间最大距离为颗粒宽度 W;侧面图中垂直与颗粒厚度方向的两个切割颗粒表面的平行平面之间最大距离为颗粒厚度 T。各尺寸满足 $L \geqslant W \geqslant T$。

(5)用游标卡尺测量颗粒的平面图中轮廓长度 L 及侧面图中轮廓长度 T。当 $L/T \geqslant 3$ 时判断该颗粒为针片状颗粒。

(6)当采用固定比例卡尺时，调整比例卡尺，使比例卡尺 L 方向尺间隙正好与颗粒长度方向轮廓尺寸相等，固定卡尺；检查颗粒厚度方向轮廓尺才是否够通过比例卡尺 E 方向尺间隙，如果能够通过，则判定该颗粒为针片状颗粒。

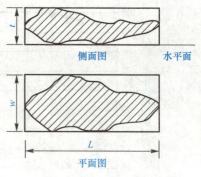

图 3.8　针片状颗粒稳定状态

(7)按照以上方法逐颗判定所有集料是否为钎片状颗粒。称取所有针片状颗粒质量 m_1，称取所有非针片状颗粒质量 m_2。

4. 结果整理

(1)试样的损耗率按式(3.34)计算，精确至 0.1%。

$$P_s = \frac{m_0 - m_1 - m_2}{m_0} \times 100 \tag{3.34}$$

式中　P_s——试样的损耗率(%)；

　　　m_0——试验前的干燥试样总质量(g)；

　　　m_1——试样中针状片状颗粒的总质量(g)；

　　　m_2——试样中非针状片状颗粒的总质量(g)。

(2)试样的针片状颗粒含量按式(3.35)计算，精确至 0.1%。

$$Q_{e\&f} = \frac{m_1}{m_1 + m_2} \times 100 \tag{3.35}$$

式中　$Q_{e\&f}$——试样的针片状颗粒含量(%)。

(1)取两份试样的针片状颗粒含量的算术平均值作为试验结果，准确至 0.1%。

(2)若两份试样的针片状颗粒含量之差超过平均值的 20%，应追加一份试样进行试验，直接取三份试样的针片状颗粒含量的算术平均值作为试验结果，准确至 0.1%。

5. 允许误差

筛分损耗率应不大于 0.5%。

(三)粗集料密度及吸水率试验(网篮法)

1. 目的与适用范围

本方法适用于测定各种粗集料的表观相对密度、表干相对密度、毛体积相对密度、表观密度、表干密度、毛体积密度，以及粗集料的吸水率。

2. 仪具与材料

(1)浸水天平：可悬挂吊篮测定试样的水中质量，感量不大于称量质量的 0.1%。

(2)吊篮：耐锈蚀材料制成，直径、高度不水于 150 mm 的网篮，四周及底部为 1~2 mm

粗集料密度试验(网篮法)

的筛网或密集孔眼；或者耐锈蚀材料制成，直径不小于 200 mm、孔径不大于 1.18 mm 的筛网。

（3）溢流水槽：有溢流孔，能够使水面保持恒定高度；耐锈蚀材料制成的水槽，容积应足够大；挂上吊篮、加水至溢流孔位置时，应保证吊篮底部与水槽底部、四周侧壁间距均不小于 50 mm。

（4）烘箱：恒温 105 ℃±5 ℃。烘干能力不小于 25 g/h。烘干能力验证方法：清空烘箱，1 L 玻璃烧杯盛 500 g（起始水温为 20 ℃±1 ℃）放入烘箱，在 105 ℃±5 ℃烘 4 h，计算每个小时水质量损失。应检验烘箱中各支撑架的四角及中部。

（5）吸湿软布：纯棉质毛巾，或纯棉的汗衫布等。

（6）温度计：量程 0～50 ℃，分度值 0.1 ℃；量程 0～200 ℃，分度值 1 ℃。

（7）试验筛：孔径为 4.75 mm、2.36 mm 的方孔筛。

（8）盛水容器：浸泡试样用容器，如不锈钢的金属盆。

（9）吊线：耐锈蚀、不吸湿的细线，连接浸水天平和吊篮；线直径不大于 1 mm，其长度应该保证水槽加水至溢流孔位置时，吊篮顶部离水面距离不小于 50 mm。

（10）恒温水槽：恒温 23 ℃±2 ℃。

（11）试验用水：饮用水，使用之前煮沸后冷却至室温。

（12）其他，金属盘、刷子等。

3. 试验准备

（1）将样品用 4.75 mm 试验筛（对于 3～5 mm、3～10 mm 集料，采用 2.36 mm 试验筛）充分过筛，取筛上颗粒缩分至表 3.34 要求质量的试样两份。

细集料密度及吸水率试验

（2）将试样浸泡在水中，借助金属丝刷将试样颗粒表面洗刷干净，经多次漂洗至水清澈为止。清洗过程中不得散失颗粒。

（3）样品不得杂用烘干处理。经过拌和楼等加热后的样品，试验之前，应室温条件下放置不少于 12 h。

表 3.34 粗集料密度及吸水率（网篮法）试验的试样质量

公称最大粒径/mm	4.75	9.5	13.2	16	19	26.5	31.5	37.5	53	63	75
每一份试样的最小质量/kg	0.5	1.0	1.0	1.1	1.3	1.8	2.0	2.5	4.0	5.5	8.0

4. 试验步骤

（1）将试样装入盛水容器中，注入洁净的水，水面应高出试样 20 mm；搅动试样，排除附着试样上的气泡。浸水 24 h±0.5 h（可在室温下浸水后，再移入 23 ℃±2 ℃恒温水槽继续浸水。其中恒温水槽浸水不少于 2 h）。

（2）将吊用细线挂在天平的吊钩上，浸入溢流水槽中，向水槽中加水至吊篮完全浸没，吊篮顶部至水面距离不小于 50 mm。用上、下升降吊篮的方法排除气泡，吊篮每秒升降约一次，升降 25 次，升降高度约 25 mm，且吊篮不得露出水面。也可以采用其他方法去除气泡。向水槽中加水至水位达到溢流孔位置；待天平读数稳定后，将天平调零。试验过程中水槽水温稳定在 23 ℃±2 ℃。

(3)将试样移入吊篮中,按照上述步骤2)相同方法排除气泡。待水槽中水位达到溢流孔位置、天平读数稳定后,称取试样水中质量(m_w)。

(4)提起吊篮、稍沥干水后,将试样完全移至拧干的软布上,用另外一条软布在试样表面搓滚、吸走颗粒表面及颗粒之间的自由水,至颗粒表面自由水膜消失、看不到发亮的水迹,即为饱和面干状态。对较大粒径的粗集料,宜逐颗擦干颗粒表面的自由水,此时拧湿毛巾时不要太用劲,防止拧得太干。

(5)擦拭时,既要将颗粒表面自由水擦掉,又不能至颗粒内部水(开口孔隙中吸收的水)散失,因此对擦拭完成的试样,立即称量饱和面干质量(m_f)。如果擦拭过干,则放入水中浸泡约30 min,再次擦拭。

(6)将集料置于金属盘中,105 ℃±5 ℃的烘箱中烘干至恒重。冷却至室温后称取试样的烘干质量(m_a)。

(7)试验过程中不得丢失试样。

5. 结果整理

(1)试样的表观相对密度、表干相对密度、毛体积相对密度按式(3.36)、式(3.37)、式(3.38)计算,准确至0.001。

$$\gamma_a = \frac{m_a}{m_a - m_w} \quad (3.36)$$

$$\gamma_s = \frac{m_f}{m_f - m_w} \quad (3.37)$$

$$\gamma_b = \frac{m_a}{m_f - m_w} \quad (3.38)$$

式中 γ_a——集料的表观相对密度,无量纲;
γ_s——集料的表干相对密度,无量纲;
γ_b——集料的毛体积相对密度,无量纲;
m_a——集料的烘干质量(g);
m_f——集料的表干质量(g);
m_w——集料的水中质量(g)。

(2)试样的吸水率按式(3.39)计算,准确至0.01%。

$$w_x = \frac{m_f - m_a}{m_a} \times 100 \quad (3.39)$$

式中 w_x——粗集料的吸水率,%。

(3)试样的表观密度(视密度)、表干密度、毛体积密度,按式(3.40)、式(3.41)、式(3.42)计算,准确至0.001 g/cm³。不同水温条件下测量的粗集料表观密度需进行水温修正,不同试验温度下水的密度ρ_T及水的温度修正系数α_T按表3.35选用。

$$\rho_a = \gamma_a \times \rho_T \quad (3.40)$$

$$\rho_s = \gamma_s \times \rho_T \quad (3.41)$$

$$\rho_b = \gamma_b \times \rho_T \quad (3.42)$$

式中 ρ_a——粗集料的表观密度(g/cm³);

ρ_s——粗集料的表干密度(g/cm³);

ρ_b——粗集料的毛体积密度(g/cm³);

ρ_T——试验温度 T 时水的密度(g/cm³),按表 3.35 取用;

4)取两份试样的测定值算术平均值作为试验结果,相对密度准确至 0.001 密度准确至 0.001 g/cm³,吸水率准确至 0.01%。

6. 允许差值

相对密度和密度重复性试验的允许误差为 0.030。吸水率重复性试验的允许误差为 0.30%。

表 3.35 不同水温时水的密度 ρ_T

水温/℃	15	16	17	18	19	20
水的密度 ρ_T/(g·cm³)	0.999 13	0.998 97	0.998 80	0.998 62	0.998 43	0.998 22
水温/℃	21	22	23	24	25	
水的密度 ρ_T/(g·cm³)	0.998 02	0.997 79	0.997 56	0.997 33	0.997 02	

(四)细集料筛分试验(水洗法)

1. 目的与适用范围

(1)本方法适用于测定细集料的颗粒组成、计算细度模数。

(2)对沥青混合料、无结合料粒料材料及无机稳定材料用细集料应采用水洗法进行分试验。

2. 仪具与材料

(1)试验筛:根据集料粒级选用不同孔径的方孔筛,带筛底、筛盖,并满足 T0302 中 2.1 要求。

(2)天平:称量不小于 1 kg,感量不大于 0.1 g。

(3)摇筛机。

(4)烘箱:鼓风干燥箱,能控温在 105 ℃±5 ℃。

(5)盛水容器:浸泡试样用容器,不锈钢的金属盆等。

(6)其他:金属盘、铲子、毛刷、搅棒等。

3. 试验准备

将样品缩分至表 3.36 要求质量的试样两份,置 105 ℃±5 ℃烘箱中烘干至恒重冷却至室温备用。

表 3.36 细集料筛分试验的试样质量

公称最大粒径/mm	4.75	≤2.36
一份试样的最小质量/g	500	300
轻集料一份试样的最小体积/L	0.3	

注:特细砂试样的最小质量可减少为 100 g。

4. 试验步骤

(1) 取一份干燥试样，称取试样总质量(m_0)。

(2) 按粗集料水洗筛分方法中水洗法试验步骤进行水洗、烘干、筛分，称取水洗后的干燥试样总质量 $m_洗$，每号筛的分计筛余量(m_i)和筛底质量($m_底$)。

5. 结果整理

(1) 试样的筛分损耗率、分计筛余率、筛余率和通过率按照粗集料筛分试验方法中的计算公式进行计算。

(2) 计算细度模数按式 3.43 计算，精确至 0.01。

$$M_x = \frac{(A_{0.15} + A_{0.3} + A_{0.6} + A_{1.18} + A_{2.36}) - 5A_{4.75}}{100 - A_{4.75}} \tag{3.43}$$

式中　M_x——细集料的细度模数；

$A_{0.15}$ mm、$A_{0.3}$ mm、…、$A_{4.75}$ mm 各号筛的筛余率(%)。分别为 0.15 mm、0.3 mm、…、4.75 mm 各号筛的筛余率(%)。

(3) 若一份试样的筛分损耗率大于 0.5%，其试验结果无效。

(4) 取两份试样的各号筛通过率的算术平均值作为样品通过率的试验结果，准确至 0.1%。

(5) 取两份试样的细度模数的算术平均值作为样品细度模数试验结果，准确至 0.1。

6. 允许误差

(1) 一份试样的筛分损耗率应不大于 0.5%。

(2) 0.075 mm 通过率重复性试验的允许误差为 1%。

(3) 细度模数重复性试验的允许误差为 0.2。

(五)细集料的密度及吸水率试验

1. 适用范围

(1) 本方法适用于坍落筒法测定细集料的毛体积相对密度、表观相对密度、表干相对密度。

(2) 本方法适用于用坍落筒法测定细集料处于饱和面干状态时的吸水率。

(3) 本方法适用于用坍落筒法测定细集料的毛体积密度、表观密度、表干密度。

2. 仪具与材料

(1) 天平：称量不小于 1 kg，感量不大于 0.1 g。

(2) 饱和面干试模：上口径 40 mm±3 mm，下口径 90 mm±3 mm，高 75 mm±3 mm 的坍落筒(图 3.9)。厚度不小于 4 mm。

(3) 捣棒：金属棒，直径 25 mm±3 mm，质量 340 g±15 g(图 3.9)。

(4) 容量瓶：500 mL。

(5) 烘箱：鼓风干燥箱，恒温 105 ℃±5 ℃。

(6) 试验筛：孔径为 4.75 mm、0.075 mm 的方孔筛。

(7) 试验用水：饮用水，使用之前煮沸后冷却至室温。

(8) 盛水容器：浸泡试样用容器，不锈钢的金属盆等。

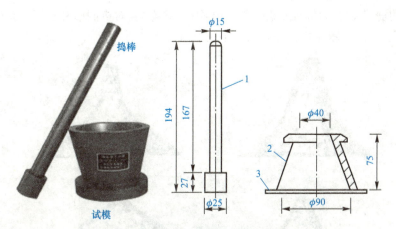

图 3.9 饱和面干试模及其捣棒(单位：mm)
1—捣棒；2—试模；3—玻璃板

(9)恒温水槽：恒温 23 ℃±2 ℃。

(10)其他：干燥器(内装变色硅胶)、手提式吹风机、金属盘、铝质料勺、玻璃棒、温度计等。

3. 试验准备

(1)将样品筛除 4.75 mm 以上颗粒，缩分至约 600 g 子样两份，将 0.075 mm 以下颗粒洗除，至漂洗水目测清澈为止。

注：浸泡之前样品不得采用烘干处理；经过拌和楼等加热、干燥后的样品，试验之前，应在室温条件下放置不少于 12 h。

(2)将清洗后子样移入盛水容器：注入水，使水面高出集料颗粒表面不少于 20 mm，静置 24 h±0.5 h(可在室温下静置后，然后移入 23 ℃±2 ℃恒温水槽继续浸水，其中恒温水槽浸水不少于 2 h)。

(3)细心地倒去子样颗粒上部的水，但不得使细粉流失，并用吸管吸去余水。

(4)取一份子样移入金属盘、摊平，手持吹风机在集料颗粒上方缓缓移动，均匀地对表面吹入暖风，并不停翻拌，使集料表面水均匀蒸发，直至按(7)检验达到饱和面干状态。

注：注意吹风不得使细粉损失或颗粒表面过热。

(5)将饱和面干试模置于光滑、无吸湿性平面上。将集料颗粒充分翻拌、冷却至室温后，松散地一次装入饱和面干试模，用捣棒在集料颗粒表面均匀轻捣 25 次，捣棒端面距集料表面距离不超过 5 mm，使之完全靠自重自由落下，捣完后刮平模口，如留有空隙亦不必再装满。

(6)徐徐垂直提起试模，如集料颗粒保留锥形没有坍落，则说明集料颗粒尚含有表面自由水，应继续按上述方法用暖风干燥、装模、轻捣，重复试验直至集料颗粒达到饱和面干状态为止。如试模提起后集料坍落过多，则说明已过于干燥，此时应将子样均匀洒水约 5 mL，经充分拌匀，并静置于加盖容器中 30 min 后，再按上述方法进行试验，至达到饱和面干状态为止。

(7)判断饱和面干状态的标准：对于天然砂，宜以"在集料中心部分上部成为约 2/3 的圆锥体,即约坍塌 1/3"为标准状态[图 3.10 中(d)状态];对机制砂和石屑,宜以"当移去试模第一次出现坍落"为标准状态[图 3.10 中(d)~(e)状态]。

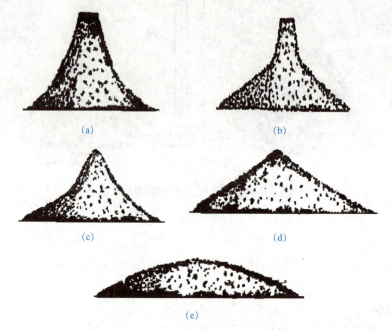

图 3.10 集料表干状态

(a)无坍落,保留原形状;(b)侧面轻微坍落,尚留部分完整侧面;
(c)明显坍落,出现尖顶;(d)已坍落,尚可见尖顶;(e)完全坍落,表达曲面

4. 试验步骤

(1)立即称取达到饱和面干状态的集料颗粒 300 g±5 g(m_3)为一份试样。

(2)容量瓶中预先放入部分 23 ℃±2 ℃的水;将称取的试样迅速放入容量瓶中,勿使集料颗粒散失,再加 23 ℃±2 ℃的水至约 450 mL 刻度处,通过旋转、翻转容量瓶或玻璃棒搅动消除气泡。

注:一般需 15~20 min 消除气泡,此期间需要水浴,使试样恒温在 23 ℃±2 ℃。消除气泡时会产生气泡聚集,可采用纸尖端浸入瓶中粘除或使用少于 1 mL 异丙醇来分散。操作时手与瓶之间应垫毛巾。

(3)消除气泡后,加 23 ℃±2 ℃的水至 500 mL 刻度处,塞紧瓶塞,擦干瓶颈内部及瓶外附着水分,称其总量(m_2)。

(4)倾倒容量瓶部分水,注意不得散失细粉;将试样移入金属盘中,用水将容量瓶冲洗干净,冲洗水一并倒入金属盘中;立即向容量瓶内注入 23 ℃±2 ℃(注入水温与试样浸泡水温差不大于 2 ℃)水至瓶颈 500 mL 刻度线,塞紧瓶塞,擦干瓶颈内部及瓶外附着水分,称其总质量(m_1)。

(5)待细粉沉淀后,滗去金属盘中的水,注意不要散失细粉。将金属盘连同试样放入 105 ℃±5 ℃的烘箱中烘干至恒重、冷却至室温后,称取烘干集料颗粒质量(m_0)。

(6)按以上方法取第二份试样进行试验。

5. 计算

(1)试样的表观相对密度、表干相对密度及毛体积相对密度分别按式(3.44)、式(3.45)、式(3.46)计算,准确至 0.001。

$$\gamma_a = \frac{m_0}{m_0 + m_1 - m_2} \tag{3.44}$$

$$\gamma_s = \frac{m_3}{m_3 + m_1 - m_2} \tag{3.45}$$

$$\gamma_b = \frac{m_0}{m_3 + m_1 - m_2} \tag{3.46}$$

式中 γ_a——试样的表观相对密度;

γ_s——试样的表干相对密度;

γ_b——试样的毛体积相对密度;

m_0——试样烘干后质量,g;

m_1——水、瓶总质量,g;

m_2——饱和面干试样、水、瓶总质量,g。

m_3——饱和面干试样质量,g;

(2)试样的表观密度 ρ_a、表干密度 ρ_s 及毛体积密度 ρ_b,分别按式(3.47)、式(3.48)、式(3.49)计算,准确至 0.001 g/cm³。

$$\rho_a = \gamma_a \times \rho_T \tag{3.47}$$

$$\rho_s = \gamma_s \times \rho_T \tag{3.48}$$

$$\rho_b = \gamma_b \times \rho_T \tag{3.49}$$

式中 ρ_a——试样的表观密度(g/cm³);

ρ_s——试样的表干密度(g/cm³);

ρ_b——试样的毛体积密度(g/cm³);

ρ_T——试验温度 T 时水的密度(g/cm³),按表 3.36 取用;

(3)试样的吸水率按式(3.50)计算,准确至 0.01%。

$$w_x = \frac{m_3 - m_0}{m_0} \times 100 \tag{3.50}$$

式中 w——试样的吸水率,%;

m_3——饱和面干试样质量,g;

m_0——烘干试样质量,g。

(4)如需以饱和面干状态的试样为基准计算试样的吸水率,饱和面干吸水率按式(3.51)计算,准确至 0.01%,但需在报告中注明。

$$w'_x = \frac{m_3 - m_0}{m_0} \times 100 \tag{3.51}$$

式中 w'_x——集料的饱和面干吸水率,%;

m_3——饱和面干试样质量,g;

m_0——烘干试样质量,g。

(6)取两份试样的相对密度、密度的算术平均值作为试验结果,准确至 0.001 g/cm³、0.001 g/cm³。

(7)取两份试样的吸水率的算术平均值作为试验结果,准确至 0.01%。

6. 允许误差

(1)相对密度重复性试验的允许误差为 0.03。

(2)吸水率重复性试验的允许误差为 0.3%。

(六)填料筛分试验(水洗法)

1. 适用范围

(1)本方法适用于测定填料的颗粒级配。

(2)本方法不适用于测定含有水溶性物质的填料颗粒级配。

(3)本方法是矿粉等不含水溶性物质材料筛分标准试验方法。

2. 仪具与材料

(1)试验筛:孔径为 0.6 mm、0.3 mm、0.15 mm、0.075 mm。

(2)天平:称量不小于 200 g,感量不大于 0.01 g。

(3)烘箱:鼓风干燥箱,恒温 105 ℃±5 ℃。

(4)试验用水:饮用水。

(5)其他:金属盘、橡皮头研杵等。

3. 试验步骤

(1)将样品缩分至约 100 g±0.1 g 试样两份,105 ℃±5 ℃烘干至恒重,放入干燥器中冷却不少于 90 min。如颗粒结团可用橡皮头研杵研磨粉碎。

(2)取一份试样称量质量 m_0,将 0.075 mm 筛装在筛底上,倒入试样,盖上筛盖。人工充分干筛分后,去除筛底。

(3)按 0.6 mm、0.3 mm、0.15 mm、0.075 mm 筛孔组成套筛。将(2)步骤中 0.075 mm 筛上物倒在套筛顶部。在自来水龙头上接一胶管,打开自来水,用胶管的水冲洗试样、过筛直至 0.075 mm 筛下流出的水目测清澈为止。水洗过程中,可以适当用手搅动试样,加速水洗过筛。待上层筛冲干净后,取去 0.6 mm 筛;按以上步骤依次从 0.3 mm、0.15 mm 筛上冲洗试样;0.15 mm 筛上冲洗完成后,结束冲洗。

注:①冲洗时水流速度不可太大,防止将试样颗粒冲出,且水不得从两层筛之间流出;同时注意 0.075 mm 筛上聚集过多的水导致堵塞。

②不得直接冲洗 0.075 mm 筛上物,这可能使筛面变形或筛面共振,造成筛孔堵塞。

(4)分别将各筛上的筛余物倒入不同的金属盘中,再将筛子倒扣在盘上用少量的水并助以毛刷将细小颗粒刷落入盘中。待细粉沉淀后,滗去金属盘中的水,注意不要散失细粉。

(5)将各金属盘放入 105 ℃±5 ℃烘箱中烘干至恒重。称取各号筛上的分计筛余量(m_i)。

4. 结果整理

(1)试样的各号筛分计筛余率按式(3.52)计算,准确至 0.01%。

$$P'_i = \frac{m_i}{m_0} \times 100 \tag{3.52}$$

式中　P_i——各号筛分计筛余率,%;

m_i——各号筛的分计筛余量,g;

i——依次对应 0.075 mm、0.15 mm、0.3 mm 和 0.6 mm 筛孔;

m_0——筛分前干燥试样质量,g。

(2)试样的各号筛的筛余率 A,为该号筛及以上各号筛的分计筛余率之和,准确至 0.01%。

(3)试样的各号筛的通过率 P,为 100 减去该号筛的筛余率,准确至 0.01%。

(4)取两份试样的通过率算术平均值作为试验结果,准确至 0.1%。

5. 允许误差

通过率重复性试验的允许误差为 2%。

(七)填料密度试验。

1. 适用范围

本方法适用于测定填料的密度。

2. 仪具与材料

(1)李氏比重瓶:结构示意图如图 3.11。容积为 25 mL,带有长 180~200 mm、直径约 10 mm 的细颈,细颈上刻度为 0~24 mL,且 0~1 mL 和 18~24 mL 分度值为 0.1 mL。其结构材料是优质玻璃,透明无条纹,具有抗化学侵蚀性热滞后性小,要有足够的厚度。

(2)天平:称量不小于 500 g,感量不大于 0.01 g。

(3)烘箱:鼓风干燥箱,恒温 105 ℃±5 ℃。

(4)恒温水槽:能控温在 23 ℃±0.5 ℃。

(5)温度计:量程 0~50 ℃,分度值 0.1 ℃;量程 0~200 ℃,分度值 1 ℃。

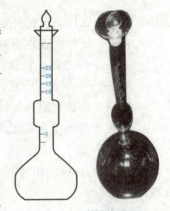

图 3.11　李氏比重瓶

(5)其他:瓷皿、小牛角匙、干燥器(内装变色硅胶)、漏斗等。

(6)滤纸。

(7)浸没液体:蒸馏水,或去离子水;或重馏煤油(又称石蜡油),为沸点在 190~260 ℃ 的石油馏分。

注:根据填料特性选择合适的浸没液体。填料成分应不溶于浸没液体,也不得与浸没液体发生反应。对于一般矿粉可采用蒸馏水或去离子水;对于水泥、消石灰等亲水性填料,含水溶性物质的填料或相对密度小于 1 的填料,或掺加前述材料的混合填料,应采用重馏煤油。

3. 试验准备

将样品缩分至约 200 g 试样两份,置瓷皿中,105 ℃±5 ℃ 烘干至恒重,放入干燥器中冷却。如颗粒结团,可用橡皮头研杵研磨粉碎。

4. 试验步骤

(1)向李氏比重瓶中注入浸没液体，至刻度 0~1 m(以弯月面下部为准)，盖上瓶塞，放入 23 ℃±0.5 ℃的恒温水槽中，恒温 120 min 后读取李氏比重瓶中水面的刻度初始读数(V_1)。读数时眼睛、弯月面的最低点及刻度线处于同一水平线。

(2)从恒温水槽中取出李氏比重瓶，用滤纸将瓶内浸没液体液面以上残留液体仔细擦净。

(3)将瓷皿、烘干的试样，连同小牛角匙、漏斗一起称量质量(m)；用小牛角匙将试样通过漏斗徐徐加入李氏比重瓶中，待李氏比重瓶中水的液面上升至接近李氏比重瓶的最大读数时为止；反复摇动李氏比重瓶，直至没有气泡排出。

(4)再次将李氏比重瓶放入恒温水槽中，恒温 120 min 后，按照(2)方法读取李氏比重瓶的第二次读数(V_2)。前后两次读数时恒温水槽的温度差不大于 0.5 ℃。

5. 结果整理

(1)按式(3.53)及式(3.54)计算试样的密度和相对密度，精确至小数点后 3 位。

$$\rho_a = \frac{m_1 - m_2}{V_1 - V_2} \tag{3.53}$$

$$\gamma_a = \frac{\rho_a}{\rho_T} \tag{3.54}$$

式中 ρ_a——试样的表观密度（g/cm³）；

γ_a——试样的表观相对密度；

m_1——牛角匙、瓷皿、漏斗及试验前瓷器中试样的干燥质量(g)；

m_2——牛角匙、瓷皿、漏斗及试验后瓷器中试样的干燥质量(g)；

V_1——李氏比重瓶加试样以前比重瓶的初读数(mL)；

V_2——李氏比重瓶加试样以后比重瓶的终读数(mL)；

ρ_T——23 ℃水的密度，为 0.997 56 g/cm³。

(2)取两份试样的相对密度、密度的算术平均值作为试验结果，准确至 0.001 g/cm³ 和 0.001 g/cm³。

6. 允许误差

密度重复性试验的允许误差为 0.02 g/cm³。

(八)填料亲水系数试验

1. 适用范围

(1)本方法适用于测定填料在水(极性介质)中膨胀的体积与其在煤油(非极性介质)中膨胀的体积之比，用于评价填料与沥青结合料的黏附性能。

(2)本方法适用于测定矿粉、水泥、石灰、粉煤灰等填料亲水系数。

2. 仪具与材料

(1)量筒：50 mL 两个，刻度至 0.5 mL。

(2)研钵及有橡皮头的研杵。

(3)天平：称量不小于 100 g，感量不大于 0.01 g。

(4)煤油：在温度 270 ℃分馏得到的煤油，并经杂黏土过滤。过滤前杂黏土应先加热至

250 ℃，并恒温 3 h 后冷却至室温。

(5)烘箱：鼓风干燥箱，恒温 105 ℃±5 ℃。

(6)试验用水：蒸馏水或去离子水。

3. 试样准备

将样品缩分至约 100 g 子样一份，105 ℃±5 ℃烘干至恒重，放入干燥器中冷却不少于 90 min。如颗粒结团，可用橡皮头研杵研磨粉碎。试验时缩分至 5 g±0.1 g 试样四份。

4. 试验步骤

(1)取一份试样，将其放在研钵中，加入 15～30 mL 水，用橡皮研杵磨 5 min，用洗瓶把研钵中的悬浮液洗入量筒中，使量筒中的液面恰为 50 mL。然后，用玻璃棒搅拌悬浮液。按照同样方法取另一份试样，得到 50 mL 悬浮液。

(2)取两份试样，采用煤油代替水，按(1)方法得到两份 50 mL 悬浮液。

(3)将(1)和(2)得到的量筒悬浮液静置，使悬浮液中颗粒沉淀。

(4)每 12 h 记录一次沉淀物的体积，直至体积不变为止，记录最终沉淀物的体积。

5. 计算

(1)亲水系数按式(3.55)计算。

$$\eta = \frac{V_B}{V_H} \tag{3.55}$$

式中　η——亲水系数；

V_B——两份试样水中沉淀物体积(mL)；

V_H——两份试样煤油中沉淀物体积(mL)。

学习参考

矿粉试验报告

工程名称：××高速公路改扩建工程路面综合二合同　　　报告编号：KF-S03-2024082201

承包单位	辽宁××公路工程有限责任公司	委托单编号	KF-S03-2024082101
工程名称	辽宁××公路工程有限责任公司	分项工程	沥青面层
监理单位	××公路工程监理有限责任公司	试验者	×××
试验单位	辽宁省×××公路工程质量检测中心	校核者	×××
试验规程	JTG 3432—2024	试验日期	2024-08-21
试样描述	矿粉	报告日期	2024-08-22
试样编号	01　　　名称　　矿粉	代表数量	46.28 t
产地	辽阳小屯　　用途　　沥青路面	取样地点	拌和站

组号	试样质量/g	筛孔尺寸/mm	分计筛余质量/g			分计筛余率/%	筛余率/%	通过率/%	规定通过率/%
			1	2	平均值				
1	100.10	0.6	0.000	0.000	0.000	0.0	0.0	100.0	100
		0.15	2.060	2.150	2.105	2.1	2.1	97.9	90～100
		0.075	7.960	8.230	8.095	8.1	10.2	89.8	75～100

续表

2	100.10	0.6	0.000	0.000	0.000	0.0	0.0	100.0	100
		0.15	2.420	2.150	2.285	2.3	2.3	97.7	90~100
		0.075	8.030	8.580	8.305	8.3	10.6	89.4	75~100
密度/(g·cm^{-3})	2.700	相对密度	2.705	液限/%	20.8	塑限/%	17.6	塑性指数	3.2
含水率/%	0.85	亲水系数	0.768	亲水系数评价		该矿粉对沥青有大于水的亲和力			

结论：符合设计要求	技术负责人意见：
	签名：
监督(理)工程师意见：	
签名：	实验室盖章：

(九)沥青与粗集料的黏附性试验

1. 目的和适用范围

本方法适用于检验沥青与粗集料表面的黏附性及评定集料的抗水剥离能力。对于最大粒径大于 13.2 mm 的集料应用水煮法，对最大粒径小于(或等于)13.2 mm 的集料应用水浸法进行试验。当同一种料源最大粒径既有大于又有小于 13.2 mm 的集料时，取大于 13.2 mm 水煮法试验为标准，对细粒式沥青混合料以水浸法试验为标准。

2. 仪具与材料

(1)天平：称量 500 g，感量不大于 0.01 g。

(2)恒温水槽：能保持温度 80 ℃±1 ℃。

(3)拌和用小型容器：500 mL。

(4)其他：烧杯：1 000 mL；试验架；细线：尼龙线或棉线、铜丝线；铁丝网；标准筛：9.5 mm、13.2 mm、19 mm 各 1 个；烘箱：装有自动温度调节器；电炉、燃气炉；玻璃板：约 200 mm×200 mm；搪瓷盘：约 300 mm×400 mm；拌合铲、石棉网、纱布、手套等。

3. 水煮法(适用于粒径大于 13.2 mm 的粗集料)试验步骤

(1)准备工作。

1)将集料过 13.2 mm、19 mm 的筛，取粒径为 13.2~19 mm、形状接近立方体的规则集料 5 个，用洁净水洗净，置温度为 105 ℃±5 ℃ 的烘箱中烘干，然后放在干燥器中备用。

2)大烧杯中盛水，并置于加热炉的石棉网上煮沸。

(2)试验步骤。

1)将集料逐个用细线在中部系牢，再置 105 ℃±5 ℃ 烘箱内 1 h。

按下述的方法准备沥青试样：

①将装有试样的盛样器带盖放入恒温烘箱中，烘箱温度 80 ℃ 左右，加热至沥青全部熔化。将盛样器皿放在有石棉垫的炉具上缓慢加热，不超过 30 min，并用玻璃棒轻轻搅拌，防止局部过热。

在沥青温度不超过 100 ℃的条件下,仔细脱水至无泡沫为止,最后的加热温度不超过软化点以上 100 ℃(石油沥青)或 50 ℃(煤沥青)。

②将盛样器中的沥青通过 0.6 mm 的滤筛过滤,装入擦拭干净并干燥的一个或数个沥青盛样器皿中,数量应满足一批试验项目所需的沥青样品并有富余。

注:试样冷却后反复加热的次数不得超过 2 次,以防沥青老化影响试验结果。

(2)逐个用线提起加热的矿料颗粒,浸入预先加热的沥青(石油沥青 130~150 ℃)试样中 45 s 后,轻轻拿出,使集料颗粒完全为沥青膜所裹覆。

(3)将裹覆沥青的集料颗粒悬挂于试验架上,下面垫一张纸,使多余的沥青流掉,并在室温下冷却 15 min。

(4)待集料颗粒冷却后,逐个用线提起,浸入盛有煮沸水的大烧杯中,调整加热炉,使烧杯中的水保持微沸状态,如图 3.12 中(b)和(c)所示,但不允许有沸开的泡沫,如图 3.12(a)所示。

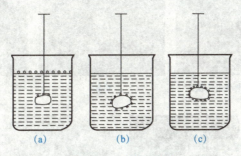

图 3.12 水煮法试验

(5)浸煮 3 min 后,将集料从水中取出,适当冷却;然后放入一个盛有常温水的纸杯等容器中,在水中观察矿料颗粒上沥青膜的剥落程度,并按表 3.37 评定其黏附性等级。

表 3.37 沥青与集的料黏附性等级评定

试验后集料表面上沥青膜剥落情况	黏附性等级
沥青膜完全保存,剥离面积百分率接近 0	5
沥青膜少部为水所移动,厚度不均匀,剥离面积百分率少于 10%	4
沥青膜局部为水所移动,基本保留在集料表面上,剥离面积百分率少于 30%	3
沥青膜大部为水所移动,局部保留在集料表面上,剥离面积百分率大于 30%	2
沥青膜完全为水所移动,集料基本裸露,沥青全浮于水面上	1

(6)同一试样应平行试验 5 个集料颗粒,并由两名以上经验丰富的试验人员分别评定后,取平均等级作为试验结果。

(十)沥青混合料马歇尔试件制作方法(击实法)

1. 目的与适用范围

(1)本方法适用于采用标准击实法或大型击实法制作沥青混合料试件,以供试验室进行沥青混合料物理力学性质试验使用。

(2)标准击实法适用于马歇尔试验、间接抗拉试验(劈裂法)等所使用的 $\phi 101.6\ mm \times 63.5\ mm$ 圆柱体试件的成型。大型击实法适用于 $\phi 152.4\ mm \times 95.3\ mm$ 的大型圆柱体试件的成型。

(3)沥青混合料试件制作时的条件及试件数量应符合下列规定:

1)当集料公称最大粒径小于或等于 26.5 mm 时,采用标准击实法。一组试件的数量不少于 4 个。

2)当集料公称最大粒径大于 26.5 mm 时,宜采用大型击实法。一组试件的数量不少于 6 个。马歇尔试验所需仪器,如图 3.13 所示。

沥青混合料拌合机

电动击实仪

烘箱

天平

脱模器

马歇尔试件试模

图 3.13 马歇尔试验所需仪器

2. 仪具与材料

(1)自动击实仪:击实仪应具有自动记数、控制仪表、按钮设置、复位及暂停等功能。按用途分为以下两种:

1)标准击实仪:由击实锤、$\phi 98.5\ mm \pm 0.5\ mm$ 平圆形压实头及带手柄的导向棒组成。用机械将压实锤提升,至 457.2 mm±1.5 mm 高度沿导向棒自由落下连续击实,标准击实锤质量 4 536 g±9 g。

2)大型击实仪:由击实锤、$\phi 149.4\ mm \pm 0.1\ mm$ 平圆形压实头及带手柄的导向棒组成。用机械将压实锤提升,从 457.2 mm±2.5 mm 高度沿导向棒自由落下击实,大型击实锤质量 10 210 g±10 g。

(2)实验室用沥青混合料拌合机:能保证拌和温度并充分拌和均匀,可控制拌和时间,容量不小于 10 L。搅拌叶自转速度 70~80 r/min,公转速度 40~50 r/min。

(3)脱模器:电动或手动,应无破损地推出圆柱体试件,备有标准试件及大型试件尺寸的推出环。

(4)试模:由高碳钢或工具钢制成,几何尺寸如下:

1)标准击实仪试模的内径 101.6 mm±0.2 mm,圆柱形金属筒高 87 mm,底座直径约 120.6 mm,套筒内径 104.8 mm、高 70 mm。

2)大型击实仪试模与套筒尺寸如图 3.14 所示。套筒外径 165.1 mm、内径 155.6 mm±0.3 mm,总高 83 mm。试模内径 152.4 mm±0.2 mm,总高 115 mm,底座板厚 12.7 mm,直径 172 mm。

(5)烘箱:大、中型各 1 台,应有温度调节器。

(6)天平或电子秤:用于称量矿料的,感量不大于 0.5 g;用于称量沥青的,感量不大于 0.1 g。

(7)布洛克菲尔德黏度计。

(8)其他。温度计:分度值 1 ℃,宜采用有金属插杆的插入式数显温度计,金属插杆的长度不小于 150 mm,量程 0~300 ℃;插刀或大螺钉旋具;电炉或煤气炉、沥青熔化锅、拌合铲、标准筛、滤纸(或普通纸)、胶布、卡尺、秒表、粉笔、棉纱等。

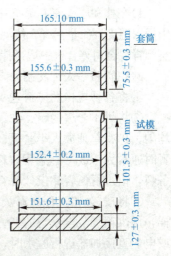

图 3.14 大型圆柱体试件的试模与套筒

3. 准备工作

(1)确定制作沥青混合料试件的拌和温度与压实温度。

1)测定沥青的黏度,绘制黏度曲线。按表 3.38 的要求确定适宜于沥青混合料拌和及压实的等黏温度。

表 3.38 沥青混合料拌和及压实的沥青等黏温度

沥青结合料种类	黏度与测定方法	适宜于拌和的沥青结合料黏度	适宜于压实的沥青结合料黏度
石油沥青	表观黏度	0.17 Pa·s±0.02 Pa·s	0.28 Pa·s±0.03 Pa·s

2)当缺乏沥青黏度测定条件时,试件的拌和与压实温度可按表 3.39 选用,并根据沥青品种和标号作适当调整。针入度小、稠度大的取沥青高限;针入度大、稠度小的沥青取低限;一般取中值。

表 3.39 沥青混合料拌和及压实温度参考表

沥青结合料种类	拌和温度/℃	压实温度/℃
石油沥青	140~160	120~150
改性沥青	160~175	140~170

3)对改性沥青,应根据实践经验、改性剂的品种和用量,适当提高混合料的拌和和压实温度;对大部分聚合物改性沥青,通常在普通沥青的基础上提高 10~20 ℃;掺加纤维时,尚需再提高 10 ℃左右。

4)常温沥青混合料的拌和及压实在常温下进行。

(2)沥青混合料试件的制作条件。

1)在拌和厂或施工现场采集沥青混合料试样。将试样置于烘箱中加热或保温,在混合料中插入温度计测量温度,待混合料温度符合要求后成型。需要适当拌和时可倒入已加热的小型沥青混合料拌合机中适当拌和,时间不超过 1 min。但不得在电炉或明火上加热炒拌。

2)在实验室人工配制沥青混合料时,试件的制作按下列步骤进行:

①将各种规格的矿料置 105 ℃±5 ℃的烘箱中烘干至恒重(一般不少于 4~6 h)。

②将烘干分级的粗、细集料,按每个试件设计级配要求称其质量,在一金属盘中混合均匀,矿粉单独放入小盆里;然后置烘箱中预热至沥青拌和温度以上约 15 ℃(采用石油沥青时通常为 163 ℃;采用改性沥青时通常需 180 ℃)备用。一般按一组试件(每组 4~6 个)备料,但进行配合比设计时宜对每个试件分别备料。常温沥青混合料的矿料不应加热。

③将按《公路工程沥青及沥青混合料试验规程》(JTG E20—2011)的规定采取的沥青试样,用烘箱加热至规定的沥青混合料拌和温度,但不得超过 175 ℃。当不得已采用燃气炉或电炉直接加热进行脱水时,必须使用石棉垫隔开。

4. 拌制沥青混合料

(1)黏稠石油沥青混合料:

1)将沥青混合料拌合机预热至拌和温度 10 ℃左右。

2)用蘸有少许黄油的棉纱擦净试模、套筒及击实座等,置 100 ℃左右烘箱中加热 1 h 备用。常温沥青混合料用试模不加热。

3)将加热的粗细集料置于拌合机中,用小铲子适当混合,再加入需要数量的沥青(如沥青已称量在一专用容器内时,可在倒掉沥青后用一部分热矿粉将粘在容器壁上的沥青擦拭掉并一起倒入拌合锅中),开动拌合机一边搅拌一边将拌合叶片插入混合料中拌和 1~1.5 min;然后暂停拌和,加入加热的矿粉,继续拌和至均匀为止,并使沥青混合料保持在要求的拌和温度范围内。标准的总拌和时间为 3 min。

(2)液体石油沥青混合料:将每组(或每个)试件的矿料置已加热至 55~100 ℃的沥青混合料拌合机中,注入要求数量的液体沥青,并将混合料边加热边拌和,使液体沥青中的溶剂挥发至 50%以下。拌和时间应事先试拌决定。

(3)乳化沥青混合料:将每个试件的粗细集料,置于沥青混合料拌合机(不加热,也可用人工炒拌)中;注入计算的用水量(阴离子乳化沥青不加水)后,拌和均匀并使矿料表面完全湿润;再注入设计的沥青乳液用量,在 1 min 内使混合料拌匀,然后加入矿粉后迅速拌和,使混合料拌成褐色为止。

5. 成型方法

(1)击实法的成型步骤如下:

1)将拌好的沥青混合料,用小铲适当拌和均匀,称取一个试件所需的用量(标准马歇尔试件约 1 200 g,大型马歇尔试件约 4 050 g)。当已知沥青混合料的密度时,可根据试件的标准尺寸计算并乘以 1.03 得到要求的混合料数量。当一次拌和几个试件时,宜将其倒入经预热的金属盘中,用小铲适当拌和均匀分成几份,分别取用。在试件制作过程中,为防止混合料温度下降,应连盘放在烘箱中保温。

2)从烘箱中取出预热的试模及套筒,用蘸有少许黄油的棉纱擦拭套筒、底座及击实锤底面。将试模装在底座上,放一张圆形的吸油性小的纸,用小铲将混合料铲入试模中,用插刀或大螺钉旋具沿周边插捣15次,中间插捣10次。插捣后将沥青混合料表面整平。对大型马歇尔试件,混合料分两次加入,每次插捣次数同上。

3)插入温度计至混合料中心附近,检查混合料温度。

4)待混合料温度符合要求的压实温度后,将试模连同底座一起放在击实台上固定,在装好的混合料上垫一张吸油性小的圆纸,再将装有击实锤及导向棒的压实头放入试模中。开启电动机使击实锤从457 mm的高度自由落下击实规定的次数(75次或50次)。对大型试件,击实次数为75次(相应于标准击实50次)或112次(相应于标准击实75次)。

5)试件击实一面后,取下套筒,将试模翻面,装上套筒,然后以同样的方法和次数击实另一面。

乳化沥青混合料试件在两面击实后,将一组试件在室温下横向放置24 h;另一组试件置温度为105 ℃±5 ℃的烘箱中养生24 h。将养生试件取出后再立即两面锤击各25次。

6)试件击实结束后,立即用镊子取掉上面的纸,用卡尺量取试件离试模上口的高度并由此计算试件高度,如高度不符合要求时,试件应作废,并按下式调整试件的混合料质量,以保证高度符合63.5 mm±1.3 mm(标准试件)或95.3 mm±2.5 mm(大型试件)的要求。

$$调整后混合料质量 = \frac{要求试件高度 \times 原用混合料质量}{所得试件的高度}$$

(2)卸去套筒和底座,将装有试件的试模横向放置冷却至室温后(不少于12 h),置脱模机上脱出试件。用于现场马歇尔指标检验的试件,在施工质量检验过程中如急需试验,允许采用电风扇吹冷1 h或浸水冷却3 min以上的方法脱模,但浸水脱模法不能用于测量密度、空隙率等各项物理指标。

(3)将试件仔细置于干燥、洁净的平面上,供试验用。

(十一)车辙试验试件制备(轮碾法)

1. 目的与适用范围

(1)本方法规定了在试验室用轮碾法制作沥青混合料试件的方法,以供进行沥青混合料物理力学性质试验时使用。

车辙试验

(2)轮碾法适用于长300 mm×宽300 mm×厚50~100 mm板块状试件的成型,此试件可用切割机切制成棱柱体试件,或在试验室用芯样钻机钻取试样。成型试件的密度应符合马歇尔标准击实试样密度100%±1%的要求。

(3)沥青混合料试件制作时的试件厚度可根据集料粒径大小及工程需要选择。对于集料公称最大粒径小于或等于19 mm的沥青混合料,宜采用长300 mm×宽300 mm×厚50 mm的板块试模成型;对于集料公称最大粒径大于或等于26.5 mm的沥青混合料,宜采用长300 mm×宽300 mm×厚80~100 mm的板块试模成型。

2. 仪具与材料

(1)轮碾成型机:如图3.15所示,具有与钢筒式压路机相似的圆弧形碾压轮,轮宽300 mm,压实线荷载为300 N/cm,碾压行程等于试件长度,经碾压后的板块状试件可达到马歇尔试验标准击实密度的100%±1%。

(2)实验室用沥青混合料拌合机:能保证拌和温度并充分拌和均匀,可控制拌和时间,宜采用容量大于30 L的大型沥青混合料拌合机,也可采用容量大于10 L的小型拌合机。

(3)试模:由高碳钢或工具钢制成,试模尺寸应保证成型后符合要求试件尺寸的规定。试验室制作车辙试验板块状试件的标准试模如图 3.15 所示,内部平面尺寸为长 300 mm×宽 300 mm×厚 50~100 mm。

(4)烘箱:大、中型各 1 台,装有温度调节器。

(5)台秤、天平或电子秤:称量 5 kg 以上的,感量不大于 1 g;称量 5 kg 以下时,用于称量矿料的感量不大于 0.5 g。用于称量沥青的感量不大于 0.1 g。

(6)沥青黏度测定设备:布洛克菲尔德黏度计、真空减压毛细管。

图 3.15 轮碾成型机及车辙试模

(7)小型击实锤:钢制端部断面 80 mm×80 mm,厚 10 mm,带手柄,总质量 0.5 kg 左右。

(8)其他。温度计:分度为 1 ℃,宜采用有金属插杆的插入式数显温度计,金属插杆的长度不小于 150 mm,量程 0~300 ℃;电炉或煤气炉、沥青熔化锅、拌合铲、标准筛、滤纸、胶布、卡尺、秒表、粉笔、垫木、棉纱等。

3. 准备工作

(1)按《公路工程沥青及沥青混合料试验规程》(JTG E20—2011)的方法决定制作沥青混合料试件的拌和与压实温度。常温沥青混合料的拌和及压实在常温下进行。

(2)按《公路工程沥青及沥青混合料试验规程》(JTG E20—2011)的规定在拌合厂或施工现场采取代表性的沥青混合料,如混合料温度符合要求,可直接用于成型。在实验室人工配制沥青混合料时,按《公路工程沥青及沥青混合料试验规程》(JTG E20—2011)的规定制备沥青混合料的方法准备矿料及沥青。常温沥青混合料的矿料不加热。

(3)将金属试模及小型击实锤等置 100 ℃左右烘箱中加热 1 h 备用。常温沥青混合料用试模不加热。

(4)按《公路工程沥青及沥青混合料试验规程》(JTG E20—2011)的方法拌制沥青混合料。当采用大容量沥青混合料拌合机时,宜一次拌和;当采用小型混合料拌合机时,可分两次拌和。混合料质量及各种材料数量由块试件的体积按马歇尔标准击实密度乘以 1.03 的系数求得。常温沥青混合料的矿料不加热。

4. 轮碾成型方法

(1)在试验室用轮碾成型机制备试件。试件尺寸通常为长 300 mm×宽 300 mm×厚 50~100 mm。试件的厚度可根据集料粒径大小选择,同时根据需要也可采用其他尺寸,但混合料一层碾压的厚度不得超过 100 mm。

1)将预热的试模从烘箱中取出,装上试模框架;在试模中铺一张裁好的普通纸(可用报纸),使底面及侧面均被纸隔离,将拌和的全部沥青混合料(注意不得散失,分两次拌和的应倒在一起),用小铲稍加拌和后均匀地沿试模由边至中按顺序转圈装入试模,中部要略高于四周。

2)取下试模框架,用预热的小型击实锤由边至中转圈夯实一遍,整平成凸圆弧形。

3)插入温度计,待混合料达到规定的压实温度(为使冷却均匀,试模底下可用垫木支起)时,在表面铺一张裁好尺寸的普通纸。

4)成型前将碾压轮预热至 100 ℃左右;然后将盛有沥青混合料的试模置于轮碾机的平台上,轻轻放下碾压轮,调整总荷载为 9 kN(线荷载 300 N/cm)。

5)启动轮碾机,先在一个方向碾压 2 个往返(4 次);卸荷,再抬起碾压轮,将试件调转方向;再加相同荷载碾压至马歇尔标准密实度 100%±1%为止。试件正式压实前,应经试压,测定密度后,确定试件碾压次数。对普通沥青混合料,一般 12 个往返(24 次)左右可达要求(试件厚度为 50 mm)。

6)压实成型后,揭去表面的纸,用粉笔在试件表面标明碾压方向。

7)盛有压实试件的试模,置室温下冷却,至少 12 h 后方可脱模。

(2)在工地制备试件。

1)按《公路工程沥青及沥青混合料试验规程》(JTG E20—2011)的规定采取代表性的沥青混合料样品,数量需多于 3 个试件的需要量。

2)按实验室方法称取一个试样混合料数量装入符合要求尺寸的试模中,用小锤均匀击实。试模应不妨碍碾压成型。

3)碾压成型:在工地上,可用小型振动压路机或其他适宜的压路机碾压,在规定的压实温度下,每一遍碾压 3~4 s,约 25 次往返,使沥青混合料压实密度达到马歇尔标准密度 100%±1%。

4)如将工地取样的沥青混合料送往实验室成型时,混合料必须放在保温桶内,不使其温度下降,且在抵达实验室后立即成型,如温度低于要求可适当加热至压实温度后,用轮碾成型机成型。如属于完全冷却后经二次加热重塑成型的试件,必须在试验报告上注明。

(十二)压实沥青混合料密度试验(表干法)

1. 目的与适用范围

(1)本方法适用于测定吸水率不大于 2%的各种沥青混合料试件,包括密实型沥青混凝土、沥青玛蹄脂碎石混合料(SMA)和沥青稳定碎石等沥青混合料试件的毛体积相对密度和毛体积密度。标准温度为 25 ℃±0.5 ℃。

(2)本方法测定的毛体积相对密度和毛体积密度适用于计算沥青混合料试件的空隙率、矿料间隙率等各项体积指标。

2. 仪具与材料

(1)浸水天平或电子秤:当最大称量在 3 kg 以下时,感量不大于 0.1 g;最大称量在 3 kg 以上时,感量不大于 0.5 g;应有测量水中质量的挂钩。

(2)网篮。

(3)溢流水箱:如图 3.16 所示,使用洁净水,有水位溢流装置,保持试件和网篮浸入水中后的水位一定。能调整水温至 25 ℃±0.5 ℃。

(4)试件悬吊装置:天平下方悬吊网篮及试件的装置,吊线应采用不吸水的细尼龙线绳,并有足够的长度。对轮碾成型机成型的板块状试件可用铁丝悬挂。

(5)其他:秒表、毛巾、电风扇或烘箱。

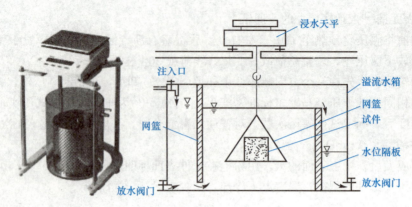

图 3.16 溢流水箱及下挂法水中质量称量方法示意图

3. 方法与步骤

(1)准备试件。本试验既可采用室内成型的试件,也可采用工程现场钻芯、切割等方法获得的试件。试验前试件宜在阴凉处保存(温度不宜高于 35 ℃),且放置在水平的平面上,注意不要使试件产生变形。

沥青混合料
密度试验

(2)选择适宜的浸水天平或电子秤,最大称量应满足试件质量的要求。

(3)除去试件表面的浮粒,称取干燥试件的空中质量(m_a),根据选择的天平的感量读数,精确至 0.1 g 或 0.5 g。

(4)将溢流水箱保持在 25 ℃±0.5 ℃。挂上网篮,浸入溢流水箱中,调节水位,将天平调平并复零,把试件置于网篮中(注意不要晃动水)浸水中 3~5 min,称取水中质量(m_w)。若天平读数持续变化,不能很快达到稳定,说明试件吸水较严重,不适用于此法测定,应改用蜡封法测定。

(5)从水中取出试件,用洁净柔软拧干的湿毛巾轻轻擦去试件的表面水(不得吸走空隙内的水),称取试件的表干质量(m_f)。从试件拿出水面到擦拭结束不宜超过 5 s,称量过程中流出的水不得再擦拭。

(6)对从工程现场钻取的非干燥试件,可先取水中质量(m_w)和表干质量(m_f),然后用电风扇吹干至恒重(一般不少于 12 h,当不需进行其他试验时,也可用 60 ℃±5 ℃烘箱烘干至恒重),再称取空中质量(m_a)。

4. 计算

(1)按式 3.56 计算试件的吸水率,取 1 位小数。试件的吸水率即试件吸水体积占沥青混合料毛体积的百分率。

$$S_a = \frac{m_f - m_a}{m_f - m_w} \times 100\% \tag{3.56}$$

式中 S_a——试件的吸水率(%);
　　　m_a——干燥试件的空中质量(g);
　　　m_w——试件的水中质量(g);
　　　m_f——试件的表干质量(g)。

(2)按式(3.57)及式(3.58)计算试件的毛体积相对密度和毛体积密度,取 3 位小数。

$$\gamma_f = \frac{m_a}{m_f - m_w} \tag{3.57}$$

$$\rho_f = \frac{m_a}{m_f - m_w} \times \rho_w \tag{3.58}$$

式中 γ_f——试件毛体积相对密度,无量纲;

ρ_f——试件毛体积密度(g/cm³);

ρ_w——25 ℃水的密度,取 0.997 1 g/cm³。

(3)按式(3.59)计算试件的空隙率,取 1 位小数。

$$VV = \left(1 - \frac{\gamma_f}{\gamma_t}\right) \times 100\% \tag{3.59}$$

式中 VV——试件的空隙率(%);

γ_t——沥青混合料理论最大相对密度,无量纲;

γ_f——试件的毛体积相对密度,用表干法测定,当试件吸水率 $S_a > 2\%$ 时,宜采用蜡封法测定;当按规定容许采用水中质量法测定时,也可用表观相对密度代替。

(4)确定沥青混合料的理论最大相对密度,取 3 位小数。

1)对非改性的普通沥青混合料,采用真空法实测沥青混合料的理论最大相对密度 γ_t。

2)对改性沥青或 SMA 混合料宜按式(3.60)或式(3.61)计算沥青混合料对应油石比的理论最大相对密度。

$$\gamma_t = \frac{100 + P_a}{\frac{100}{\gamma_{se}} + \frac{P_a}{\gamma}} \tag{3.60}$$

$$\gamma_t = \frac{100 + P_a + P_x}{\frac{100}{\gamma_{se}} + \frac{P_a}{\gamma_b} + \frac{P_x}{\gamma_x}} \tag{3.61}$$

式中 γ_t——沥青混合料最大理论相对密度,无量纲;

P_a——油石比,即沥青质量占矿料总质量的百分比(%);

P_x——纤维用量,即纤维质量占矿料总质量的百分比(%);

γ_x——25 ℃时纤维的相对密度,无量纲;

γ_b——25 ℃时沥青的相对密度,无量纲;

γ_{se}——合成矿料的有效相对密度,无量纲,计算见式(3.62):

$$\gamma_{se} = \frac{100_b}{\frac{P_1}{\gamma_1} + \frac{P_2}{\gamma_2} + \cdots + \frac{P_n}{\gamma_n}} \tag{3.62}$$

式中对应各规格集料的相对密度,可采用毛体积相对密度或表观相对密度,无量纲。

(5)按式(3.63)~式(3.65)计算试件的空隙率、矿料间隙率 VMA 和有效沥青的饱和度 VFA,取 1 位小数。

$$VV = \left(1 - \frac{\gamma_f}{\gamma_t}\right) \times 100\% \tag{3.63}$$

$$VMA = \left(1 - \frac{\gamma_f}{\gamma_{sb}} \times \frac{P_s}{100}\right) \times 100\% \tag{3.64}$$

$$VFA = \frac{VMA - VV}{VMA} \times 100\% \tag{3.65}$$

式中 VV——沥青混合料试件的空隙率(%);

VMA——沥青混合料试件的矿料间隙率(%);

VFA——沥青混合料试件的有效沥青饱和度(%);

P_s——各种矿料占沥青混合料总质量的百分率之和(%);$P_s = 100\% - P_b$;

γ_{sb}——矿料的合成毛体积相对密度,无量纲。

(6)应在试验报告中注明沥青混合料的类型及测定密度采用的方法;试件毛体积密度重复性的允许误差为 0.020 g/cm³。试件毛体积相对密度试验重复性的允许误差为 0.020。

(十三)沥青混合料马歇尔稳定度试验

1. 目的与适用范围

(1)本方法适用于马歇尔稳定度试验和浸水马歇尔稳定度试验,以进行沥青混合料的配合比设计或沥青路面施工质量检验。浸水马歇尔稳定度试验(根据需要,也可进行真空饱水马歇尔试验)供检验沥青混合料受水损害时抵抗剥落的能力时使用,通过测试其水稳定性检验配合比设计的可行性。

沥青混合料马歇尔稳定度试验

(2)本方法适用于成型的标准马歇尔试件圆柱体和大型马歇尔试件圆柱体。

2. 仪具与材料

(1)沥青混合料马歇尔试验仪(图 3.17):分为自动式和手动式。自动式马歇尔试验仪应具备控制装置、记录荷载-位移曲线、自动测定荷载与试件的垂直变形,能自动显示和存储或打印试验结果的功能。手动式由人工操作,试验数据通过操作者目测后读取数据。对于高速公路和一级公路沥青混合料宜采用自动式马歇尔试验仪。

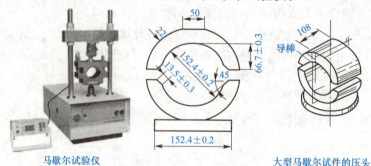

马歇尔试验仪　　　　　　大型马歇尔试件的压头

图 3.17　马歇尔试验仪与大型马歇尔试件的压头

(2)当集料公称最大粒径小于或等于 26.5 mm 时,宜采用 $\phi 101.6$ mm×63.5 mm 的标准马歇尔试件,试验仪最大荷载不得小于 25 kN,读数精确至 0.1 kN,加载速度应能保持 50 mm/min±5 mm/min。钢球直径 16 mm±0.05 mm,上下压头曲率半径为 50.8 mm±0.08 mm。

(3)当集料公称最大粒径大于 26.5 mm 时,宜采用 ϕ152.4 mm×95.3 mm 的大型马歇尔试件,试验仪最大荷载不得小于 50 kN,读数精确至 0.1 kN。上下压头的曲率内径为 152.4 mm,上、下压头间距 19.05 mm±0.1 mm。大型马歇尔试件的压头如图 3.17 所示。

(4)其他。恒温水槽:控温准确度为 1 ℃,深度不小于 150 mm;真空饱水容器:包括真空泵及真空干燥器;烘箱;天平:感量不大于 0.1 g;温度计:分度值为 1 ℃;卡尺等。

3. 准备工作

(1)按标准击实法成型马歇尔试件,标准马歇尔尺寸应符合直径 101.6 mm±0.2 mm、高 63.5 mm±1.3 mm 的要求。对大型马歇尔试件,尺寸应符合直径 152.4 mm±0.2 mm、高 95.3 mm±2.5 mm 的要求。一组试件的数量不得少于 4 个,并符合《公路工程沥青及沥青混合料试验规程》(JTG E20—2011)的规定。

(2)量测试件的直径及高度:用卡尺测量试件中部的直径,用马歇尔试件高度测定器或用卡尺在十字对称的 4 个方向量测离试件边缘 10 mm 处的高度,精确至 0.1 mm,并以其平均值作为试件的高度。如试件高度不符合 63.5 mm±1.3 mm 或 95.3 mm±2.5 mm 的要求或两侧高度差大于 2 mm 时,此试件应作废。

(3)测定试件的密度,并计算空隙率、沥青体积百分率、沥青饱和度、矿料间隙率等体积指标。

(4)将恒温水槽调节至要求的试验温度,对黏稠石油沥青或烘箱养生过的乳化沥青混合料,试验温度为 60 ℃±1 ℃,对煤沥青混合料温度为 33.8 ℃±1 ℃,对空气养生的乳化沥青或液体沥青混合料为 25 ℃±1 ℃。

4. 试验步骤

(1)将试件置于已达规定温度的恒温水槽中保温,保温时间对标准马歇尔试件为 30～40 min,对大型马歇尔试件为 45～60 min。试件之间应有间隔,底下应垫起,距水槽底部不小于 5 cm。

(2)将马歇尔试验仪的上下压头放入水槽或烘箱中达到同样温度。将上下压头从水槽或烘箱中取出,将内面擦拭干净。为使上下压头滑动自如,可在下压头的导棒上涂少量黄油。再将试件取出置于下压头上,盖上上压头,然后装在加载设备上。

(3)在上压头的球座上放妥钢球,并对准荷载测定装置的压头。

(4)当采用自动马歇尔试验仪时,将自动马歇尔试验仪的压力传感器、位移传感器与计算机或 X-Y 记录仪正确连接,调整到适宜的放大比例,压力和位移传感器调零。

(5)当采用压力环和流值计时,将流值计安装在导棒上,使导向套管轻轻地压住上压头,同时将流值计读数调零。调整压力环中百分表,对零。

(6)启动加载设备,使试件承受荷载,加载速度为 50±5 mm/min。计算机或 X-Y 记录仪自动记录传感器压力和试件变形曲线并将数据自动存入计算机。

(7)当试验荷载达到最大值的瞬间,取下流值计,同时读取压力环中百分表读数及流值计的流值读数。

(8)从恒温水槽中取出试件至测出最大荷载值的时间,不得超过 30 s。

5. 计算

(1)试件的稳定度及流值。

1)当采用自动马歇尔试验仪时,将计算机采集的数据绘制成压力和试件变形曲线,或由 X-Y 记录仪自动记录的荷载—变形曲线,按图 3.18 所示的方法在切线方向延长曲线与横坐标相交于 O_1,将 O_1 作为修正原点,从 O_1 起量取相应于荷载最大值时的变形作为流值(FL),以 mm 计,精确至 0.1 mm。最大荷载即为稳定度(MS),以 kN 计,精确至 0.01 kN。

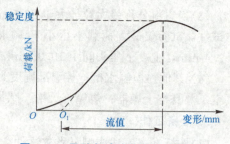

图 3.18 马歇尔试验结果的修正方法

2)采用压力环和流值计测定时,根据压力环标定曲线,将压力环中百分表的读数换算为荷载值,或者由荷载测定装置读取的最大值即为试样的稳定度(MS),以 kN 计,精确至 0.01 kN。由流值计及位移传感器测定装置读取的试件垂直变形,即为试件的流值(FL),以 mm 计,精确至 0.1 mm。

(2)试件的马歇尔模数按式(3.66)计算。

$$T = \frac{MS}{FL} \tag{3.66}$$

式中 T——试件的马歇尔模数(kN/mm);
MS——试件的稳定度(kN);
FL——试件的流值(mm)。

(3)试件的浸水残留稳定度按式(3.67)计算。

$$MS_0 = \frac{MS_1}{MS} \times 100\% \tag{3.67}$$

式中 MS_0——试件的浸水残留稳定度(%);
MS_1——试件浸水 48 h 后的稳定度(kN)。

6. 报告

(1)当一组测定值中某个测定值与平均值之差大于标准差的 k 倍时,该测定值应予舍弃,并以其余测定值的平均值作为试验结果。当试件数目 n 为 3、4、5、6 时,k 值分别为 1.15、1.46、1.67、1.82。

(2)报告中需列出马歇尔稳定度、流值、马歇尔模数,以及试件尺寸、密度、空隙率、沥青用量、沥青体积百分率、沥青饱和度、矿料间隙率等各项物理指标。当采用自动马歇尔试验时,试验结果应附上荷载—变形曲线原件或自动打印结果。

学习参考

沥青混合料马歇尔稳定度试验报告

工程名称:××高速公路改扩建工程路面综合二合同　　　　报告编号:LH-S03-2019082802

承包单位	辽宁××公路工程有限责任公司	合同编号	LH-S03-2019082802
委托单位	辽宁××公路工程有限责任公司	分项工程	沥青面层
监理单位	××公路工程监理有限责任公司	试验者	×××

续表

试验单位	辽宁省×××公路工程质量检测中心							校核者	×××	
试验规程	JTG E20—2011							试验日期	2019-08-28	
试样描述	LAC-25沥青混凝土							报告日期	2019-08-29	
矿料名称	1#仓	2#仓	3#仓	4#仓	5#仓	6#仓	矿粉	水泥	沥青种类	道路石油沥青
矿料毛体积相对密度	2.733	2.700	2.710	2.712	2.723	2.722	2.721	3.076	沥青等级	A-90号
矿料表观相对密度	2.733	2.741	2.718	2.717	2.727	2.728	2.721	3.076	沥青相对密度 1.01	水的密度/(g·cm⁻³) 0.997
矿料比例	22	17	11	15	29	2	2	2	击实温度/℃ 140	击实次数 双面各75次
油石比/%	4.5	混合料级配	LAC-25	混合料用途	路面下面层		取样地点	拌合站	混合料种类	沥青混凝土

试件编号	试件尺寸/mm						空气中质量/g	水中质量/g	表干质量/g	相对密度 理论值 2.547 实测值	空隙率 VV /%	沥青体积百分率 /%	矿料间隙率 VMA /%	饱和度 VFA /%	稳定度 MS /kN	流值 FL /mm	马歇尔模数 /(kN·mm⁻¹)
	直径	高度				平均值											
		1	2	3	4												
01	101.6	62.8	62.9	63.0	62.4	62.8	1 204.4	718.5	1 208.5	2.458	3.5	10.2	13.7	74.5	8.98	30.8	2.92
02	101.6	63.4	63.0	63.2	63.1	63.2	1 209.4	719.5	1 211.1	2.460	3.4	10.2	13.6	75.0	9.56	32.5	2.94
03	101.6	62.7	62.5	62.4	62.4	62.5	1 207.4	720.5	1 212.1	2.456	3.6	10.2	13.7	73.7	10.02	34.1	2.94
04	101.6	62.5	62.7	62.8	62.7	62.7	1 207.6	719.5	1 210.9	2.457	3.5	10.2	13.7	74.5	9.86	33.4	2.95
平均值										2.458	3.5	10.2	13.7	74.4	9.61	32.7	2.94

结论：符合设计要求

技术负责人意见：

签名：

监督(理)工程师意见：

签名：

实验室盖章：

拓展训练

沥青混合料马歇尔稳定度试验记录

承包单位		合同编号	
委托单位		分项工程	
监理单位		试验者	
试验单位		校核者	
试验规程		试验日期	

续表

试件编号	沥青用量/%	试件厚度/mm		空气中质量/g	水中质量/g	表干质量/g	体积/m³	相对密度		空隙率 VV /%	粒料间隙率 VMA /%	饱和度 VFA /%	稳定度 MS /kN	流值 FL /mm	备注
		单值	平均值					毛体积	最大理论						
平均															
平均															
平均															
平均															

结论:	技术负责人意见:
	签名:
监督(理)工程师意见:	
签名:	实验室盖章:

试样描述　　　　　　　　报告日期

(十四)沥青混合料车辙试验

1. 目的与适用范围

(1)本方法适用于测定沥青混合料的高温抗车辙能力,供沥青混合料配合比设计时的高温稳定性检验使用,也可用于现场沥青混合料的高温稳定性检验。

(2)车辙试验的试验温度与轮压(试验轮与试件的接触压强)可根据有关规定和需要选用,非经注明,试验温度为60 ℃,轮压为0.7 MPa。根据需要,如在寒冷地区也可采用

45 ℃、在高温条件下采用 70 ℃等，对重载交通的轮压可增加至 1.4 MPa，但应在报告中注明。计算动稳定度的时间原则上为试验开始后 45～60 min。

(3)本方法适用于用轮碾成型机碾压成型的长 300 mm、宽 300 mm、厚 50～100 mm 的板块状试件，切割试件的尺寸根据现场面层的实际情况由试验确定。

2. 仪具与材料

(1)车辙试验机：如图 3.19 所示。其主要由下列部分组成：

1)试件台：可牢固地安装两种宽度(300 mm 及 150 mm)的规定尺寸试件的试模。

2)试验轮：橡胶制的实心轮胎，外径 200 mm，轮宽 50 mm，橡胶层厚 15 mm。橡胶硬度(国际标准硬度)20 ℃时为 84±4，60 ℃时为 78±2。试验轮行走距离为 230 mm±10 mm，往返碾压速度为 42 次/min±1 次/min(21 次往返/min)。允许采用曲柄连杆驱动加载轮往返运行方式。

图 3.19　车辙试验机

注：轮胎橡胶硬度应注意检验，不符合要求的应及时更换。

(2)加载装置：通常情况下试验轮与试件的接触压强在 60 ℃时为 0.7 MPa±0.05 MPa，施加的总荷载为 780 N 左右，根据需要可以调整接触压强大小。

(3)试模：钢板制成，由底板及侧板组成，试模内侧尺寸宜采用长为 300 mm、宽为 300 mm、厚为 50～100 mm，也可根据需要对厚度进行调整。

(4)试件变形测量装置：自动采集车辙变形并记录曲线的装置，通常用位移传感器 LVDT 或非接触位移计。位移测量范围 0～130 mm，精度±0.01 mm。

(5)温度检测装置：自动检测并记录试件表面及恒温室内温度的温度传感器，精度±0.5 ℃。温度应能自动连续记录。

1)恒温室：恒温室应具有足够的空间。车辙试验机必须整机安放在恒温室内，装有加热器、气流循环装置及装有自动温度控制设备，同时恒温室还应有至少能保温 3 块试件并进行试验的条件。保持恒温室温度 60 ℃±1 ℃(试件内部温度 60 ℃±0.5 ℃)，根据需要也可采用其他试验温度。

2)台秤：称量 15 kg，感量不大于 5 g。

3. 方法与步骤

(1)准备工作。

1)试验轮接地压强测定：测定在 60 ℃时进行，在试验台上放置一块 50 mm 厚的钢板，其上铺一张毫米方格纸，上铺一张新的复写纸，以规定的 700 N 荷载后试验轮静压复写纸，即可在方格纸上得出轮压面积，并由此求得接地压强。当压强不符合 0.7 MPa±0.05 MPa 时，荷载应予适当调整。

2)用轮碾成型法制作车辙试验试块。在试验室或工地制备成型的车辙试件，板块状试件尺寸为长 300 mm×宽 300 mm×厚 50～100 mm(厚度根据需要确定)。也可从路面切割得到需要尺寸的试件。

3)当直接在拌合厂取拌和好的沥青混合料样品制作车辙试件检验生产配合比设计或混合料生产质量时,必须将混合料装入保温桶中,在温度下降至成型温度之前迅速送达试验室制作试件。如果温度稍有不足,可放在烘箱中稍微加热(时间不超过 30 min)后成型,但不得将混合料放冷却后二次加热重塑制作试件。重塑制件的试验结果仅供参考,不得用于评定配合比设计检验是否合格的标准。

4)如需要,将试件脱模按《公路工程沥青及沥青混合料试验规程》(JTG E20—2011)规定的方法测定密度及空隙率等各项物理指标。

5)试件成型后,连同试模一起在常温条件下放置的时间不得少于 12 h。对聚合物改性沥青混合料,放置的时间以 48 h 为宜,使聚合物改性沥青充分固化后方可进行车辙试验,但室温放置时间也不得长于一周。

(2)试验步骤。

1)将试件连同试模一起,置于已达到试验温度 60 ℃±1 ℃ 的恒温室中,保温不少于 5 h,也不得多于 12 h。在试件的试验轮不行走的部位上,粘贴一个热电偶温度计(也可在试件制作时预先将热电偶导线埋入试件一角),控制试件温度稳定在 60 ℃±0.5 ℃。

2)将试件连同试模移置于轮辙试验机的试验台上,试验轮在试件的中央部位,其行走方向须与试件碾压或行车方向一致。开动车辙变形自动记录仪,然后启动试验机,使试验轮往返行走,约 1 h,或最大变形达到 25 mm 时为止。试验时,记录仪自动记录变形曲线(图 3.20)及试件温度。

注:对试验变形较小的试件,也可对一块试件在两侧 1/3 位置上进行两次试验,然后取平均值。

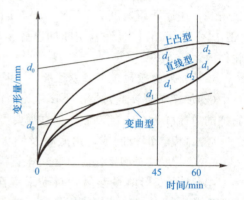

图 3.20 车辙试验自动记录的变形曲线

4. 计算

(1)从图 3.20 上读取 45 min(t_1)及 60 min(t_2)时的车辙变形 d_1 及 d_2,精确至 0.01 mm。当变形过大,在未到 60 min 变形已达 25 mm 时,则以达到 25 mm(d_2)时的时间为 t_2,将其前 15 min 为 t_1,此时的变形为 d_1。

(2)沥青混合料试件的动稳定度按式(3.68)计算。

$$DS = \frac{(t_2 - t_1) \times N}{d_2 - d_1} \times C_1 \times C_2 \qquad (3.68)$$

式中 DS——沥青混合料的动稳定度(次/mm);

d_1——对应于时间 t_1 的变形量(mm);

d_2——对应于时间 t_2 的变形量(mm);

C_1——试验机类型修正系数,曲柄连杆驱动试件的变速行走方式为 1.0;

C_2——试件系数,试验室制备的宽 300 mm 的试件为 1.0;

N——试验轮往返碾压速度,通常为 42 次/min。

5. 报告

(1)同一沥青混合料或同一路段的路面,至少平行试验 3 个试件,当 3 个试件动稳定度变异系数小于 20%时,取其平均值作为试验结果;变异系数大于 20%时应分析原因,并追加试验。如计算动稳定度值大于 6 000 次/mm 时,记作:>6 000 次/mm。

(2)试验报告应注明试验温度、试验轮接地压强、试件密度、空隙率及试件制作方法等。

(3)重复性试验动稳定度变异系数的允许差为 20%。

(十五)沥青混合料理论最大相对密度试验(真空法)

1. 目的与适用范围

(1)本方法适用于采用真空法测定沥青混合料理论最大相对密度,供沥青混合料配合比设计、路况调查或路面施工质量管理计算空隙率、压实度等。

(2)本方法不适用于吸水率大于 3%的多孔性集料的沥青混合料。

2. 仪具与材料

(1)天平:称量 5 kg 以上,感量不大于 0.1 g;称量 2 kg 以下,感量不大于 0.05 g。

(2)负压容器:根据试样数量选用表 3.40 中的 A、B、C 任何一种类型。负压容器口带橡皮塞,上接橡胶管,管口下方有滤网,防止细料部分吸入胶管。为便于抽真空时观察气泡情况,负压容器至少有一面透明或者采用透明的密封盖。

表 3.40 负压容器类型

类型	容器	附属设备
A	耐压玻璃,塑料或金属制的罐,容积大于 2 000 mL	有密封盖,接真空胶管,分别与真空装置和压力表连接
B	容积大于 2 000 mL 的真空容量瓶	带胶皮塞,接真空胶管,分别与真空装置和压力表连接
C	4 000 mL 耐压真空容器皿或干燥器	带胶皮塞,接真空胶管,分别与真空装置和压力表连接

(3)真空负压装置:如图 3.21 所示。由真空泵、真空表、调压装置、压力表及干燥或积水装置等组成。

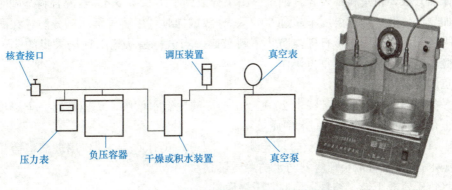

图 3.21 理论最大相对密度仪及其装置图

1)真空泵应使负压容器内产生 3.7 kPa±0.3 kPa(27.5 mm Hg±2.5 mm Hg)负压;真空表分度值大于 2 kPa。

2)调压装置应具备过压调节功能,以保持负压容器的负压稳定在要求的范围内,同时还应具有卸除真空压力的功能。

3)压力表应经过标定,能够测定 0~4 kPa(0~30 mm Hg)负压。当采用水银压力表时分度值为 1 mm Hg,示值误差为 2 mm Hg;非水银压力表分度值为 0.14 kPa。压力表不得直接与真空装置连接,应单独与负压容器相接。

4)采用干燥或积水装置主要是为了防止负压容器内的水分进入真空泵。

(4)振动装置:试验过程中根据需要可以开启或关闭。

(5)其他。恒温水槽:水温控制 25 ℃±0.5 ℃;温度计:分度值 0.5 ℃;玻璃板、平底盘、铲子等。

3. 方法与步骤

(1)准备工作。

1)按以下方法获取沥青混合料试样,试样数量宜不少于表 3.41 的规定数量。

表 3.41 沥青混合料试样数量

公称最大粒径/mm	试样最小质量/g	公称最大粒径/mm	试样最小质量/g
4.75	500	26.5	2 500
9.5	1 000	31.5	3 000
13.2、16	1 500	37.5	3 500
19	2 000	—	—

①拌制两个平行试样的沥青混合料,放置于平底盘中。

②从拌合楼、运料车或者摊铺现场取代表性的沥青混合料,趁热按四分法将其缩分成两个平行试样,分别放置于平底盘中。

③从沥青路面上的钻芯取样或切割的试样,或其他来源的冷沥青混合料,应置 125 ℃±5 ℃烘箱中加热至变软、松散后,缩分成两个平行试样,分别放置于平底盘中。

2)将平底盘中的热沥青混合料,在室温中冷却或者用电风扇吹,一边冷却一边将混合料团块仔细分散,粗集料不破碎,细集料团块分散到小于 6.4 mm。若混合料坚硬时可用烘箱适当加热再分散,加热温度不超过 60 ℃。分散试样时可用铲子翻动、分散,在温度较低时应用手掰开,不得用锤子打碎,防止集料破碎。当试样是从施工现场采集的非干燥混合料时,应用电风扇吹干至恒重再操作。

3)负压容器标定:

①A 类容器:将容器全部浸入 25 ℃±0.5 ℃的恒温水槽中,负压容器完全浸没、恒温 10 min±1 min 后,称取容器的水中质量 m_1。

②B、C 类容器:将 B、C 类容器装满 25 ℃±0.5 ℃水(容器端口用玻璃板盖住以保持完全充满水),正确称取负压容器与水的总质量 m_b。

4)将负压容器干燥、编号,称取其干燥质量。

(2)试验步骤。

1)将沥青混合料试样装入干燥的负压容器中,称容器及沥青混合料总质量,得到试样的净质量 m_a。试样质量应不小于上述规定的最小数量。

2)在负压容器中注入 25 ℃±0.5 ℃的水,将混合料全部浸没,并较混合料顶面高出约 2 cm。

3)将负压容器放到试验仪上,与真空泵、压力表等连接,开动真空泵,使负压容器负压在 2 min 内达到 3.7 kPa±0.3 kPa(27.5 mmHg±2.5 mmHg)时,开始计时,同时启动振动装置和抽真空,持续 15 min±2 min。为使气泡容易除去,可在水中加 0.01% 浓度的表面活性剂(如每 100 mL 水中加 0.01 g 洗涤灵)。

4)当抽真空结束后,关闭真空装置和振动装置,打开调压阀慢慢卸压,卸压速度不得大于 8 kPa/s(通过真空表读数控制),使负压容器内压力表逐渐恢复。

5)当负压容器采用 A 类容器时,将盛试样的容器浸入保温至 25 ℃±0.5 ℃的恒温水槽中,恒温 10 min±1 min 后,称取负压容器与沥青混合料的水中质量(m_2)。

6)当负压容器采用 B、C 类容器时,将装有沥青混合料试样的容器浸入保温至 25 ℃±0.5 ℃的恒温水槽中,恒温 10 min±1 min 后,注意容器中不得有气泡,擦净容器外的水分,称取容器、水和沥青混合料试样的总质量(m_c)。

4. 计算

(1)采用 A 类容器时,沥青混合料的理论最大相对密度按式(3.69)计算。

$$\gamma_t = \frac{m_a}{m_a - (m_2 - m_1)} \tag{3.69}$$

式中 γ_t——沥青混合料理论最大相对密度;

m_a——干燥沥青混合料试样的空气中质量(g);

m_1——负压容器在 25 ℃水中的质量(g);

m_2——负压容器与沥青混合料在 25 ℃水中的质量(g)。

(2)采用 B、C 类容器作负压容器时,沥青混合料的最大相对密度按式(3.70)计算。

$$\gamma_t = \frac{m_a}{m_a + m_b - m_c} \tag{3.70}$$

式中 m_b——装满 25 ℃水的负压容器质量(g);

m_c——25 ℃时试样、水与负压容器的总质量(g)。

(3)沥青混合料 25 ℃时的理论最大密度按式(3.71)计算。

$$\rho_t = \gamma_t \times \rho_w \tag{3.71}$$

式中 ρ_t——沥青混合料的理论最大密度(g/cm³);

ρ_w——25 ℃时水的密度,0.997 1 g/cm³。

5. 报告

同一试样至少平行试验两次,计算平均值作为试验结果,取 3 位小数。

◆ 学习参考

沥青混合料最大密度试验(真空法)报告

工程名称:××高速公路改扩建工程路面综合二合同　　　　报告编号:LH-S03-2019081202

承包单位	辽宁××公路工程有限责任公司	委托单编号	LH-S03-2019082802
工程名称	辽宁××公路工程有限责任公司	分项工程	沥青面层

续表

监理单位	××公路工程监理有限责任公司				试验者			×××	
试验单位	辽宁省×××公路工程质量检测中心				校核者			×××	
试验规程	JTG E20—2011				试验日期			2019-08-12	
试样描述	LAC-25沥青混凝土,油石比4.5%				报告日期			2019-08-12	
试验水温	25 ℃	取样地点		拌合站	水的密度			0.997 1 g/cm³	
混合料类型	沥青混凝土	混合料级配		LAC-25	容器类型			C类	
混合料用途					沥青路面下面层				
试件组号	负压容器编号	负压容器质量/g	干燥混合料与负压容器质量/g	试样和水及负压容器质量/g	装满水的负压容器质量/g	理论最大相对密度	平均理论最大相对密度	理论最大密度/(g·cm⁻³)	平均理论最大密度/(g·cm⁻³)
1	01	1 023	3 265	8 594.1	7 262.1	2.464	2.464	2.457	2.457
	02	1 024	3 567	8 923.2	7 422.9	2.464		2.457	

结论:符合设计要求

技术负责人意见:

签名:

监督(理)工程师意见:

签名:

实验室盖章

学习示例:

已知某沥青混合料理论最大密度是2.500,沥青含量5.0%。矿料由粗集料、细集料和矿粉组成,三种规格的材料分别占40%、50%、10%,各自对应的毛体积相对密度分别为2.720、2.690和2.710。现成型—马歇尔试件所用沥青混合料的总质量为1 210 g,并且马歇尔试件击实后对应的水中质量为776 g,表干质量为1 280 g。根据上述条件求出该马歇尔试件的空隙率(VV)、矿料间隙率(VMA)和沥青饱和度(VFA)各是多少?

(1)计算马歇尔试件毛体积相对密度

$$\gamma_{混合料毛体积} = \frac{m_{干}}{m_{表干} - m_{水中}} = \frac{1\,210}{1\,280 - 776} = 2.401$$

(2)计算合成矿料毛体积密度

$$\gamma_{合成矿料} = \frac{100}{\frac{p_{粗}}{\gamma_{粗}} + \frac{p_{细}}{\gamma_{细}} + \frac{p_{粉}}{\gamma_{粉}}} = \frac{100}{\frac{40}{2.720} + \frac{50}{2.690} + \frac{10}{2.710}} = 2.704$$

计算空隙率

$$VV(\%) = \left(1 - \frac{\gamma_{混合料毛体积密度}}{\gamma_{混合料理论最大密度}}\right) \times 100 = \left(1 - \frac{2.401}{2.500}\right) \times 100 = 4.0$$

(3)计算矿料间隙率

$$VMA(\%) = \left(1 - \frac{\gamma_{混合料毛体积}}{\gamma_{合成矿料毛体积}} \times p_{矿料总量百分率}\right) \times 100 = \left(1 - \frac{2.401}{2.704} \times 95\%\right) \times 100 = 15.6$$

(4)计算饱和度

$$VMA(\%) = \frac{VMA - VV}{VMA} \times 100 = \frac{15.6 - 4.0}{15.6} \times 100 = 74.4$$

学习思考

1. 粗集料应该是_____、_____表面_____形状接近_____，且无风化、不含杂质，并具有足够的强度、耐磨耗性。
2. 沥青混合料配比设计包括_____、_____、_____三个阶段。
3. 目标配合比设计可分成两个步骤进行：_____设计和_____确定。
4. 沥青混合料选用岩石应选用_____。
5. 石油沥青混合料马歇尔试件恒温温度要求是_____。
6. 在马歇尔试验中，反映材料强度的指标是_____，反映混合料变形能力的指标是_____。
7. 沥青混合料技术性有_____、_____、耐久性、抗滑性等。
8. 粗集料密度及吸水率试验采用_____。
9. 路面原材料级配采用_____试验方法。

任务三 路面现场试验检测

学习情境

作为检测人员在公路路面施工中要掌握路面现场测试的项目及要求，按要求频率进行检测，并通过检测数据在施工过程中加以控制。

学习目标

1. 路面结构性能(承载能力)检测。
2. 路面压实度的检测。
3. 路面渗水检测。
4. 路面安全性能——抗滑性能的检测。
5. 路面功能性试验检测。
6. 路面厚度的测试。

学习要求

掌握路面现场结构性、压实度、安全性、功能性等检测项目的检测，并能够独立完成材料整理。

学习引导

路面的使用性能是保证行车运输安全和舒适及降低运输成本与延长道路使用寿命的保障。路面使用性能包括功能、结构和安全三个方面。路面功能为路面提供舒适度；路面结构是指路面的物理状况，包括承载能力和破损状况；路面安全是指路面的抗滑能力。路面现场检测成为路面施工、使用过程中的质量控制和评价施工质量的关键。

一、路面结构性能（承载能力）检测

路面承载能力检测包括破损检测和无损检测两种。破损检测就是从各结构层内钻取试样进行承载能力的检测，如钻芯法测路面的压实度；无损检测通过无破损弯沉的测定，检测路面承载能力。柔性路面在荷载作用下会产生竖向变形，在荷载作用后变形会恢复，能够恢复的那部分变形量就是弯沉。它是直接反映路面强度的一个重要指标。弯沉测试方法有贝克曼梁法、自动弯沉仪法和落锤式弯沉仪法三种。贝克曼梁法属于静态测试，测定结果为回弹弯沉，其测试速度慢，是目前弯沉测试的标准方法和常用方法；自动弯沉仪法属于静态测试，其测定的是总弯沉，测试速度快，能连续测试；落锤式弯沉仪法属于动态弯沉，可反算路面的回弹模量，能快速连续测试。下面详细介绍这三种方法。

（一）贝克曼梁测试路面回弹弯沉方法

国内外普遍采用回弹弯沉值来表示路基路面的承载能力，回弹弯沉值越小，承载能力越大；反之则越小。通常所说的回弹弯沉值是指标准轴载轮隙中心处的最大回弹弯沉值。在路表进行测试，则反映了路基路面综合承载能力。回弹弯沉值在我国已广泛使用，且有很多试验和研究成果。正确地测试路表回弹弯沉具有重要的意义。

1. 适用范围

本方法适用于测试路基及沥青路面的回弹弯沉，以便评价其承载能力。本方法不适用于路基冻结后的回弹弯沉检测。

2. 仪具与材料技术要求

（1）加载车：单后轴、单侧双轮组的载重车，双轮轮隙应能满足自由插入贝克曼梁测头的要求，轴载、轮胎气压等技术参数应符合表3.42的要求。

表3.42　测定弯沉用的标准车参数

技术参数	要求
后轴标准轴载 P/kN	100 ± 1
单侧双轮荷载/kN	50 ± 0.5
轮胎气压/MPa	0.70 ± 0.05
单轮传压面当量圆面积/mm^2	$(3.56\pm0.20)\times10^4$

（2）贝克曼梁：由合金铝制成，上有水准泡，其前臂与后臂长度比为2∶1。贝克曼梁按长度分为5.4 m（3.6 m+1.8 m）梁和3.6 m（2.4 m+1.2 m）梁两种，如图3.22所示。长度为5.4 m的贝克曼梁适用于各种类型的路面结构回弹弯沉的测试；长度为3.6 m的贝克曼

梁适用于柔性基层沥青路面回弹弯沉的测试。

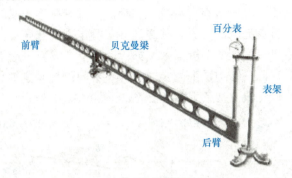

图 3.22　贝克曼梁结构示意

(3)百分表及表架。

(4)路表温度计:分辨率不大于 1 ℃。

(5)其他:钢直尺等。

3. 方法与步骤

(1)准备工作。

1)检查并保持测试用加载车的车况及制动性能良好,轮胎气压应符合表 3.40 的要求。

2)给加载车配重,并用地中衡称量后轴总质量及单侧双轮荷载等,均应符合表 3.40 的要求,加载车行驶及测试过程中,轴重不应变化。

3)若启用新加载车或加载车轮胎发生较大磨损时应测试轮胎传压面面积。轮胎传压面面积测试方法如下:确保加载车双侧轮载及其轮胎气压满足表 3.40 的要求,在平整、光滑的硬质路面上用千斤顶将汽车后轴顶起,在轮胎下方铺一张新的复写纸和一张方格纸,轻轻落下千斤顶,即在方格纸上印上轮胎印痕。用求积仪或数方格的方法测算单个轮胎印迹范围内的面积,均应符合表 3.40 中单轮传压面当量圆面积的要求。

4)当在沥青路面上测试时,通过气象台了解前 5 d 的日平均气温(日最高气温与最低气温的平均值)。

5)记录沥青路面结构层材料类型、设计厚度等情况。

(2)测试步骤。

1)将加载车停放在测试路段的测试位置,后轮一般应置于道路行车轮迹带上。将贝克曼梁插入加载车后轮轮隙处,与加载车行车方向一致,梁臂不得接触轮胎。贝克曼梁测头置于轮隙中心前方 30~50 mm 处测点上。用路表温度计测量并记录测点附近的路表温度。可采用两台贝克曼梁对双侧轮迹同时进行回弹弯沉测试。

2)将百分表安装在表架上,并将百分表的测头安放在贝克曼梁的测定杆顶面。轻轻叩击贝克曼梁,确保百分表正常归位。

3)指挥加载车缓缓前进,速度一般为 5 km/h 左右,百分表示值随路面变形持续增加。当示值最大时迅速读取初读数 L_1。加载车仍继续前进,示值开始反向变化,待加载车驶出弯沉影响范围(约 3 m 以上),百分表示值稳定后,读取终读数 L_2。

4)指挥加载车沿轮迹带前行,驶向下一测试位置,重复步骤 1)~3),完成测试路段的回弹弯沉测试。

(3)当采用 5.4 m 贝克曼梁测试弯沉时,一般可不进行支点变形修正。若有可能引起贝克曼梁支座处变形,在测试时应检验支点有无变形。如果有变形,此时应用另一台测试用贝克曼梁安装在测定用贝克曼梁的后方,其测点架于测定用贝克曼梁的支点旁。当加载车开出时,同时测定两台贝克曼梁的弯沉读数,如检验贝克曼梁百分表有读数,即应记录并进行支点变形修正。当在同一结构层上测定时,可在不同位置测定 5 次,求取平均值,以后每次测定时以此作为修正值。支点变形修正的原理如图 3.23 所示。

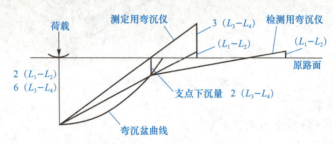

图 3.23 弯沉仪支点变形修正原理

4. 数据处理

(1)路面测点的回弹弯沉值按式(3.72)计算。

$$l_t = 2(L_1 - L_2) \tag{3.72}$$

式中 l_t——在沥青面层平均温度为 t 时的回弹弯沉值(0.01 mm);

L_1——车轮中心临近弯沉仪测头时百分表的最大读数(0.01 mm);

L_2——加载车驶出弯沉影响半径后百分表稳定后的终读数(0.01 mm)。

(2)当需进行弯沉仪支点变形修正时,路面测点回弹弯沉值按式(3.73)计算。

$$l_t = 2(L_1 - L_2) + 6(L_3 - L_4) \tag{3.73}$$

式中 L_3——加载车中心临近贝克曼梁测头时检验用贝克曼梁的最大读数(0.01 mm);

L_4——加载车驶出弯沉影响半径后检验用贝克曼梁的终读数(0.01 mm)。

(3)沥青面层厚度大于 50 mm 时,回弹弯沉值应根据沥青面层平均温度进行温度修正,按下列步骤进行:

1)测定时的沥青层平均温度 t(℃)按式(3.74)计算。

$$t = \frac{t_{25} + t_m + t_e}{3} \tag{3.74}$$

式中 t——测定时沥青面层平均温度(℃);

t_{25}——根据 t_0 由图 3.24 决定的路表下 25 mm 处的温度(℃);

t_m——根据 t_0 由图 3.24 决定的沥青层中间深度的温度(℃);

t_e——根据 t_0 由图 3.24 决定的沥青层底面处的温度(℃)。

图 3.24 中 t_0 为测定时路表温度与测定前 5 d 日平均气温的平均值之和(℃),日平均气温为日最高气温与最低气温的平均值。

2)当沥青面层平均温度在 20 ℃±2 ℃时,温度修正系数 $K=1$。当沥青面层平均温度为其他温度时,应根据沥青面层厚度,分别由图 3.25 及图 3.26 求取不同基层的沥青路面弯沉值的温度修正系数 K。

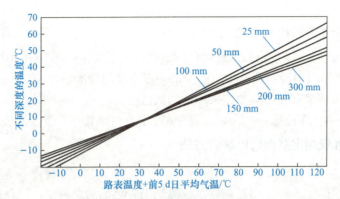

图 3.24　沥青面层平均温度的确定

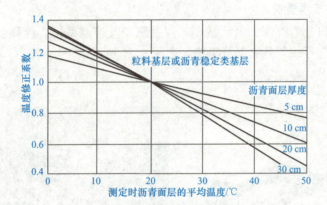

图 3.25　路面弯沉温度修正系数曲线

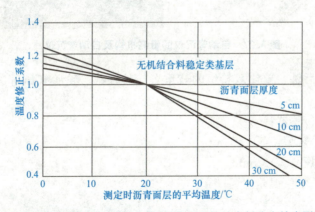

图 3.26　路面弯沉温度修正系数曲线(适用于无机结合料稳定的半刚性基层)

3)修正后的沥青路面回弹弯沉值按式(3.75)计算。

$$l_{20} = l_t \times K \tag{3.75}$$

式中　l_{20}——修正后沥青路面回弹弯沉值(0.01 mm);

　　　K——温度修正系数。

按式(3.76)计算每一个评定路段的代表弯沉：

$$L_r = \overline{L} + Z_a S \tag{3.76}$$

式中 L_r——评定路段的代表弯沉(0.01 mm);

$\overline{L}$——评定路段内经各项修正后的各测点弯沉的平均值(0.01 mm);

S——评定路段内经各项修正后的全部测点弯沉的标准差(0.01 mm);

Z_a——与保证率有关的系数,采用下列数值:

高速公路、一级公路:$Z_a = 2.0$;二级公路:$Z_a = 1.645$;二级以下公路:$Z_a = 1.5$。

(二)自动弯沉仪测定路面弯沉试验方法

1. 适用范围

(1)本方法适用于 Lacroix 型自动弯沉仪测试沥青路面的总弯沉,以评价其承载能力。

(2)本方法不适用于有严重坑槽、车辙等病害,不具备正常通车条件路面的弯沉测试。

2. 仪具与材料技术要求

(1)Lacroix 型自动弯沉仪:由承载车、测量机架及控制系统、位移、温度和距离传感器、数据采集与处理系统等基本部分组成,如图 3.27 所示。

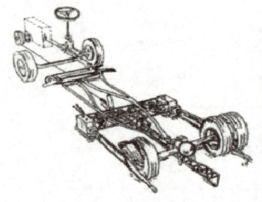

图 3.27　自动弯沉仪的量测机构及自动弯沉仪

(2)承载车:单后轴、单侧双轮组的载重车,其轴载、轮胎气压等参数应符合表 3.40 的要求。

(3)位移及距离传感器:

1)位移传感器分辨率:≤0.01 mm。

2)位移传感器量程:≥3 mm。

3)距离传感器的示值误差:≤1%。

3. 方法与步骤

(1)准备工作。

1)检查并保持承载车的车况及制动性能良好,轮胎气压应该符合表 3.40 的要求。

2)如果承载车因改装等原因改变了后轴载,要按规范规定检查设备承载车车轮载,确保满足表 3.40 的要求。

3)检查测量机架的易损部件情况,应及时更换损坏部件。

4)打开设备电源进行检查,控制面板功能键、指示灯、显示器等应正常。

5)每次测试之前应进行位移传感器的标定,记录标定数据并存档。

6)开动承载车试测 2～3 个步距,确保测量系统正常运行。

7)当在沥青路面上测试时,通过气象台了解前 5 d 的日平均气温(日最高气温与最低气温的平均值)。

8)记录沥青路面结构层材料类型、设计厚度、横坡等情况。

(2)测试步骤。

1)通电预热测试系统。

2)开启工程警灯和导向标等警告标志,在测试路段前 20 m 处将测量架放落在路面上。

3)按照测试路段的现场技术要求设置所需的测试状态。

4)缓慢加速承载车到测试速度,一般应控制在 3.5 km/h 以内,当实际采用的现场测试速度超出此范围时,应进行设备的相关性试验对测试结果进行修正。承载车沿正常行车轨迹驶入测试路段,开始测试。在测试过程中,根据承载车实际到达的位置,将测试路段起终点、桥涵等特征位置的桩号输入到记录数据中。同时,应测量并记录路表温度。

5)当承载车驶出测试路段后,停止数据采集和记录,并缓慢停止承载车,提起测量机架。

6)检查数据文件的完整性,确保测试内容正常,否则需要重新测试。

7)关闭测试系统电源,结束测试。

4. 数据处理

(1)自动弯沉仪采集路面弯沉盆峰值为路面总弯沉。左臂测值、右臂测值按单独弯沉处理。

(2)对原始弯沉测试数据进行温度、坡度、相关性等修正。

(3)弯沉值的横坡修正:当路面横坡不超过 4% 时,不进行横坡修正;当横坡超过 4% 时,横坡修正参照表 3.43 的规定进行。

表 3.43 弯沉值横坡修正

横坡范围	高位修正系数	低位修正系数
>4%	$\dfrac{1}{1-i}$	$\dfrac{1}{1+i}$

注:i 为堤路面横坡(%)。

5. 报告

测试报告中应该包括以下内容:

(1)弯沉平均值、标准方差、代表值、测试时的路面温度及温度修正值。

(2)自动弯沉仪测值与贝克曼梁测值的相关关系式及相关系数。

(三)落锤式弯沉仪测试弯沉方法

1. 适用范围

本方法适用于采用落锤式弯沉仪测试路表在冲击荷载作用下产生的瞬时变形,即动态弯沉,以便评价路基路面承载能力。

2. 仪具与材料技术要求

落锤式弯沉仪(FWD)由荷载发生装置、弯沉检测装置、控制系统与牵引车等组成，具体要求如下：

(1)荷载发生装置：重锤的质量及落高根据使用目的与道路等级选择，荷载由传感器测试。如无特殊需要，重锤的质量为 200 kg±10 kg，可产生 50 kN±2.5 kN 的冲击荷载。承载板呈十字对称分开成四部分，且底部固定有橡胶片，直径一般为 300 mm，也可为 450 mm。

(2)弯沉检测装置：由一个或多个位移传感器组成，位移分辨力不大于 0.001 mm，如图 3.28 所示。承载板中心应设有一个位移传感器，其他位移传感器与中心处传感器呈线性布置，一般分布在距离承载板中心 2 500 mm 的范围内。用于反算路面结构层模量时，位移传感器总数应不少于 7 个，且应包括 0 mm、300 mm、600 mm、900 mm 处 4 个位置。

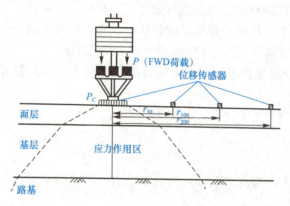

图 3.28　落锤式弯沉仪传感器布置及应力作用状态示意

(3)控制系统：在冲击荷载作用期间，测量并记录冲击荷载及各个位移传感器所在位置的动态变形。

(4)牵引车：牵引 FWD 并安装控制装置的车辆。

3. 方法与步骤

(1)准备工作。

1)调整重锤的质量及落高，使重锤的质量及产生的冲击荷载符合要求。

2)检查 FWD 的车况及使用性能，确保功能正常。

3)将 FWD 牵引至测试地点，牵引 FWD 行驶的速度不宜超过 50 km/h。

4)开启 FWD，对传感器进行标定。

(2)测试步骤。

1)将 FWD 牵引至测试路段起始位置，输入测试位置信息，设定好状态参数。

2)将承载板中心位置对准测点，测点一般应布置在车道轮迹带处。落下承载板，放下弯沉检测装置的各传感器。

3)启动荷载发生装置，落锤立即自由落下，冲击力作用于承载板上，又立即自动提升至原来位置固定。同时，记录荷载数据，各个位移传感器测量并记录路表变形数据，变形峰值即为弯沉值。每个测点重复测试应不少于 3 次。

4)提起传感器及承载板,牵引车向前移动至下一个测点,重复步骤2)~3)完成测试路段的测试。

4. 数据处理

(1)舍去承载板中心位移传感器的首次弯沉测试值,计算其后几次弯沉测试值的平均值作为该测点的弯沉值。

(2)按照《公路沥青路面设计规范》(JTG D50—2017)的规定,对弯沉值进行温度修正。

(3)按照《公路沥青路面现场测试规程》(JTG 3450—2019)附录B的方法,计算测试路段的弯沉平均值、标准差。弯沉代表值应根据测试目的,按照相应标准进行计算。

学习参考

贝克曼梁弯沉检测记录表

工程名称:××高速公路改扩建工程路面综合二合同   报告编号:XC-S03-2019050302

承包单位	辽宁××公路工程有限责任公司		委托编号	XC-S03-2019050302
委托单位	辽宁××公路工程有限责任公司		合同编号	辽高××合字2019第3号
监理单位	××公路工程监理有限责任公司		试验者	×××
试验单位	辽宁省×××公路工程质量检测中心		校核者	×××
试验规程	JTG 3450—2019		试验日期	2019—05—01
检测路段	K0+000~K0+600		报告日期	2019—05—03
结构层类型	路面面层	设计弯沉(0.01 mm)	100	弯沉仪类型	贝克曼梁
测试车车型	BZZ-100	后轴重/kN	100	轮胎压强/MPa	0.7
气温/℃	18.0	检测车道	左半幅	保证率系数	2.0

测点桩号	左车轮		右车轮	
	读数值 (初读数−终读数)	弯沉(0.01 mm) (读数值×2)	读数值 (初读数−终读数)	弯沉(0.01 mm) (读数值×2)
K0+100	37.0	74.0	30.0	60.0
K0+020	42.0	84.0	45.0	90.0
K0+040	45.0	90.0	46.0	92.0
K0+060	38.5	77.0	43.0	86.0
K0+080	42.0	84.0	45.6	91.2
K0+000	42.5	85.0	45.0	90.0
K0+020	43.0	86.0	48.4	96.8
K0+040	42.6	85.2	41.0	82.0
K0+060	48.2	96.4	41.5	83.0
K0+080	49.5	99.0	43.2	86.4
K0+200	43.5	87.0	42.5	85.0
K0+220	45.2	90.4	43.2	86.4
K0+240	41.5	83.0	36.5	73.0

续表

K0+260	34.5	69.0	38.6	77.2
测点数	平均值(0.01 mm)		标准差	代表弯沉 L_r(0.01 mm)
62	80		9.6	99.2
结论：弯沉合格			技术负责人意见： 签名：	
监督(理)工程师意见： 签名：			实验室盖章：	

贝克曼梁弯沉检测记录表

工程名称：××高速公路改扩建工程路面综合二合同　　　　报告编号：XC-S03-2019050302

承包单位	辽宁××公路工程有限责任公司	委托编号	XC-S03-2019050302
委托单位	辽宁××公路工程有限责任公司	合同编号	辽高××合字2019第3号
监理单位	××公路工程监理有限责任公司	试验者	×××
试验单位	辽宁省×××公路工程质量检测中心	校核者	×××
试验规程	JTG 3450—2019	试验日期	2019—05—01
检测路段	K0+100～K0+600	报告日期	2019—05—03
结构层类型	路面面层	设计弯沉(0.01 mm)	100	弯沉仪类型	贝克曼梁
测试车车型	BZZ-100	后轴重/kN	100	轮胎压强/MPa	0.7
气温/℃	18.0	检测车道	左半幅	保证率系数	2.0

测点桩号	左车轮		右车轮	
	读数值 (初读数－终读数)	弯沉(0.01 mm) (读数值×2)	读数值 (初读数－终读数)	弯沉(0.01 mm) (读数值×2)
K0+560	35.0	37.0	70.0	74.0
K0+580	40.0	40.0	80.0	80.0
K0+600	41.0	42.0	82.0	84.0
测点数	平均值(0.01 mm)		标准差	代表弯沉(0.01 mm)
62	80		9.6	99.2
结论：弯沉合格			技术负责人意见： 签名：	
监督(理)工程师意见： 签名：			实验室盖章：	

FWD 落锤式弯沉检测报告

工程名称：××高速公路路基桥涵工程第十合同段　　　　报告编号：20190819002

承包单位	××公路工程有限公司	合同编号	HT20190522001
委托单位	××公路工程有限公司	分项工程	路基工程
监理单位	辽宁××公路工程监理有限公司	试验者	×××
试验单位	辽宁省×××公路工程质量检测中心	校核者	×××
试验规程		试验日期	2019—08—19
试样描述	平整	报告日期	2019—08—19

结构层类型	路基	干湿状况	干燥	设计弯沉 (0.01 mm)	填方	241.8
					石质挖方	145.8

试验结果

路段桩号	幅别	填挖类别	平均值 (0.01 mm)	标准差	变异系数 /%	代表弯沉 (0.01 mm)
K100+500~K101+500	右幅	填方	97.17	37.41	38.51	172.00

结论：符合设计要求

技术负责人意见：

签名：

监督(理)工程师意见：

签名：　　　　　　　　　　　　　　　　　　　　实验室盖章：

××高速公路路基桥涵工程第十合同段　弯沉检测报告附表(右幅)

桩号	幅别车道	弯沉值(0.01 mm)	设计值(0.01 mm)	桩号	幅别车道	弯沉值(0.01 mm)
K100+500	右幅超车道	72.56		K101+000	右幅行车道	106.39
K100+500	右幅行车道	64.05		K101+021	右幅行车道	98.09
K100+521	右幅超车道	72.50		K101+024	右幅超车道	103.47
K100+523	右幅行车道	64.93		K101+042	右幅行车道	78.43
K100+541	右幅行车道	65.59		K101+044	右幅超车道	126.78
K100+543	右幅超车道	54.91		K101+060	右幅行车道	84.55
K100+561	右幅行车道	83.43	241.8	K101+064	右幅超车道	114.34
K100+563	右幅超车道	62.54		K101+081	右幅行车道	159.24
K100+581	右幅超车道	98.64		K101+082	右幅超车道	65.67
K100+581	右幅行车道	144.01		K101+101	右幅行车道	69.05
K100+601	右幅行车道	204.22		K101+102	右幅超车道	94.59
K100+606	右幅超车道	89.54		K101+120	右幅行车道	71.04
K100+621	右幅行车道	96.50		K101+122	右幅超车道	120.95
K100+626	右幅超车道	129.18		K101+139	右幅超车道	108.70

续表

桩号	幅别车道	弯沉值(0.01 mm)	设计值(0.01 mm)	桩号	幅别车道	弯沉值(0.01 mm)
K100+639	右幅超车道	110.06		K101+140	右幅行车道	58.16
K100+642	右幅行车道	70.24		K101+159	右幅超车道	96.74
K100+659	右幅超车道	170.54		K101+163	右幅行车道	76.77
K100+660	右幅行车道	149.26		K101+180	右幅超车道	112.83
K100+681	右幅超车道	196.15		K101+182	右幅行车道	74.42
K100+682	右幅行车道	90.06		K101+200	右幅行车道	60.64
K100+700	右幅行车道	109.42		K101+202	右幅超车道	44.75
K100+702	右幅超车道	110.96		K101+220	右幅行车道	56.70
K100+722	右幅超车道	128.75		K101+222	右幅超车道	111.18
K100+722	右幅行车道	102.40		K101+240	右幅行车道	60.43
K100+742	右幅行车道	105.00		K101+242	右幅超车道	119.05
K100+743	右幅超车道	116.87		K101+260	右幅行车道	57.90
K100+757	右幅超车道	107.34		K101+270	右幅行车道	55.53
K100+761	右幅行车道	100.35		K101+281	右幅行车道	57.19
K100+777	右幅超车道	118.30		K101+290	右幅行车道	105.89
K100+780	右幅行车道	73.35		K101+300	右幅行车道	75.19
K100+798	右幅超车道	125.52		K101+321	右幅行车道	136.05
K100+801	右幅行车道	55.64	241.8	K101+322	右幅超车道	44.64
K100+820	右幅超车道	71.25		K101+341	右幅超车道	123.53
K100+822	右幅行车道	59.06		K101+342	右幅行车道	145.66
K100+840	右幅超车道	98.53		K101+361	右幅超车道	189.71
K100+840	右幅行车道	51.60		K101+363	右幅行车道	110.49
K100+850	右幅超车道	51.68		K101+381	右幅行车道	70.63
K100+863	右幅行车道	57.20		K101+387	右幅超车道	202.02
K100+870	右幅超车道	97.96		K101+401	右幅行车道	57.64
K100+883	右幅行车道	68.04		K101+408	右幅超车道	200.27
K100+900	右幅行车道	118.36		K101+420	右幅行车道	66.78
K100+902	右幅超车道	58.21		K101+428	右幅行车道	112.64
K100+921	右幅行车道	109.73		K101+441	右幅行车道	50.59
K100+922	右幅超车道	118.39		K101+442	右幅超车道	68.19
K100+941	右幅行车道	112.94		K101+461	右幅行车道	74.63
K100+942	右幅超车道	128.12		K101+462	右幅行车道	75.15
K100+960	右幅行车道	114.47		K101+481	右幅行车道	56.90
K100+962	右幅超车道	104.62		K101+482	右幅超车道	107.89
K100+980	右幅行车道	168.10		K101+500	右幅超车道	53.54

续表

桩号	幅别车道	弯沉值(0.01 mm)	设计值(0.01 mm)	桩号	幅别车道	弯沉值(0.01 mm)
K100+981	右幅超车道	129.85	241.8	K101+500	右幅行车道	69.96
K101+000	右幅超车道	112.45				
起止桩号		平均值	标准差		变异系数	代表弯沉
K100+500～K101+500		97.18	37.41		38.50	172.00

拓展训练

贝克曼梁弯沉检测记录表

项目名称：　　　　　　工程合同段：　　　　　　分项工程名称：
施工里程：　　　　　　　　　　　　　　施工日期：

结构层类型	土方路基		设计弯沉			弯沉仪类型		
测试车车型	黄河 JN150		后轴重			轮胎压强		
温度影响系数			季节影响系数			保证率系数		

测点桩号	路表温度/℃	温度修正系数	左车轮				右车轮			
			初读数	终读数	弯沉(0.01 mm)		初读数	终读数	弯沉(0.01 mm)	
					修正前	修正后			修正前	修正后
测点数			平均值(0.01 mm)				标准差		代表弯沉(0.01 mm)	

施工负责人：　　　　　　质检员：　　　　　　记录员：

FWD 落锤式弯沉检测报告

项目名称：　　　　　　工程合同段：　　　　　　分项工程名称：
施工里程：　　　　　　　　　　　　　　　　施工日期：

承包单位			合同编号	
委托单位			分项工程	
监理单位			试验者	
试验单位			校核者	
试验规程			试验日期	
试样描述			报告日期	
结构层类型	路基	干湿状况	干燥	设计弯沉 （0.01 mm）	填方	
					石质挖方	
试验结果						

路段桩号	幅别	填挖类别	平均值 （0.01 mm）	标准差	变异系数 /%	代表弯沉 （0.01 mm）

结论：　　　　　　　　　　　　　　技术负责人意见：

　　　　　　　　　　　　　　　　　　　　　　　　签名：

监督（理）工程师意见：

　　　　　　　签名：　　　　　　　　　　　　实验室盖章：

二、路面压实度的检测

在沥青混凝土路面施工中，路面的压实度是施工工艺中最重要的施工质量管理项目，也是路面质量评定和验收的一个重要控制指标。路面的压实质量决定着路面的密实度，较高的路面密实度可显著提高路面的承载能力和不透水性，从而减小车辆对路面的冲击荷载，延长路面和车辆的使用寿命。所以，路面压实度的检测是非常重要的。路面压实度的检测方法包括钻芯法、无核密度仪法。无核密度仪不宜于工程验收、评定和仲裁试验，而且还要根据探测深度的需要选择不同类型的无核密度仪。这里只介绍钻芯法检测压实度的具体内容。

(一)钻芯测试路面压实度方法

1. 适用范围

本方法适用于测试从压实的沥青路面上钻取的沥青混合料芯样的密度,并计算施工压实度,以评价结构层的压实质量。

2. 仪具与材料技术要求

本试验需要下列仪具与材料,如图3.29所示。

取芯钻机　　　　卡尺

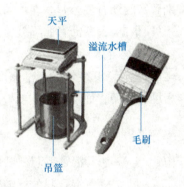
天平　溢流水槽　吊篮　毛刷

图 3.29　仪具与材料

(1)路面取芯钻机。

(2)天平:分度值不大于 0.1 g。

(3)水槽:温度控制在±0.5 ℃以内。

(4)吊篮。

(5)石蜡。

(6)其他:卡尺、毛刷、小勺、取样袋(容器)、电风扇。

3. 方法与步骤

(1)钻取芯样。

1)按"路面钻孔切割取样方法"钻取路面芯样,芯样直径不宜小于 100 mm。当一次钻孔取得的芯样包含有不同层位的沥青混合料时,应根据结构组合情况用切割机将芯样沿各层结合面锯开,分层进行测定。

2)钻孔取样应在路面完全冷却后进行,对普通沥青路面通常在第二天取样,对改性沥青及 SMA 路面宜在第三天以后取样。钻芯后的钻坑及试件,如图 3.30 所示。

(2)测定试件密度。

1)将钻取的试件在水中用毛刷轻轻刷净黏附的粉尘。如试件边角有浮松颗粒,应仔细清除。

2)将试件晾干或用电风扇吹干不少于 24 h,直至恒重。

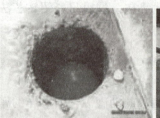

图 3.30　钻芯后的钻坑及试件

3)按现行《公路工程沥青及沥青混合料试验规程》(JTG E20—2011)的沥青混合料试件密度试验方法测试试件密度。通常情况下采用表干法测定试件的毛体积相对密度;对于吸水率大于 2% 的试件,宜采用蜡封法测试试件的毛体积相对密度;对于吸水率小于 0.5% 的特别致密的沥青混合料,在检验施工质量时,允许采用水中重法测定表观相对密度。

(3)根据《公路沥青路面施工技术规范》(JTG F40—2004)的规定,确定标准密度。

4. 数据处理

(1)当计算压实度的标准密度采用实验室实测的马歇尔击实试验密度或试验路段钻孔取样密度时,沥青面层的压实度按式(3.77)计算:

$$K=\frac{\rho_s}{\rho_0}\times 100\% \tag{3.77}$$

式中　ρ_s——沥青混合料芯样试件的实际密度(g/cm³);

　　　ρ_0——沥青混合料的标准密度(g/cm³)。

(2)计算压实度的标准密度采用最大理论密度时,沥青面层的压实度按式(3.78)计算。

$$K=\frac{\rho_s}{\rho_t}\times 100 \tag{3.78}$$

式中　ρ_t——沥青混合料的最大理论密度(g/cm³)。

(3)按《公路路基路面现场测试规程》(JTG 3450—2019)附录 B 的方法,计算一个评定路段检测的压实度的平均值、标准差、变异系数,并计算代表压实度。

5. 报告

本方法应报告以下技术内容。

(1)测点位置(桩号、层位等)。

(2)实测密度、标准度(或最大理论密度)、压实度。

(3)测试路段压实度的平均值、标准差、变异系数以及代表值。

(二)无核密度仪测试压实度方法

1. 适用范围

本方法适用于现场用无核密度仪快速测试当日铺筑且未开放交通的沥青路面各层沥青混合料的密度,并计算压实度。测试结果不宜用于评定验收。

2. 仪具与材料技术要求

无核密度仪应内含电子模块和可充电电池。探头应无核,无电容。无核密度仪的技术要求如下。

(1)最大探测深度：≥10 cm。

(2)最小探测深度：≤2.5 cm。

(3)单次测量时间：不大于5 s。

(4)精度：0.003 g/cm³。

(5)配有标准密度块供无核密度仪自校时使用。

3. 方法与步骤

(1)准备工作。

1)无核密度仪第一次使用前应对软件进行设置并储存，使操作者无须每次开机后都进行软件的设置。

2)使用无核密度仪前，应严格用标准密度块标定，通过相关性试验检验，确认其可靠性。

(2)测试步骤。

1)按照随机选点方法确定测试位置，与路面边缘或其他物体的最小距离不得小于30 cm，且表面干燥。

2)先把无核密度仪平稳地置于测试位置上，保证仪器不晃动。当路表结构凹凸不平时，可用细砂填平测试位置的空隙，使路表面平整，能与仪器紧密接触。

3)开机后应检查无核密度仪的工作状态，如电池电压，内部温度，设置测试日期、时间、测值编号等。

4)进入测试界面，设置沥青面层厚度、测量单位、最大公称粒径等参数，选择单点测量模式，进入待测状态。

5)按动测试键，3 s后读取数据，并记录。同时，无核密度仪上显示被测试材料表面的湿度值应在0~10，当测值超过10时，数据作废，应重新选点测试。

6)当采用修正值方法时，显示原始数据为 ρ_d；当采用相关性公式时，将显示原始数据代入相关性公式，计算实测密度 ρ_d，精确至0.01 g/cm³。压实度为沥青混合料实测密度/沥青混合料标准密度。

学习参考

钻芯法测定沥青面层压实度试验报告

工程名称：××高速公路改扩建工程路面综合二合同　　　　报告编号：XC-S03-2019090202

承包单位	辽宁××公路工程有限责任公司	委托单编号	XC-S03-2019090101
工程名称	辽宁××公路工程有限责任公司	分项工程	沥青面层
监理单位	××公路工程监理有限责任公司	试验者	×××
试验单位	辽宁省×××公路工程质量检测中心	校核者	×××
试验规程	JTG 3450—2019	试验日期	2019—09—01
试样描述	芯样完好无损	报告日期	2019—09—02
混合料种类	沥青混凝土	混合料类型	LAC-25	取芯日期	2019—09—01

续表

公路等级	高速、一级公路		施工日期	2019—09—01		标准密度		2.452 g/cm³	
设计压实度	97%		施工桩号			K21＋700—K22＋300 右幅			
试件编号	取芯桩号及位置	取芯厚度/mm	干燥试件空气中质量/g	试件水中质量/g	试件表干质量/g	试件吸水率/%	试件毛体积密度/(g·cm⁻³)		压实度/%
01	K21＋800，距中 15 m	78.5	1 306.2	773.1	1 308.7	0.5	2.439		99.5
02	K22＋000 距中 13 m	78.9	1 301.5	770.2	1 303.6	0.4	2.440		99.5
03	K22＋200 距中 13 m	77.6	1 305.9	771.7	1 306.5	0.1	2.442		99.6
平均值/%	99.5	标准差		0.06	变异系数	0.06	代表压实度/%		99.4

结论：符合设计要求

技术负责人意见：

签名：

监督（理）工程师意见：

签名：

实验室盖章：

三、路面渗水检测

沥青路面水损害是指沥青路面在存在水分的条件下，经受荷载和温度的反复作用，使沥青膜逐渐从集料表面剥离，导致集料之间的黏结力丧失而使路面逐渐出现麻面、唧浆、网裂、松散、坑洞等。水破坏表现的现象有：上面层出现空洞；上面层和中面层同时产生坑洞及局部表面产生网裂和形变；路面唧浆、网裂、坑洞。为了避免上述现象发生，科研人员研制了适于室内和现场使用的渗水仪，确定了相应的渗水试验方法，推荐了渗水系数的标准，建议作为多雨潮湿地区沥青混合料配合比设计检验和施工质量控制的指标。路面渗水系数是指在规定的水头压力下，水在单位时间内通过一定面积的路面渗入下层的数量，以 mL/min 计。路面渗水系数的测定对提高沥青路面的质量、防止早期损坏具有重要的指导意义和实用价值。

（一）沥青路面渗水系数测试方法

1. 目的和适用范围

本方法适用于路面渗水仪测定沥青路面的渗水系数。

2. 仪具与材料技术要求

（1）路面渗水仪：形状及尺寸如图 3.31 所示。上部盛水量筒由透明有机玻璃制成，容积 600 mL，上有刻度，在 100 mL 及 500 mL 处有粗标线，下方通过 ϕ10 mm 的细管与底座相接，中间有一开关。量筒通过支架联结，底座下方开口内径 ϕ150 mm，外径 ϕ220 mm，仪器附不锈钢圈压重两个，每个质量约 5 kg，内径 ϕ160 mm。

项目三 路面工程试验与检测

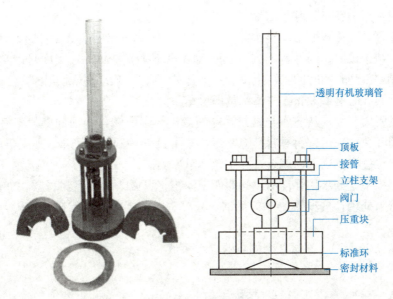

图 3.31 渗水仪结构

(2)套环：金属圆环，底部为刀口，内径为 150 mm，主要防止密封材料被挤压进入测试面而导致渗水面积不一致。

(3)水桶及大漏斗。

(4)秒表。

(5)密封材料：防水腻子、油灰或橡皮泥。

(6)其他：水、粉笔、扫帚、塑料圈、刮刀等。

3. 方法与步骤

(1)试验准备。

1)每个测试位置，随机选择 3 个测点，并用粉笔划上测试标记。

2)试验前，首先用扫帚清扫表面，并用刷子将路面表面的杂物刷去。

3)新建沥青路面的渗水试验宜在沥青路面碾压成型后 12 h 内完成。

(2)试验步骤。

1)将塑料圈置于路面表面的测试点上，用粉笔分别沿塑料圈的内侧和外侧画上圈，在外环和内环之间的部分就是需要用密封材料进行密封的区域。

2)用密封材料对环状密封区域进行密封处理，注意不要使密封材料进入内圈。如果密封材料不小心进入内圈，必须用刮刀将其刮走。再将搓成拇指粗细的条状密封材料摞在环状密封区域的中央，并且摞成一圈。

3)将套环放在路面表面的测点上，注意使套环的中心尽量和圆环中心重合，然后略微使劲将套环压在条状密封材料表面；将渗水仪放在套环上、对中，施加压力将渗水仪压在套环上，再将配重加上，以防压力水从底座与路面间流出。

4)将开关及排气孔关闭，向量筒中注水超过 100 mL 刻度，然后打开开关和排气孔，使量筒中的水下流排出渗水仪底部内的空气，当量筒中水面下降速度变慢时，用双手轻压渗水仪使渗水仪底部的气泡全部排出，当水自排气孔顺畅排出时，关闭开关和排气孔，并再

205

次向量筒中注水至 100 mL 刻度。

5)将开关打开,待水面下降至 100 mL 刻度时,立即开动秒表开始计时,计时 3 min 立即记录水量,结束试验;当计时不到 3 min 水面已下降至 500 mL 刻度时,立即记录水面下降至 500 mL 刻度时的时间,结束试验;当开关打开后 3 min 内无法下降至 500 mL 刻度时,则开动秒表计时测试 3 min 内渗水量即可结束试验。

6)测试过程中,如水从底座与密封材料间渗出,则底座与路面间密封不好,此试验结果无效,关闭开关,采用密封材料补充密封,按步骤 4)~5)重新测试。如果仍然有水渗出,应在同一纵向位置沿宽度方向就近选择位置,重新测试。

7)测试过程中,如水从外环圈以外路面中渗出,可以人工将密封材料在外环之外 5 cm 内再次进行密封处理,按步骤 4)~5)测试,只要密封范围内无水渗出,则认为试验结果为有效。

8)重复步骤 1)~7),测试 3 个测点的渗水系数。

4. 计算

(1)按式(3.79)计算渗水系数,精确至 0.1 mL/min:

$$C_w = \frac{V_2 - V_1}{t_2 - t_1} \times 60 \tag{3.79}$$

式中　C_w——路面渗水系数(mL/min);

V_1——第一次计时的水量(mL);

V_2——第二次计时的水量(mL);

t_2——第一次计时的时间(s);

t_1——第二次计时的时间(s)。

(2)以 3 个测点渗水系数的平均值作为该测试位置的结果,精确至 1 mL/min。

5. 报告

(1)测试位置信息(桩号、路面类型等)。

(2)测试位置的渗水系数(3 个测点的平均值)。

学习参考

沥青路面渗水试验报告

工程名称:××高速公路改扩建工程路面综合二合同　　　　报告编号:XC-S03-201909020

承包单位	辽宁××公路工程有限责任公司	委托单编号	XC-S03-2019090101
工程名称	辽宁××公路工程有限责任公司	分项工程	沥青面层
监理单位	××公路工程监理有限责任公司	试验者	×××
试验单位	辽宁省×××公路工程质量检测中心	校核者	×××
试验规程	JTG 3450—2019	试验日期	2019—09—01
试样描述	路面平整无杂物	报告日期	2019—09—02
混合料种类	沥青混凝土	混合料类型	LAC-25
施工日期	2019—09—01	施工桩号	K21+700—K22+300 右幅

续表

测点桩号	试验次数	第一次计时的水量/mL	第一次计时的时间/s	第二次计时的水量/mL	第二次计时的时间/s	渗水系数/(mL·min^{-1})	平均渗水系数/(mL·min^{-1})
K21+800	1	100	0	372	180	91	88
	2	100	0	354	180	85	
	3	100	0	362	180	87	
K22+000	1	100	0	389	180	96	94
	2	100	0	385	180	95	
	3	100	0	369	180	90	
K22+200	1	100	0	380	180	93	93
	2	100	0	371	180	90	
	3	100	0	391	180	97	
平均值/(mL·min^{-1})	92	标准差	3.21		变异系数		0.04

结论：符合设计要求

技术负责人意见：

签名：

监督（理）工程师意见：

签名：

实验室盖章：

拓展训练

沥青路面渗水试验记录

工程名称：＿＿＿＿＿＿＿＿＿＿＿＿＿＿　　　试验编号：＿＿＿＿＿＿＿＿＿

承包单位		合同编号	
委托单位		分项工程	
监理单位		试验者	
试验单位		校核者	
试验规程		试验日期	
检验环境	温度：　　℃	报告日期	
现场桩号		工程部位	

测点桩号	测试次数	水量读数/mL		时间读数/s		渗水系数/(mL·min^{-1})	渗水系数平均值/(mL·min^{-1})
		第一次V_1	第二次V_2	第一次t_2	第二次t_2		

续表

结论：	技术负责人意见：
	签名：
监督(理)工程师意见：	
签名：	实验室盖章：

四、路面安全性能——抗滑性能的检测

路面抗滑性能是指车辆轮胎受到制动时沿表面滑移所产生的力。通常抗滑性能被看作路面的表面特性，并用轮胎与路面间的摩阻系数来表示。表面特性包括路表面细构造和粗构造。影响抗滑性能的因素有路面表面特性、路面潮湿程度和行车速度。

路表面细构造是指集料表面的粗糙度，它随车轮的反复磨耗而渐被磨光。通常采用石料磨光值(PSV)表征抗磨光的性能。细构造在低速(30～50 km/h 以下)时对路表抗滑性能起决定作用。而高速时主要起作用的是粗构造，它是由路表外露集料间形成的构造，功能是使车轮下的路表水迅速排除，以避免形成水膜。粗构造由构造深度表征。

(一)手工铺砂法测试路面构造深度试验

1. 目的与适用范围

本方法适用于测试沥青路面及无刻槽水泥混凝土路面表面构造深度，用以评定路面表面抗滑性能。

2. 仪具与材料技术要求

手工铺砂法

(1)手工铺砂仪：由量砂筒、推平板组成。

1)量砂筒：形状尺寸如图 3.32 所示。其一端是封闭的，容积为 25 mL±0.15 mL，可通过称量砂筒中水的质量以确定其容积 V，并调整其高度，使其容积符合规定要求。附专用的刮尺，将筒口量砂刮平。

2)推平板：形状尺寸如图 3.32 所示。推平板应为木质或铝质，直径 50 mm，底面粘一层厚 1.5 mm 的橡胶片，上面有一圆柱把手。

(2)量尺：钢板或专用构造深度尺。

(3)量砂：足够数量的干燥洁净的匀质砂，粒径 0.15～0.3 mm。

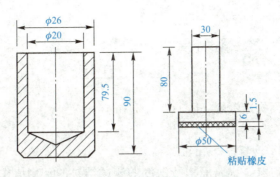

图 3.32 量砂筒和推平板（单位：mm）

(4)其他：装砂容器(小铲)、扫帚或毛刷、挡风板等。

3. 方法与步骤

(1)准备工作。

1)量砂准备：取洁净的细砂，晾干、过筛，取 0.15～0.3 mm 的砂置于适当的容器中备用。试验时，量砂只能一次性使用，不得重复使用。

2)对测试路段按随机取样选点的方法选取路段测点横断面位置。同时测点应选在车道的轮迹带位置，且距路面边缘不得小于 1 m。

(2)试验步骤。

1)用扫帚或毛刷子将测点附近的路面清扫干净，面积不小于 30 cm×30 cm。

2)用小铲向圆筒中缓缓注入准备好的量砂至高出量筒成尖顶状，手提圆筒上方，用钢尺轻轻地叩打圆筒中部 3 次，并用刮尺边沿筒口一次刮平，如图 3.33(a)所示。

注：不可直接用量砂筒装砂，以免影响量砂密度的均匀性。

3)将砂倒在路面上，用推平板由里向外重复做摊铺运动，稍微用力将砂向外摊开，使砂填入路表面的空隙中，尽可能将砂摊成圆形，并不得在表面上留有浮动余砂。注意摊铺时不可用力过大或向外推挤，如图 3.33(b)、(c)所示。

4)用钢板尺测量所构成圆的两个垂直方向的直径，取其平均值，精确至 1 mm。也可用专用尺直接测量构造深度，如图 3.33(c)所示。

5)按以上方法，同一处平行测定不少于 3 次，3 个测点均位于轮迹带上，测点间距 3～5 m。对同一处测试应该由同一个试验员进行测试。该处的测试位置以中间测点的位置表示。

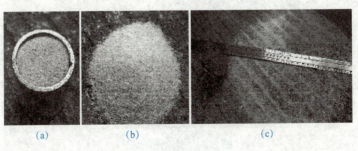

(a)　　　　　　(b)　　　　　　(c)

图 3.33 试验步骤

4. 数据处理

(1)路面表面构造深度测试结果按式(3.80)计算。

$$TD = \frac{1\,000V}{\pi D^2/4} = \frac{31\,831}{D^2} \tag{3.80}$$

式中 TD ——路面表面构造深度(mm);

V ——砂的体积(25 cm³);

D ——摊平砂的平均直径(mm)。

(2)每一测试位置均取 3 次路面构造深度的测试结果的平均值作为试验结果,精确至 0.01 mm。当平均值小于 0.2 mm 时,试验结果以<0.2 mm 表示。

5. 报告

(1)测试路段信息(桩号、测试位置等)。

(2)构造深度。

(3)测试路段构造深度的平均值、标准差及变异系数。

(二)电动铺砂仪测试路面构造深度试验方法

1. 目的和适用范围

本方法适用于测试沥青路面及水泥混凝土路面表面构造深度,用以评定路面表面抗滑性能。

2. 仪具与材料技术要求

(1)电动铺砂仪:利用可充电的直流电源将量砂通过砂漏铺设成宽度 5 cm、厚度均匀一致的器具,如图 3.34 所示。

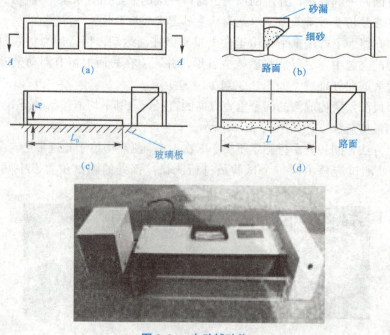

图 3.34　电动铺砂仪

(a)平面图;(b)$A-A$ 断面图;(c)标定;(d)测定

(2)量砂:足够数量的干燥洁净的匀质砂,粒径为 0.15~0.3 mm。

(3)标准量筒:容积 50 mL。

(4)玻璃板:面积大于铺砂器,板厚不小于 5 mm。

(5)其他:直尺、灌砂漏斗、扫帚、毛刷等。

3. 方法与步骤

(1)准备工作。

1)量砂准备:取洁净的细砂,晾干、过筛,取 0.15~0.3 mm 的砂置于适当的容器中备用。试验时,量砂只能一次性使用,不得重复使用。

2)对测试路段按随机取样选点的方法,决定测点所在横断面的位置,测点应选在车道的轮迹带上,距路面边缘不得小于 1 m。

(2)电动铺砂器标定。

1)将铺砂器平放在玻璃板上,将砂漏移至铺砂器端部。

2)将灌砂漏斗口和量筒口大致齐平。通过漏斗向量筒中缓缓注入准备好的量砂至高出量筒呈尖顶状,用直尺沿筒口一次刮平,其容积为 50 mL。

3)将漏斗口与铺砂器砂漏上口大致齐平。将砂通过漏斗均匀倒入砂漏,倒入过程中,漏斗前后移动,使砂的表面大致齐平,但不得用其他工具刮动砂。

4)启动开关,使砂漏向另一端缓缓运动,量砂沿砂漏底部铺成图 3.35 所示的宽 5 cm 的带状,待砂全部漏完后停止。

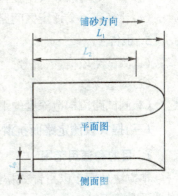

图 3.35 决定 L_0 及 L 的方法

5)按图 3.35,依式(3.81)由 L_1 及 L_2 的平均值决定量砂的摊铺长度 L_0,精确至 1 mm。

$$L_0=(L_1+L_2)/2 \tag{3.81}$$

式中 L_0——玻璃板上 50 mL 量砂摊铺的长度(mm);

L_1、L_2——按图 3.35 方法量取的摊铺长度(mm)。

6)重复标定 3 次,取平均值决定 L_0,精确至 1 mm。

标定应在每次测试前进行,用同一种量砂,由同一试验员承担测试。

(3)测试步骤。

1)将测试地点用毛刷刷净,面积大于铺砂仪。

2)将铺砂仪沿道路纵向平稳地放在路面上,将砂漏移至端部。

3)按上述电动铺砂器标定 2)~5)相同的步骤,在测试地点摊铺 50 mL 量砂,量取摊铺长度 L_1 及 L_2,L 计算公式见式(3.82),精确至 1 mm。

$$L=\frac{L_1+L_2}{2} \tag{3.82}$$

式中 L——路面上 50 mL 量砂摊铺的长度(mm)。

(4)按以上方法,同一处平行测定不少于 3 次,3 个测点均位于轮迹带上,测点间距 3~5 m,该处的测定位置以中间测点的位置表示。

4. 数据处理

(1)按式(3.83)计算铺砂仪在玻璃板上摊铺的量砂厚度 t_0。

$$t_0 = \frac{V}{B \times L_0} \times 1\,000 = \frac{1\,000}{L_0} \tag{3.83}$$

式中 t_0——量砂在玻璃板上摊铺的标定厚度(mm);

V——量砂体积,50 mL;

B——铺砂仪铺砂宽度,50 mm。

(2)按式(3.84)计算路面构造深度 TD:

$$TD = \frac{L_0 - L}{L} \times t_0 = \frac{L_0 - L}{L \times L_0} \times 1\,000 \tag{3.84}$$

(3)每一处均取 3 次路面构造深度的测定结果的平均值作为试验结果,精确至 0.1 mm。

(4)计算每一个评定区间路面构造深度的平均值、标准差、变异系数。

5. 报告

(1)测试路段信息(桩号、测试位置等)。

(2)构造深度。

(3)测试路段构造深度的平均值、标准差及变异系数。

(三)摆式仪测定路面抗滑值试验方法

1. 目的和适用范围

本方法适用于以指针式摆式仪测定无刻槽水泥路面和沥青路面的摆式摩擦系数值 BPN。

2. 仪具与材料技术要求

(1)指针式摆式仪:形状及结构如图 3.36 所示,测试时由人工通过指针在度盘上直接读数,摆值最小刻度为 2。

摆式仪测定路面抗滑性能

(2)橡胶片:尺寸为 6.35 mm×25.4 mm×76.2 mm。橡胶质量应符合表 3.44 的要求。当橡胶片使用后,端部在长度方向上磨耗超过 1.6 mm 或边缘在宽度方向上磨耗超过 3.2 mm,或有油类污染时,应更换新橡胶片。新橡胶片应先在干燥路面上测试 10 次后再用于测试。橡胶片的有效使用期从出厂日期起算为 12 个月。

表 3.44 橡胶物理性质技术要求

性能指标	温度/℃				
	0	10	20	30	40
回弹值/%	43~49	58~65	66~73	71~77	74~79
硬度(HD)	55±5				

(3)滑动长度量尺:长度 126 mm。

(4)路面温度计:分度不大于 1 ℃。

(5)其他:喷水壶、毛刷、扫帚、记录表格等。

项目三 路面工程试验与检测

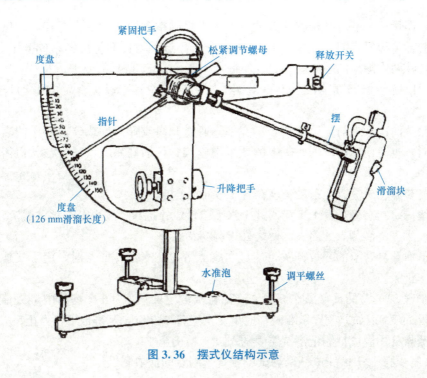

图 3.36 摆式仪结构示意

3. 方法与步骤

(1)准备工作。

1)检查指针式摆式仪的调零灵敏情况,并定期进行滑块压力的标定。

2)对测试路段按随机取样选点的方法选择测试位置,每个测试位置布设 3 个测点,测点间距离为 3~5 m,以中心测点的位置表示该测试位置。测试位置应选在车道横断面上轮迹处,且距路面边缘不应小于 1 m。

(2)测试步骤。

1)清洁路面:用扫帚或其他工具将测点处路面上的浮尘或附着物打扫干净。

2)仪器调平。

①将指针式摆式仪置于路面测点上,并使摆的摆动方向与行车方向一致。

②转动底座上的调平螺栓,使水准泡居中。

3)指针调零。

①放松紧固旋钮,转动升降旋钮,使摆升高并能自由摆动,然后旋紧紧固旋钮。

②将摆固定在右侧悬臂上,使摆处于水平位置,并把指针拨至右端与摆杆贴紧。

③右手按下释放开关,使摆向左带动指针摆动,当摆达到最高位置后刚开始下落时,用左手将摆杆接住,此时指针应指零。

④指针若不指零,通过转动松紧调节螺母进行调整后,重复步骤①~③,直至指针指零,调零允许误差为±1。

4)校核滑动长度。

①让摆处于自然下垂状态,松开固定旋钮,转动升降旋钮使摆下降,并提起举升柄使摆向左侧移动,然后放下举升柄使橡胶片长边下缘轻轻触地,在边侧紧靠橡胶片摆放滑动

213

长度量尺,使量尺左端对准橡胶片触地下缘;再提起举升柄使摆向右侧移动,然后放下举升柄使橡胶片下缘轻轻触地,检查橡胶片下缘是否与滑动长度量尺的右端齐平。若齐平,则说明橡胶片两次触地的距离(滑动长度)符合 126 mm±1 mm 的要求。左右两次橡胶片长边边缘应以刚刚接触路面为准,不可借摆的力量向前滑动,以免标定的滑动长度与实际不符。

②橡胶片两次触地与量尺两端若不齐平,通过升高或降低摆或仪器底座的高度进行调整。微调时,也可用旋转仪器底座上的调平螺丝调整仪器底座高度的方法,但需注意保持水准泡居中。

③重复步骤①~②直至滑动长度符合 126 mm±1 mm 的要求。

5)将摆固定在右侧悬臂上,使摆处于水平位置,并把指针拨至右端紧靠摆杆。

6)用喷水壶浇洒测点处路面,使之处于湿润状态。

7)按下右侧悬臂上的释放开关,使摆在路面滑过,当摆杆回落时,用手接住摆杆并读数,但不作记录。

8)按步骤 5)~7)的重复操作 5 次,读记每次测定的摆值。5 个摆值中最大值与最小值的差值不得大于 3。如差值大于 3 时,应重复上述各项操作,至符合规定为止。

9)在测点处用温度计测记潮湿路表的温度,精确至 1 ℃。

10)重复步骤 1)~9)完成一个测试位置 3 个测点的摆值测试。

4. 数据处理

(1)计算每个测点 5 个摆值的平均值,作为该测点的摆值 BPN_T,取整数。

(2)摆值的温度修正:当路面温度为 T(℃)时,测得的摆值为 BPN_T,应按式(3.85)换算成标准温度 20 ℃ 的摆值 BPN_{20}:

$$BPN_{20}=BPN_T+\Delta BPN \tag{3.85}$$

式中　BPN_{20}——换算成标准温度 20 ℃ 时的摆值;

BPN_T——路面温度 T 时测得的摆值;

ΔBPN——温度修正值,按表 3.45 采用。

表 3.45　温度修正值

温度/℃	0	5	10	15	20	25	30	35	40
温度修正值 ΔBPN	−6	−4	−3	−1	0	+2	+3	+5	+7

5. 报告

报告应包含如下内容。

(1)测试路段信息(桩号、测试位置等)。

(2)每个测试位置的摆值(3 个测点的平均值)。

(3)测试路段摆值的平均值、标准差、变异系数。

学习参考

路面抗滑性能试验检测记录

工程名称：××××高速公路　　　　　　　　　　合同编号：辽高××合字2021第8号

承包单位	中铁××局	委托编号	LM03-KHXN-14
委托单位	中铁××局	试验者	×××
监理单位	辽宁省××监理有限公司	校核者	×××
试验单位	辽宁×××公路工程检测中心	试验日期	2021-10-09
试验规程	JTG 3450—2019	报告日期	2021-10-09

沥青路面抗滑性能试验

桩号	摆值					平均值 $F_{BT}(BPN)$	结论
	1	2	3	4	5		
K212+000	55	54	55	53	54	54	≥45 合格
K212+200	52	53	52	55	52	53	≥45 合格
K212+400	53	54	51	54	52	53	≥45 合格
K212+600	54	51	52	53	53	53	≥45 合格
K212+800	55	54	55	53	52	54	≥45 合格

构造深度检测

桩号	摊砂直径/cm			表面结构/mm			平均值 TD/mm	结论
	1	2	3	1	2	3		
K212+000	16.5	20.9	18.4	1.09	0.83	0.98	0.96	≥0.55 合格
	18.6	18.2	18.9					
K212+200	16.8	19.2	16.6	0.98	0.84	0.98	0.93	≥0.55 合格
	19.5	19.8	19.8					
K212+400	19.6	20.3	18.9	0.80	0.84	1.06	0.90	≥0.55 合格
	20.2	18.8	16.8					
K212+600	18.2	18.3	16.8	1.08	1.00	1.16	1.08	≥0.55 合格
	18.1	18.4	16.4					
K212+800	20.1	19.8	19.8	0.83	0.99	0.86	0.89	≥0.55 合格
	19.0	16.2	18.6					

结论：

技术负责人意见：

签名：

监督(理)工程师意见：

签名：　　　　　　　　　　　　　　　　　　　实验室盖章

拓展训练

路面抗滑性能试验记录

工程名称：＿＿＿＿＿＿＿＿＿＿＿＿＿＿＿＿＿＿＿＿＿＿＿＿＿＿试验编号：＿＿＿＿＿＿

承包单位		合同编号	
委托单位		试验者	
监理单位		校核者	
试验单位		试验日期	
试验规程		报告日期	

沥青路面抗滑性能试验

桩号	摆值					平均值 BPN_{20}	结论
	1	2	3	4	5		

构造深度检测

桩号	摊砂直径/cm			表面结构/mm			平均值 TD/mm	结论
	1	2	3	1	2	3		

五、路面功能性试验检测

路面的基本功能是为车辆提供快速、安全、舒适和经济的行驶表面。路面行驶质量反映路面满足这一基本功能的能力。路面行驶质量好坏与其表面特性有关，即路面的平整度。平整度是路面施工质量与服务水平的重要指标之一。它是指以规定的标准量规，间断地或连续地测量路表面的凹凸情况，即不平整度的指标路面的平整度与路面各结构层次的平整状况有着一定的联系，即各层次的平整效果将累积反映到路面表面上，路面面层直接与车辆及大气接触，不平整的表面将会增大行车阻力，并使车辆产生附加振动作用。这种振动作用会造成行车颠簸,影响行车的速度和安全,以及驾驶的平稳性和乘客的舒适性。同时,振动作用还会对路面施加冲击力,加剧汽车机件损坏和轮胎的磨损,并增大油耗。而且,不平整的路面会积滞雨水,加速路面的破坏。因此,平整度的检测与评定是公路施工与养护水平的一个非常重要的手段。平整度的测试设备分为断面类及反应类两大类。断面类,实际上是测定路面表面凹凸情况的,如最常用的 3 m 直尺、连续式平整度仪及激光平整度测定仪,还可通过精确测定高程得到;反应类用于测定路面凹凸引起车辆振动的颠簸情况。反应类指标是驾驶员和乘客直接感受到的平整度指标,实际上是舒适性能指标。每种测试方法的特点和技术指标见表 3.46。

表 3.46 检测平整度的各种方法特点及技术指标

方法	特点	技术指标
3 m 直尺	设备简单,结果直观,间断测试,工作效率低,反映凹凸程度	最大间隙 h/mm
连续式平整度仪	设备较复杂,连续测试,工作效率高,反映凹凸程度	标准差 σ/mm
激光平整度测定仪	设备较复杂,连续测试,工作效率高,作业面广,反映凹凸程度	国际平整度指数 IRI /(m·km^{-1})
颠簸累积仪	设备较复杂,连续测试,工作效率高,反映凹凸程度	单向累计值 VBI/(cm·km^{-1})

(一)三米直尺测试平整度试验方法

1. 适用范围

(1)本方法适用于用三米直尺测试路表与三米直尺基准面的最大间隙(δ_m),用以表征路表的平整度,如图 3.37 所示。

三米直尺测平整度

(2)本方法适用于碾压成型后的路基路面各层表面的平整度测试。

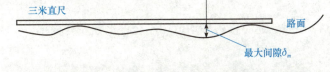

图 3.37 三米直尺测平整度示意图

2. 仪具与材料技术要求

(1)3 m 直尺:测量基准面长度为 3 m,基准面应平直,用硬木或铝合金钢等材料制成。
(2)楔形塞尺:硬木或金属质的三角形塞尺,有手柄。塞尺的长度与高度之比不小于 10,宽度不大于 15 mm,边部有高度标记,分度值不大于 0.5 mm。
(3)深度尺:金属制的深度测量尺,有手柄,深度尺测量杆端头直径不小于 10 mm。分度值不大于 0.5 mm。

(4)其他：皮尺和钢尺等。

3. 准备工作

(1)确定测试方式。当测试沥青路面施工过程中的质量时，应以单尺方式测试，且测试位置应选在接缝处；其他情况一般以连续 10 尺方式测试。

(2)选择测试位置。除有特殊需要的外，应以行车道一侧车轮轮迹(距车道线 0.8~1.0 m)作为连续测试的位置。对既有道路已形成车辙的路面，应取车辙中间位置为测试位置。

(3)清扫路面测试位置处的碎石、杂物等。

4. 测试步骤

(1)将三米直尺沿道路纵向摆在测试位置的路面上。

(2)目测三米直尺底面与路表面之间的间隙情况，确定最大间隙的位置。

(3)将具有高度标线的塞尺塞进间隙处，测试其最大间隙的高度；或者用深度尺在最大间隙位置测试直尺上顶面距地面的深度，该深度减去尺高即为测试点的最大间隙的高度。以 mm 计，精确至 0.5 mm。

5. 数据处理

单尺测试路面的平整度计算，以三米直尺与路面的最大间隙 δ_m 为测试结果；连续测试 10 尺时，判断每尺最大间隙(δ_m)是否合格，并计算合格率，以及计算 10 个最大间隙的平均值。

$$合格率 = 合格尺数/总测尺数 \times 100\%$$

6. 报告

(1)测试位置信息(桩号、测试方法等)。

(2)最大间隙(δ_m)。

(3)连续测试 10 尺时，还应报告平均值、不合格尺数及合格率。

拓展训练

平整度试验(三米直尺法)试验记录

工程名称： 　　　　　　　　　　　　　　　试验编号：

承包单位		合同编号	
委托单位		分项工程	
监理单位		试验者	
试验单位		校核者	
试验规程		试验日期	
试样描述		报告日期	
路段桩号		结构类型	
幅别		允许偏差/mm	

续表

测点桩号	最大间隙/mm											不合格尺数	合格率/%
	1	2	3	4	5	6	7	8	9	10	平均值		

结论：

技术负责人意见：

签名：

监督(理)工程师意见：

签名：

实验室盖章：

(二)连续式平整度仪测试平整度的试验

1. 目的和适用范围

(1)本方法适用于连续式平整度仪测试路面的不平整度的标准差 σ，用以表征路面的平整度，以 mm 计。

(2)本方法不适用于在已有较多坑槽、破损严重的路面上进行测试。

2. 仪具与材料技术要求

(1)连续式平整度仪。

1)整体构造：连续式平整度仪构造如图 3.38 所示。除特殊情况外，连续式平整度仪的标准长度为 3 m。中间为一个 3 m 长的机架。机架可缩短或折叠，前后各 4 个行车轮，前后两组轮的轴间距离为 3 m。

2)地面高差测量传感器：安装在机架中间，可以是能起落的测定轮，或激光测距仪。

3)其他辅助机构：蓄电池电源，距离传感器，与数据采集、处理、存储、输出部分配套的采集控制箱及计算机、打印机等。

4)测定间距为 100 mm，每一计算区间的长度为 100 m，并输出一次结果。

5)可记录测试长度、曲线振幅大于某一定值(3 mm、5 mm、8 mm、10 mm 等)的次数、曲线振幅的单向(凸起或凹下)累计值及以 3 m 机架为基准的中点路面偏差曲线图，计算打印。

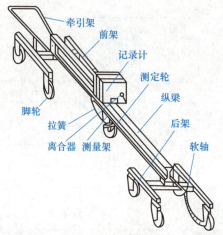

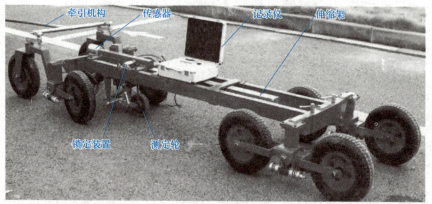

图 3.38 连续式平整度仪构造图

6)机架头装有一牵引钩及手拉柄,可用人力或汽车牵引。

(2)牵引车:小面包车或其他小型牵引汽车。

(3)皮尺或测绳。

3. 试验步骤

(1)准备工作。

1)当为施工过程中质量检测需要时,测试地点根据需要决定;当进行路面工程质量检查验收或进行路况评定需要时,通常以行车道一侧车轮轮迹带作为连续测定的标准位置;对已形成车辙的路面,取一侧车辙中间位置为测定位置。

2)清扫路面测定位置处的碎石、杂物等。

3)仪器测试箱各部分应完好、灵敏,轮胎压正常,并将各连接线接妥,安装记录设备。

(2)测试步骤。

1)将连续式平整度测定仪置于测试路段路面起点上,保证测定轮位置在轮迹带范围内。

2)在牵引汽车的后部,将连续式平整度仪与牵引车连接,按照要求依次完成各项操作。

3)启动牵引车,沿道路纵向行驶,横向位置保持稳定。

4)确认连续式平整度仪工作正常。牵引连续式平整度仪的速度应保持匀速且沿车道方向行驶，速度宜为 5 km/h，最大不得超过 12 km/h。在测试路段较短时，也可用人力拖拉连续式平整度仪测定路面的平整度，但拖拉时应保持匀速前进。

4. 数据处理

(1)以 100 m 长度为一个计算区间，按式(3.86)计算该区间采集的位移值 d_i 的标准差 σ_i，即该区间平整度，以 mm 计，保留 1 位小数。

$$\sigma_i = \sqrt{\frac{\sum d_i^2 - (\sum d_i)^2/N}{N-1}} \tag{3.86}$$

式中　σ_i——各计算区间的平整度计算值(mm)；

　　　d_i——以 100 m 为一个计算区间，每隔一定距离(自动采集间距 10 cm，人工采集间距为 1.5 m)采集的路面凹凸偏差位移值(mm)；

　　　N——计算区间用于计算标准差的测试数据个数。

5. 报告

(1)测试路段信息(桩号、长度等)。

(2)计算区间长度、测试间距及平整度。

(3)测试路段平整度的平均值、标准值及变异系数。

(三)车载式颠簸累积仪测试平整度试验方法

1. 目的和适用范围

(1)本方法适用于车载式颠簸累积仪连续采集路面颠簸产生的累积位移值，以表征路面平整度。

(2)本方法不适用于有严重坑槽、车辙等路面的平整度测试。

2. 仪具与材料技术要求

测试系统由承载车、距离测量装置、颠簸累积值测试装置和主控制系统组成。基本技术要求和参数要求如下。

(1)测试速度：30～80 km/h。

(2)测试幅值：−0.2～0.2 m。

(3)垂直位移分辨率：1 mm。

(4)距离标定误差：<0.5%。

3. 方法与步骤

(1)准备工作。

1)测试车辆具备下列条件之一时，都应进行仪器测值与国际平整度指数 IRI 的相关性试验：在正常状态下行驶超过 2 000 km；相关性试验时间间隔超过 1 年；减震器、轮胎等发生更换、维修。

2)检查测试车轮胎气压，应达到车辆轮胎规定的标准气压；车胎应清洁，不得黏附杂物；承载车载重及分布应与仪器相关性标定试验时一致。

3)现场安装距离测量系统，应确保紧固装置安装牢固，螺钉无松动。

4)检查测试系统各部分应符合测试要求，不应有明显的可视性破损。

5)打开系统电源，启动控制程序，检查系统各部分的工作状态。

(2)测试步骤。

1)测试开始之前应让测试车以测试速度行驶 5～10 km,按照规定的预热时间对测试系统进行预热。

2)测试车停在测试起点前 300～500 m 处,启动平整度测试系统程序,按照测试路段的现场技术要求设置所需的测试状态。

3)驾驶员在进入测试路段前应保持标定时的车速,沿正常行车轨迹驶入测试路段。

4)进入测试路段后,测试人员启动系统的采集和记录程序,在测试过工程中必须及时准确地将测试路段的起、终点和其他需要特殊标记的位置输入测试数据记录中。

5)当测试车辆驶出测试路段后,测试人员停止数据采集和记录,并恢复仪器各部分至初始状态。

6)操作人员检查数据文件,文件应完整,内容应正常,否则需要重新测试。

7)关闭测试系统电源,结束测试。

4. 数据处理

根据颠簸累积仪测试的颠簸累积值 VBI,按照相关性标定试验得到换算公式,并以 100 m 为计算区间,换算成国际平整度指数(IRI,以 m/km 计)。

5. 颠簸累积仪测值与国际平整度指数 IRI 相关关系对比试验

(1)基本要求。由于颠簸累积仪测值受测试速度等因素影响,测试系统的每一种实际采用的测试速度都应单独进行标定,建立相关关系式。标定过程及分析结果应详细记录并存档。

(2)试验条件。

1)按照 IRI 值每段大于 1.0 的范围选择不少于 4 段不同平整度水平的路段,且有足够加速或减速长度的路段。根据实际测试道路 IRI 的分布情况,可以增加某些范围内的标定路段。

2)每路段长度不小于 300 m。

3)每一段内的平整度应均匀,包括路段前 50 m 的引道。

4)选择坡度变化较小的直线路段,路段交通量小,便于疏导。

5)标定宜选择在车道的正常行驶轮迹上进行,明确标出标定路段的轮迹、起终点。

(3)试验步骤。

1)距离标定。

①选择坡度变化小的平坦直线路段,长度不小于 500 m,标出起点、终点和行驶轨迹。

②标定开始前应让测试车以测试速度行驶 5～10 km,按照设备操作手册规定的预热时间对测试系统进行预热。

③将测试车的前轮对准起点线,启动距离校准程序,然后令车辆沿着路段轨迹直线行驶,避免突然加速或减速,接近终点时,减速停车,确保测试车的前轮对准终点线,结束距离校准程序。重复此过程,确保距离传感器脉冲当量的准确性,应在允许误差范围之内。

2)参照测试步骤令颠簸累积仪按选定的测试速度测试每个标定路段的反应值,重复测试至少 5 次,取其平均值作为该路段的反应值。

3)IRI 值的确定。

①以精密水准仪作为标准仪具,分别测量标定路段两个轮迹的纵横高程,要求采样间隔为 250 mm,高程测试精度为 0.5 mm;然后用 IRI 标准计算程序对每个轮迹的纵断面测量值进行模型计算,得到该轮迹的 IRI 值。两个轮迹 IRI 值的平均值即为该路段的 IRI 值。

②其他符合世界银行一类平整度测试标准的纵断面测试仪具也可以作为确定标定路段标准 IRI 值的仪具。

4)试验数据处理。

用数理统计的方法对各标定路段的 IRI 值和相应的颠簸累积仪测值进行回归分析,建立相关关系方程式,相关系数 R 不得小于 0.99。

6. 报告

(1)测试路段信息(桩号、长度等)。

(2)测试速度、颠簸累积值(VBI)、国际平整度(IRI)。

(3)若进行相关性试验,还应报告相关性关系及相关系数。

(四)车载式激光平整度仪测试平整度方法

1. 适用范围

(1)本方法适用于用车载式激光平整度仪测量路面国际平整度指数(IRI),以表征路面平整度。

(2)本方法适用于在无严重坑槽、车辙等病害及无积水、无冰雪、无泥浆的正常通车条件下路面上进行平整度测试。

2. 仪具与材料技术要求

车载式激光平整度仪由承载车、距离传感器、纵断面高程传感器和主控制系统组成,基本技术参数要求如下。

(1)测试速度:30~100 km/h。

(2)采样间隔:≤500 mm。

(3)传感器测试精度:1.0 mm。

(4)距离标定误差:≤0.05%。

3. 方法与步骤

(1)准备工作。

1)检查激光平整度仪的各传感器。

2)检查承载车轮胎气压,应达到车辆轮胎规定的标准气压,车胎应清洁,不得黏附杂物。

3)现场安装距离测量装置,确保机械紧固装置安装牢固,螺钉无松动。

4)检查激光平整度仪,仪器各部分应符合测试要求,不应有破损。

5)打开系统电源,启动控制程序,检查各部分的工作状态。

(2)测试步骤。

1)测试开始之前应让承载车以测试速度行驶 5~10 km,按照规定的预热时间对激光平整度仪进行预热。

2)测试车停在测试起点前 50～100 m 处,启动平整度测试系统程序,按照测试路段的现场技术要求设置完所需的测试状态。

3)驾驶员应按要求的测试速度范围驾驶承载车,宜为 50～80 km/h,避免急加速和急减速,急弯路段应放慢车速,沿正常行车轨迹驶入测试路段。

4)进入测试路段后,测试人员启动系统的采集和记录程序,在测试过程中必须及时准确地将测试路段的起、终点和其他需要特殊标记的位置输入测试数据记录中。

5)当承载车辆驶出测试路段后,测试人员停止数据采集和记录,并恢复仪器各部分至初始状态。

6)检查测试数据文件应完整,内容正常。否则需重新测试。

7)关闭测试系统电源,结束测试。

4. 数据处理

激光平整度仪采集的数据是路面相对高程值,应以 100 m 为计算区间长度用 IRI 的标准计算程序计算 IRI 值,以 m/km 计,保留两位小数。

六、路面厚度测试方法

在路面工程中,每个结构层的厚度是与道路整体强度密切相关的,只有在保证厚度的情况下,路面的各个层次及整体的强度才能得到保证。此外,严格控制各结构层的厚度,还能对路面的标高起到一定的控制作用,是一个非常重要的指标。

(一)挖坑和钻芯测试路面厚度试验方法

1. 适用范围

本方法适用于测试路面结构层厚度。挖坑法适用于基层或砂石路面的厚度测试,钻芯法适用于沥青面层、水泥混凝土路面板和能够取出完整芯样的基层的厚度测试。

2. 仪具与材料技术要求

(1)挖坑用镐、铲、凿子、锤子、小铲、毛刷。

(2)路面取芯机:手推式或车载式,配有淋水冷却装置。钻头的标准直径为 100 mm;如芯样仅供测量厚度,不做其他试验时,对沥青面层与水泥混凝土板也可用直径 50 mm 的钻头;对基层材料有可能损坏试件时,也可用直径 150 mm 的钻头,但钻孔深度均必须达到层厚。

(3)量尺:钢直尺、游标卡尺,分度值不大于 1 mm。

(4)其他:直尺、搪瓷盘、棉纱等。

3. 方法与步骤

(1)准备工作。

1)按《公路路基路面现场测试规程》(JTG 3450—2019)规定的方法确定挖坑测试或钻芯取样的位置,如为既有道路,应避开坑洞等显著缺陷或接缝位置。

2)在选择的试验地点,选一块约 400 mm×400 mm 的平坦表面,用毛刷将其清扫干净。

(2)挖坑法厚度测试步骤。

1)根据材料坚硬程度,选择镐、铲、凿子等适当的工具,开挖这一层材料,直至层位底面。在便于开挖的前提下,开挖面积应尽量缩小,坑洞大体呈圆形。边开挖边将材料铲出,置于搪瓷盘中。

2)用毛刷清扫坑底,确认已开挖至下一层的顶面。

3)将直尺平放横跨于坑的两边,用钢直尺在坑的中部位置垂直伸至坑底,测量坑底至直尺下缘的距离,即为测试层的厚度 T_1,以 mm 计,精确至 1 mm。

(3)钻芯法厚度测试步骤。

1)根据随机取样选点法规定用路面取芯机钻孔并取出样,钻孔深度应超过测试层的底面。

2)取出完整芯样,找出与下层的分界面。

3)用钢直尺或游标卡尺沿芯样圆周对称的十字方向量取表面至分界面的高度,共 4 处,计算其平均值,即为该层的厚度 T_1,以 mm 计,精确至 1 mm。

(4)清理干净坑中的残留物,用棉纱等吸干钻孔时留下的积水,待干燥后采用同类型材料补填压实。

4. 数据处理

(1)按式(3.87)计算路面实测厚度 T_{1i} 与设计厚度 T_{0i} 之差:

$$\Delta T_i = T_{1i} - T_{0i} \tag{3.87}$$

式中　ΔT_i——路面第 i 层的实测偏差(mm);

　　　T_{1i}——路面第 i 层的实测厚度(mm);

　　　T_{0i}——路面第 i 层的设计厚度(mm)。

(2)当为检查路面总厚度时,则将各层平均厚度相加即为路面的总厚度。按附录 B 的方法,计算一个评定路段检测厚度的平均值、标准差、变异系数,并计算代表厚度。

(二)短脉冲雷达测试路面厚度方法

1. 适用范围

(1)本方法适用于采用短脉冲雷达测试沥青路面面层厚度。

(2)本方法不适用于潮湿路面或者用富含铁矿渣集料等介电常数较高的材料铺筑的路面。

2. 仪器与材料技术要求

短脉冲雷达测试系统由承载车、发射天线、接收天线和控制单元等组成,其主要技术要求如下:

(1)距离标定误差不大于 0.1%。

(2)最小分辨层厚不大于 40 mm。

(3)系统测量精度要求见表 3.47。

(4)天线:采用空气耦合方式,带宽能适应所选择的发射脉冲频率。

表 3.47　系统精度测量技术标准要求

测量深度/mm	测量误差允许范围	测量深度/mm	测量误差允许范围
$H<100$	±3 mm	$H \geqslant 100$	±3%H mm

3. 方法和步骤

(1)准备工作。

1)测试前应收集设计图纸、施工配合比等资料,以合理确定标定路段。

2)按要求进行距离标定。

3)将天线安装牢固,用连接线连接主机,并按要求开机预热。

4)将金属板放置在天线正下方,启动控制软件,完成测试系统标定。

5)根据不同的测试目的,设置控制软件的采样间隔、时间窗、增益等参数。

(2)测试步骤。

1)开启安全警示灯,将天线正下方对准起点,启动软件测试程序,缓慢加速承载车到正常测试速度。

2)测试过程中,操作人员应标记测试路段内的桥梁、隧道等构造物的起点、终点。

3)测试过程中,承载车每隔一定距离应完全停下,在采集软件上做标记,雷达图应界面清晰、容易辨识且没有突变,同时在地面上找出雷达天线中心所对应的位置,做好标记;按《公路路基路面现场测试规程》(JTG 3450—2019)规定的方法在标记处钻取芯样并量测芯样高度;将现场钻取的芯样高度与雷达采集软件的结果进行对比,得出芯样的波速;将该标定路段的芯样波速平均输入测试程序;每个波速标定路段钻芯取样位置应均匀分布,取样间距不宜超过 5 km,数量应足以保证波速标定结果的代表性和准确性。

4)当承载车到达测试终点后,停止采集程序。

5)操作人员检查数据文件,文件应完整,内容应正常,否则应重新测试。

6)关闭测试系统电源,结束测试。

4. 数据处理

(1)由雷达波识别软件自动识别各层分界线,得到雷达波在各层中的双程走时 Δt,根据该双程走时,以及电磁波在路面材料中的传播速度,按式(3.88)计算面层厚度。

$$T = v \times \frac{\Delta t}{2} \tag{3.88}$$

式中　T——面层厚度(mm);

　　　v——电磁波在路面材料中的传播速度(mm/ns);

　　　Δt——雷达在路面面层中的双程走时(ns)。

(2)计算一个测试路段的厚度平均值、标准差,并计算厚度代表值。

自我测试题

一、单选题

1. 路面表面构造深度的标准值为 0.8 mm,那么测试值应(　　)为合格。
A. ≥0.8 mm　　　　B. ≤0.8 mm　　　　C. >0.8 mm　　　　D. <0.8 mm

2. 贝克曼梁前臂(接触路面)与后臂(装百分表)的长度之比为(　　)。
A. 1∶1　　　　　　B. 1∶2　　　　　　C. 1∶3　　　　　　D. 2∶1

3. 可直接用于高速公路路面面层平整度验收的方法是(　　)。
   A. 三米直尺　　　　　　　　　　　　B. 连续式平整度仪
   C. 颠簸累积仪　　　　　　　　　　　D. 水准仪
4. 在测试回弹弯沉时,应将测头放置在(　　)。
   A. 测试轴轮隙中心　　　　　　　　　B. 测试轴轮隙中心前方3~5 cm处
   C. 测试轴轮隙中心后方3~5 cm处　　 D. 两后轮组的中间
5. 采用贝克曼梁对一级公路进行弯沉测试时,测试车后轴轴重应为(　　)kN。
   A. 120　　　　B. 100　　　　C. 80　　　　D. 60
6. 用摆式仪测试沥青路面抗滑性能时,如果标定的橡胶片滑动长度小于126 mm,则测得的沥青路面的BPN值比实际值(　　)。
   A. 小　　　　　　　　　　　　　　　B. 大
   C. 一样　　　　　　　　　　　　　　D. 不能确定
7. 采用贝克曼梁测试路面弯沉时,测定应布置在(　　)位置。
   A. 路面中心线　　　　　　　　　　　B. 行车道中心线
   C. 行车道标线　　　　　　　　　　　D. 行车道轮迹带
8. 可以测得动态弯沉盆的检测设备是(　　)。
   A. 3.6 m贝克曼梁　　　　　　　　　 B. 5.4 m贝克曼梁
   C. 落锤式弯沉仪　　　　　　　　　　D. 自动弯沉仪
9. 沥青混合料标准马歇尔试件的高度要求为(　　)。
   A. 63.5 mm±1.3 mm　　　　　　　　 B. 65.5 mm±1.5 mm
   C. 95.3 mm±1.3 mm　　　　　　　　 D. 95.3 mm±2.5 mm
10. 摆式仪测定的是(　　)状态下的路面抗滑能力。
    A. 高温　　　　B. 低温　　　　C. 干燥　　　　D. 潮湿
11. EDTA滴定法快速测定石灰土中石灰剂量试验中,将钙红指示剂加入石灰土和氯化铵反应中,溶液呈(　　)色。
    A. 玫瑰红　　　B. 黄　　　　　C. 红　　　　　D. 蓝
12. 沥青混凝土标准密度,应由(　　)得到。
    A. 马歇尔试验　　　　　　　　　　　B. 击实试验
    C. 无侧限抗压强度试验　　　　　　　D. 钻芯取样试验
13. 弯沉测定中落锤式弯沉仪测定的弯沉为(　　)。
    A. 回弹弯沉　　　　　　　　　　　　B. 总弯沉
    C. 动态回弹弯沉　　　　　　　　　　D. 动态总弯沉

二、判断题
1. 粉煤灰中SiO_2、Al_2O_3和Fe_2O_3的总含量应大于65%。　　　　　　　　(　　)
2. 蜡封法适用于测定吸水率小于2%的沥青混合料试验的毛体积密度。　　　(　　)
3. 无侧限抗压强度圆模的径高比为1∶2。　　　　　　　　　　　　　　　　(　　)
4. 半刚性基层材料在北方地区以25 ℃湿养6 d、浸水1 d后进行无侧限抗压强度试验。
　　　　　　　　　　　　　　　　　　　　　　　　　　　　　　　　　　(　　)

5. 路面的摩擦摆值应换算为温度为 25 ℃时的摩擦摆值。（ ）
6. 核子法是检测压实质量的仲裁试验。（ ）
7. 用摆式仪测定路面抗滑性能时，重复 5 次测定的差值应不大于 5 BPN。（ ）
8. 沥青路面的渗水系数越大，说明沥青路面的质量越差。（ ）
9. 采用 EDTA 滴定法可以快速测定水泥稳定土中的水泥剂量，但应严格控制首次确定的标准曲线，以后每次测定时只需配制 EDTA 溶液和代表性混合料滴定，达到快速测定目的。（ ）
10. 落锤式弯沉仪测定的是静态回弹弯沉，可以直接用于路基路面评定。（ ）
11. 贝克曼梁弯沉测试标准车，一级公路可采用后轴 6 t 的 BZZ-60 标准车。（ ）
12. 沥青混合料马歇尔稳定度试验，一组试件的数量不得少于 4 个。（ ）
13. 沥青面层的弯沉值，若在非不利季节测定时，应考虑季节影响系数。（ ）
14. 摆式仪测定路面抗滑值，当路面试验温度不是 20 ℃时，应进行温度修正。（ ）
15. 竣工验收弯沉值是检验路面是否达到设计要求的指标之一。（ ）
16. 有机质含量超过 2%的细粒土，用石灰处理后才能用水泥稳定。（ ）
17. 路面表层平整度规定值是指交工验收时应达到的平整度要求。（ ）
18. 平整度是路面施工质量与服务水平的重要指标之一。（ ）

拓展思考题

1. 摆式仪测定路面抗滑值试验方法有哪些？
2. 平整度的测试设备分为哪几类？最常用哪种方法检测？
3. 目前路面平整度测试方法及其相应的技术指标有哪些？
4. 弯沉测试方法有哪几种？
5. 路基路面压实度检测方法有哪些？
6. 水泥或石灰剂量测定时都配制哪些试剂？
7. 无机结合料稳定材料的含水率试验方法包括哪些？
8. 影响路面抗滑性能的主要因素有哪些？
9. 沥青混合料配比设计包括哪几个阶段？
10. 测定沥青混合料试件密度的方法有哪些？
11. 确定最佳沥青用量初始值 OAC_1 与哪些指标有关？
12. 路面抗滑性能测试方法有哪些？
13. 弯沉测定的方法有哪几种？目前应用最多的是哪种？
14. 测试路面平整度常用的方法有哪些？

拓展练习

用摆式摩擦仪测试沥青路面的摩擦摆值（路面温度为 25 ℃），其测定结果见下表，试计算该处路面的摩擦摆值（已知温度修正值为 $\Delta F = 2$）。

测点桩号	测定平行值(BPN)				
	1	2	3	4	5
K2+315	52	51	52	51	52
K2+320	50	49	50	50	51
K2+325	52	51	49	50	50

附录 A 公路路基路面现场测试随机选点方法

1. 适用范围

(1) 随机取样选点的方法是按数理统计原理在路基路面现场测试时确定测点位置的方法。

(2) 本方法适用于采用随机法或综合法选点的各类公路路基路面现场测试工作。

2. 仪具及材料技术要求

(1) 量尺：钢尺、皮尺或测距仪等。

(2) 硬纸片：编号从 1~28 共 28 块，每块大小 2.5 cm×2.5 cm，装在一个布袋中，或能够产生随机数的计算机软件。

(3) 其他：毛刷、粉笔等。

3. 准备工作

根据路面施工或验收、质量评定方法等有关规范要求，确定需要测试的路段。它可以是一个作业段、一天完成的路段或路线全程。在路基路面工程质量验收时，通常以 1 km 为一个检测路段。

4. 选取测试区间或断面(纵向位置)的步骤

(1) 按照有关标准规范规定的测试区间(断面)数量要求，将确定的测试路段划分为若干个区间或断面，将其编号为第 1~n 个区间或第 1~n 个断面，其总的区间数或断面数为 T。公路路基路面测试一般采用等长度(间距)划分区间(断面)。当选取的区间(断面)数量大于 30 时，应分次选取，若采用计算机软件进行随机选取，则不受选取数量限制。

(2) 随机抽取一块硬纸片，硬纸片上的编号即对应附表 1 上的栏号。根据所抽取硬纸片对应的栏号，依次找出该栏号下 A 列 01~n 对应的 B 列中的值，也可通过计算机软件产生对应 A 值的 B 值，即得到 n 组 A、B 值。

(3) 将 n 个 B 值与总区间数或总断面数 T 相乘，四舍五入取整数，即得到 n 个断面的编号，即可根据该编号确定实际断面位置。

例如，按照有关规范规定，拟从 K36+000~K37+000 的 1 km 测试路段中选择 20 个断面测定路面宽度、高程、横坡等外形尺寸，可采取以下方法确定断面：

1) 按照 20 m 等间距对拟测试路段内的断面进行编号。则 1 km 总长的断面数 T = 1 000/20=50 个，其编号为 1、2、…、50。

2) 从布袋中摸出一块硬纸片，其编号为 14，即使用附表 1 的第 14 栏。

3) 从第 14 栏 A 列中挑出小于或等于 20 所对应的 B 列数值，将 B 与 T 相乘，四舍五入得到 20 个断面号，断面号乘以选择断面，并得到 20 个断面的桩号。

上述计算结果见附表 2。

5. 选取测点(纵向及横向位置)的步骤

(1)按照有关标准规范要求确定测点数量n。当$n>30$时应分次选取,若采用计算机软件进行随机选取,则不受选取数量限制。

(2)随机抽取一块硬纸片,纸片上的编号即对应附表1中的栏号。根据所抽取硬纸片的栏号,依次找出该栏号下A列01~n值对应的B、C列中的值,也可通过计算机软件产生对应A值的B值和C值。即得n组A、B、C值。

(3)以A列中对应的B列中数值乘以测试路段的总长度,再加上测试路段起点的桩号,即得出取样纵向位置,即断面桩号。

(4)以A列中对应的C列中的数值,乘以检查路面的宽度,再减去宽度的1/2,即得出取样位置离路面中心线的距离。若差值为正(+),表示在中心线的右侧;若差值为负(-),则表示在中心线的左侧。

例如,按照有关规范规定,检查验收时拟在K36+000~K37+000的1 km测试路段中选择6个测点进行钻孔取样检验压实度、沥青用量和矿料级配等,可按照如下方法确定钻孔位置。

1)随机抽取一张硬纸片,其编号为3。

2)栏号3中从上至下小于或等于6个测点的数为:01、06、03、02、04及05。

3)附表1的B列中与这6个数相应的6个小数为:0.175、0.310、0.494、0.699、0.838及0.977。

4)取样路段长度1 000 m,计算得出6个乘积(取样位置与该段起点的距离)分别为175 m、310 m、494 m、699 m、838 m、977 m。

5)附表1的C列中与这6个数相应的6个小数为:0.647、0.043、0.929、0.073、0.166及0.494。

6)路面宽度为10 m,计算得6个乘积分别是6.47、0.43、9.29、0.73、1.66及4.94 m,再减去路面宽度的1/2,6个取样的横向位置分别是右侧1.47 m、左侧4.57 m、右侧4.29 m、左侧4.27 m、左侧3.34 m及左侧0.06 m。

上述计算结果见附表3。

附表1 一般取样的随机数

栏号1			栏号2			栏号3			栏号4			栏号5			栏号6		
A	B	C	A	B	C	A	B	C	A	B	C	A	B	C	A	B	C
15	0.033	0.578	05	0.048	0.879	21	0.013	0.220	18	0.089	0.716	17	0.024	0.863	30	0.030	0.901
21	0.101	0.300	17	0.074	0.156	30	0.036	0.853	10	0.102	0.330	24	0.060	0.032	21	0.096	0.198
23	0.129	0.916	18	0.102	0.191	10	0.052	0.746	14	0.111	0.925	26	0.074	0.639	10	0.100	0.161
30	0.158	0.434	06	0.105	0.257	25	0.061	0.954	28	0.127	0.840	07	0.167	0.512	29	0.133	0.388
24	0.177	0.397	28	0.179	0.447	29	0.062	0.507	24	0.132	0.271	28	0.194	0.776	24	0.138	0.062
11	0.202	0.271	26	0.187	0.844	18	0.087	0.887	19	0.285	0.899	03	0.219	0.166	20	0.168	0.564
16	0.204	0.012	04	0.188	0.482	24	0.105	0.849	01	0.326	0.037	29	0.264	0.284	16	0.232	0.953
08	0.208	0.418	02	0.208	0.577	07	0.139	0.159	30	0.334	0.938	11	0.282	0.262	14	0.259	0.217

续表

19	0.211	0.798	03	0.214	0.402	01	0.175	0.647	22	0.405	0.295	14	0.379	0.994	01	0.275	0.195
29	0.233	0.700	07	0.245	0.080	23	0.196	0.873	05	0.421	0.282	13	0.394	0.405	06	0.277	0.475
07	0.260	0.073	15	0.248	0.831	26	0.240	0.981	13	0.451	0.212	06	0.410	0.157	02	0.296	0.497
17	0.262	0.308	29	0.261	0.037	14	0.255	0.374	02	0.461	0.023	15	0.438	0.700	27	0.311	0.144
25	0.271	0.180	30	0.302	0.883	06	0.310	0.043	06	0.487	0.539	22	0.453	0.635	05	0.351	0.141
06	0.302	0.672	21	0.318	0.088	11	0.316	0.653	08	0.497	0.396	21	0.472	0.824	17	0.370	0.811
01	0.409	0.406	11	0.376	0.936	13	0.324	0.585	25	0.503	0.893	05	0.488	0.118	09	0.388	0.484
13	0.507	0.693	14	0.430	0.814	12	0.351	0.275	15	0.594	0.603	01	0.525	0.222	04	0.410	0.073
02	0.575	0.654	27	0.438	0.676	20	0.371	0.535	27	0.620	0.894	12	0.561	0.980	25	0.471	0.530
18	0.591	0.318	08	0.467	0.205	08	0.409	0.495	21	0.629	0.841	08	0.652	0.508	13	0.486	0.779
20	0.610	0.821	09	0.474	0.138	16	0.445	0.740	17	0.691	0.583	18	0.668	0.271	15	0.515	0.867
12	0.631	0.597	10	0.492	0.474	03	0.494	0.929	09	0.708	0.689	30	0.736	0.634	23	0.567	0.798
27	0.651	0.281	13	0.498	0.892	27	0.543	0.387	07	0.709	0.012	02	0.763	0.253	11	0.618	0.502
04	0.661	0.953	19	0.511	0.520	17	0.625	0.171	11	0.714	0.049	23	0.804	0.140	28	0.636	0.148
22	0.692	0.089	23	0.591	0.770	02	0.699	0.073	23	0.720	0.695	25	0.828	0.425	26	0.650	0.741
05	0.779	0.346	20	0.604	0.730	19	0.702	0.934	03	0.748	0.413	10	0.843	0.627	16	0.711	0.508
09	0.787	0.173	24	0.654	0.330	22	0.816	0.802	02	0.781	0.603	16	0.858	0.849	19	0.778	0.812
10	0.818	0.837	12	0.728	0.523	04	0.838	0.166	26	0.830	0.384	04	0.903	0.327	07	0.804	0.675
14	0.905	0.631	16	0.753	0.344	15	0.904	0.116	04	0.843	0.002	09	0.912	0.382	08	0.806	0.952
26	0.912	0.376	01	0.806	0.134	28	0.969	0.742	12	0.884	0.582	27	0.935	0.162	18	0.841	0.414
28	0.920	0.163	22	0.878	0.884	09	0.974	0.046	29	0.926	0.700	20	0.970	0.582	12	0.918	0.114
03	0.945	0.140	25	0.939	0.162	05	0.977	0.494	16	0.951	0.601	19	0.975	0.327	03	0.992	0.399
栏号 7			栏号 8			栏号 9			栏号 10			栏号 11			栏号 12		
A	B	C	A	B	C	A	B	C	A	B	C	A	B	C	A	B	C
12	0.029	0.386	09	0.042	0.070	14	0.061	0.935	26	0.038	0.023	27	0.074	0.779	16	0.078	0.987
18	0.112	0.284	17	0.141	0.411	02	0.065	0.097	30	0.066	0.371	06	0.084	0.396	23	0.087	0.056
20	0.114	0.848	02	0.143	0.221	03	0.094	0.228	27	0.073	0.876	24	0.098	0.524	17	0.096	0.076
03	0.121	0.656	05	0.162	0.899	16	0.122	0.945	09	0.095	0.568	10	0.133	0.919	04	0.153	0.163
13	0.178	0.640	03	0.285	0.016	18	0.156	0.430	05	0.180	0.741	15	0.187	0.079	10	0.254	0.834
22	0.209	0.421	28	0.291	0.034	25	0.193	0.469	12	0.200	0.851	17	0.227	0.767	06	0.284	0.628
16	0.221	0.311	08	0.369	0.557	24	0.224	0.672	13	0.259	0.327	20	0.236	0.571	12	0.305	0.616
29	0.235	0.356	01	0.436	0.386	10	0.225	0.223	21	0.264	0.681	01	0.245	0.988	25	0.319	0.901
28	0.254	0.941	20	0.450	0.289	09	0.233	0.338	17	0.283	0.645	04	0.317	0.291	01	0.320	0.212
11	0.287	0.199	18	0.455	0.789	20	0.290	0.120	23	0.363	0.063	29	0.350	0.911	08	0.416	0.372
02	0.336	0.992	23	0.488	0.715	01	0.297	0.242	20	0.364	0.366	26	0.380	0.104	13	0.432	0.556
15	0.393	0.488	14	0.498	0.276	11	0.337	0.760	16	0.395	0.363	28	0.425	0.864	02	0.489	0.827

续表

19	0.437	0.655	15	0.503	0.342	19	0.389	0.064	02	0.423	0.540	22	0.487	0.526	29	0.503	0.787
24	0.466	0.773	04	0.515	0.693	13	0.411	0.474	08	0.432	0.736	05	0.552	0.571	15	0.518	0.717
14	0.531	0.014	16	0.532	0.112	30	0.447	0.893	10	0.475	0.468	14	0.564	0.357	28	0.524	0.998
09	0.562	0.678	22	0.557	0.357	22	0.478	0.321	03	0.508	0.774	11	0.572	0.306	03	0.542	0.352
06	0.601	0.675	11	0.559	0.620	29	0.481	0.993	01	0.601	0.417	21	0.594	0.197	19	0.585	0.462
10	0.612	0.859	12	0.650	0.216	27	0.562	0.403	22	0.687	0.917	09	0.607	0.524	05	0.695	0.111
26	0.673	0.112	21	0.672	0.320	04	0.566	0.179	29	0.697	0.862	19	0.650	0.572	07	0.733	0.838
23	0.738	0.770	13	0.709	0.273	08	0.603	0.758	11	0.701	0.605	18	0.664	0.101	11	0.744	0.948
21	0.753	0.614	07	0.745	0.687	15	0.632	0.927	07	0.728	0.498	25	0.674	0.428	18	0.793	0.748
30	0.758	0.851	30	0.780	0.285	06	0.707	0.107	14	0.745	0.679	02	0.697	0.674	27	0.802	0.967
27	0.765	0.563	19	0.845	0.097	28	0.737	0.161	24	0.819	0.444	03	0.767	0.928	21	0.826	0.487
07	0.780	0.534	26	0.846	0.366	17	0.846	0.130	15	0.840	0.823	16	0.809	0.529	24	0.835	0.832
04	0.818	0.187	29	0.861	0.307	07	0.874	0.491	25	0.863	0.568	30	0.838	0.294	26	0.855	0.142
17	0.837	0.353	25	0.906	0.874	05	0.880	0.828	06	0.878	0.215	13	0.845	0.470	14	0.861	0.462
05	0.854	0.818	24	0.919	0.809	23	0.931	0.659	18	0.930	0.601	08	0.855	0.524	20	0.874	0.625
01	0.867	0.133	10	0.952	0.555	26	0.960	0.365	04	0.954	0.827	07	0.867	0.718	30	0.929	0.056
08	0.915	0.538	06	0.961	0.504	21	0.978	0.194	28	0.963	0.004	12	0.881	0.722	09	0.935	0.582
25	0.975	0.584	27	0.969	0.811	12	0.982	0.183	19	0.988	0.020	23	0.937	0.872	22	0.947	0.797
栏号 13			栏号 14			栏号 15			栏号 16			栏号 17			栏号 18		
	A	B	C	A	B	C	A	B	C	A	B	C	A	B	C	A	B	C
13	0.045	0.004	25	0.027	0.290	15	0.023	0.979	19	0.062	0.588	13	0.045	0.004	25	0.027	0.290
18	0.086	0.878	06	0.057	0.571	11	0.118	0.465	25	0.080	0.218	18	0.086	0.878	06	0.057	0.571
26	0.126	0.990	26	0.059	0.026	07	0.134	0.172	09	0.131	0.295	26	0.126	0.990	26	0.059	0.026
12	0.128	0.661	07	0.105	0.176	01	0.139	0.230	18	0.136	0.381	12	0.128	0.661	07	0.105	0.176
30	0.146	0.337	18	0.107	0.358	16	0.145	0.122	05	0.147	0.864	30	0.146	0.337	18	0.107	0.358
05	0.169	0.470	22	0.128	0.827	20	0.165	0.520	12	0.158	0.365	05	0.169	0.470	22	0.128	0.827
21	0.244	0.433	23	0.156	0.440	06	0.185	0.481	28	0.214	0.184	21	0.244	0.433	23	0.156	0.440
23	0.270	0.849	15	0.171	0.157	09	0.211	0.316	14	0.215	0.757	23	0.270	0.849	15	0.171	0.157
25	0.274	0.407	08	0.220	0.097	14	0.248	0.348	13	0.224	0.846	25	0.274	0.407	08	0.220	0.097
10	0.290	0.925	20	0.252	0.066	25	0.249	0.890	15	0.227	0.809	10	0.290	0.925	20	0.252	0.066
01	0.323	0.490	04	0.268	0.576	13	0.252	0.577	11	0.280	0.898	01	0.323	0.490	04	0.268	0.576
24	0.352	0.291	14	0.275	0.302	30	0.273	0.088	01	0.331	0.925	24	0.352	0.291	14	0.275	0.302
15	0.361	0.155	11	0.297	0.589	18	0.277	0.689	10	0.399	0.992	15	0.361	0.155	11	0.297	0.589
29	0.374	0.882	01	0.358	0.305	22	0.372	0.958	30	0.417	0.787	29	0.374	0.882	01	0.358	0.305
08	0.432	0.139	09	0.412	0.089	10	0.461	0.075	08	0.439	0.921	08	0.432	0.139	09	0.412	0.089
04	0.467	0.266	16	0.429	0.834	28	0.519	0.536	20	0.472	0.484	04	0.467	0.266	16	0.429	0.834

续表

A	B	C	A	B	C	A	B	C	A	B	C	A	B	C	A	B	C
22	0.508	0.880	10	0.491	0.203	17	0.520	0.090	24	0.498	0.712	22	0.508	0.880	10	0.491	0.203
27	0.632	0.191	28	0.542	0.306	03	0.523	0.519	04	0.516	0.396	27	0.632	0.191	28	0.542	0.306
16	0.661	0.836	12	0.563	0.091	26	0.573	0.502	03	0.548	0.688	16	0.661	0.836	12	0.563	0.091
19	0.675	0.629	02	0.593	0.321	19	0.634	0.206	23	0.597	0.508	19	0.675	0.629	02	0.593	0.321
14	0.680	0.890	30	0.692	0.198	24	0.635	0.810	21	0.681	0.114	14	0.680	0.890	30	0.692	0.198
28	0.714	0.508	19	0.705	0.445	21	0.679	0.841	02	0.739	0.298	28	0.714	0.508	19	0.705	0.445
06	0.719	0.441	24	0.709	0.717	27	0.712	0.368	29	0.792	0.038	06	0.719	0.441	24	0.709	0.717
09	0.735	0.040	13	0.820	0.739	05	0.780	0.497	22	0.829	0.324	09	0.735	0.040	13	0.820	0.739
17	0.741	0.906	05	0.848	0.866	23	0.861	0.106	17	0.834	0.647	17	0.741	0.906	05	0.848	0.866
11	0.747	0.205	27	0.867	0.633	12	0.865	0.377	16	0.909	0.608	11	0.747	0.205	27	0.867	0.633
20	0.850	0.047	03	0.883	0.333	29	0.882	0.635	06	0.914	0.420	20	0.850	0.047	03	0.883	0.333
02	0.859	0.356	17	0.900	0.443	08	0.902	0.020	27	0.958	0.356	02	0.859	0.356	17	0.900	0.443
07	0.870	0.612	21	0.914	0.483	04	0.951	0.482	26	0.981	0.976	07	0.870	0.612	21	0.914	0.483
08	0.916	0.463	29	0.950	0.753	02	0.977	0.172	07	0.983	0.624	08	0.916	0.463	29	0.950	0.753

栏号 19			栏号 20			栏号 21			栏号 22			栏号 23			栏号 24		
A	B	C	A	B	C	A	B	C	A	B	C	A	B	C	A	B	C
12	0.052	0.075	20	0.030	0.881	01	0.010	0.946	12	0.051	0.032	26	0.051	0.187	08	0.015	0.521
30	0.075	0.493	12	0.034	0.291	10	0.014	0.939	11	0.068	0.980	03	0.530	0.256	16	0.068	0.994
28	0.120	0.341	22	0.043	0.893	09	0.032	0.346	17	0.089	0.309	29	0.100	0.159	11	0.118	0.400
27	0.145	0.689	28	0.143	0.073	06	0.093	0.180	01	0.091	0.371	13	0.102	0.465	21	0.124	0.565
02	0.209	0.957	03	0.150	0.937	15	0.151	0.012	10	0.100	0.709	24	0.110	0.316	18	0.153	0.158
26	0.272	0.818	04	0.154	0.867	16	0.185	0.455	30	0.121	0.774	18	0.114	0.300	17	0.190	0.159
22	0.299	0.317	19	0.158	0.359	07	0.227	0.227	02	0.166	0.056	11	0.123	0.208	26	0.192	0.676
18	0.306	0.475	29	0.304	0.615	02	0.304	0.400	23	0.179	0.529	09	0.138	0.182	01	0.237	0.030
20	0.311	0.653	06	0.369	0.633	30	0.316	0.074	21	0.187	0.051	06	0.194	0.115	12	0.283	0.077
15	0.348	0.156	18	0.390	0.536	18	0.328	0.799	22	0.205	0.543	22	0.234	0.480	03	0.286	0.318
16	0.381	0.710	17	0.403	0.392	20	0.352	0.288	28	0.230	0.688	20	0.274	0.107	10	0.317	0.374
01	0.411	0.607	23	0.404	0.182	26	0.371	0.216	19	0.243	0.001	21	0.331	0.292	05	0.337	0.844
13	0.417	0.715	01	0.415	0.457	19	0.448	0.754	27	0.267	0.990	08	0.346	0.085	25	0.441	0.336
21	0.472	0.484	07	0.437	0.696	13	0.487	0.598	15	0.283	0.440	27	0.382	0.979	27	0.469	0.786
04	0.478	0.885	24	0.446	0.546	12	0.546	0.640	16	0.352	0.089	07	0.387	0.865	24	0.473	0.237
25	0.479	0.080	26	0.485	0.768	24	0.550	0.038	03	0.377	0.648	28	0.411	0.776	20	0.475	0.761
11	0.566	0.104	15	0.511	0.313	03	0.604	0.780	06	0.397	0.769	16	0.444	0.999	06	0.557	0.001
10	0.576	0.859	10	0.517	0.290	22	0.621	0.930	09	0.409	0.428	04	0.515	0.993	07	0.610	0.238
29	0.665	0.397	30	0.556	0.853	21	0.629	0.154	14	0.465	0.406	17	0.518	0.827	09	0.617	0.041
19	0.739	0.298	25	0.561	0.837	11	0.634	0.908	13	0.499	0.651	05	0.539	0.620	13	0.641	0.648

续表

A	B	C	A	B	C	A	B	C	A	B	C	A	B	C
14	0.748	0.759	09	0.574	0.699	05	0.696	0.459	04	0.539	0.972	02	0.623	0.271	22	0.664	0.291
08	0.758	0.919	13	0.613	0.762	23	0.710	0.078	18	0.560	0.747	30	0.637	0.374	04	0.668	0.856
07	0.798	0.183	11	0.698	0.783	29	0.726	0.585	26	0.575	0.892	14	0.714	0.364	19	0.717	0.232
23	0.834	0.647	14	0.715	0.179	17	0.749	0.916	29	0.756	0.712	15	0.730	0.107	02	0.776	0.504
06	0.837	0.978	16	0.770	0.128	04	0.802	0.186	20	0.760	0.920	19	0.771	0.552	29	0.797	0.548
03	0.849	0.964	08	0.815	0.385	14	0.835	0.319	05	0.847	0.925	23	0.780	0.662	14	0.823	0.223
24	0.851	0.109	05	0.872	0.490	08	0.870	0.546	25	0.872	0.891	10	0.924	0.888	23	0.848	0.264
05	0.859	0.835	21	0.885	0.999	28	0.871	0.539	24	0.874	0.135	12	0.929	0.204	30	0.892	0.817
17	0.863	0.220	02	0.958	0.177	25	0.971	0.369	08	0.911	0.215	01	0.937	0.714	28	0.943	0.190
09	0.883	0.147	27	0.961	0.980	27	0.984	0.252	07	0.946	0.065	25	0.974	0.398	15	0.975	0.962

栏号 25			栏号 26			栏号 27			栏号 28		
A	B	C	A	B	C	A	B	C	A	B	C
02	0.039	0.006	16	0.026	0.102	21	0.050	0.952	29	0.042	0.039
16	0.061	0.599	01	0.033	0.886	17	0.085	0.403	07	0.105	0.293
26	0.068	0.054	04	0.088	0.686	10	0.141	0.624	25	0.115	0.420
11	0.073	0.812	22	0.090	0.602	05	0.154	0.157	09	0.126	0.612
07	0.123	0.649	13	0.114	0.614	06	0.164	0.841	10	0.205	0.144
05	0.126	0.658	20	0.136	0.576	07	0.197	0.013	03	0.210	0.054
14	0.161	0.189	05	0.158	0.228	16	0.125	0.363	23	0.234	0.533
18	0.166	0.040	10	0.216	0.565	08	0.222	0.520	13	0.266	0.799
28	0.248	0.171	02	0.233	0.610	13	0.269	0.477	20	0.305	0.603
06	0.255	0.117	07	0.278	0.357	02	0.288	0.012	05	0.372	0.223
15	0.261	0.928	30	0.405	0.273	25	0.333	0.633	26	0.385	0.111
10	0.301	0.811	06	0.421	0.807	28	0.348	0.710	30	0.422	0.315
24	0.363	0.025	12	0.426	0.583	20	0.362	0.961	17	0.453	0.783
22	0.378	0.792	08	0.471	0.708	14	0.511	0.989	02	0.460	0.916
27	0.389	0.959	18	0.473	0.738	26	0.540	0.903	27	0.467	0.841
19	0.420	0.557	19	0.510	0.207	27	0.587	0.643	14	0.483	0.095
21	0.467	0.943	03	0.512	0.329	12	0.603	0.745	12	0.507	0.375
17	0.494	0.225	15	0.640	0.329	29	0.619	0.895	28	0.509	0.748
09	0.620	0.081	09	0.665	0.354	23	0.623	0.333	21	0.583	0.804
30	0.623	0.106	14	0.680	0.884	22	0.629	0.076	22	0.587	0.993
03	0.625	0.777	26	0.703	0.622	18	0.670	0.904	16	0.689	0.339
08	0.651	0.790	29	0.739	0.394	11	0.711	0.253	06	0.727	0.298
12	0.715	0.599	25	0.759	0.386	01	0.790	0.392	04	0.731	0.814

续表

栏号25			栏号26			栏号27			栏号28		
A	B	C	A	B	C	A	B	C	A	B	C
23	0.782	0.093	24	0.803	0.602	04	0.813	0.611	08	0.807	0.983
20	0.810	0.371	27	0.842	0.491	19	0.843	0.732	15	0.833	0.757
01	0.841	0.726	21	0.870	0.435	03	0.844	0.511	19	0.896	0.464
29	0.862	0.009	28	0.906	0.397	30	0.858	0.289	18	0.916	0.384
25	0.891	0.873	23	0.948	0.367	09	0.929	0.199	01	0.948	0.610
04	0.917	0.264	11	0.956	0.142	24	0.931	0.263	11	0.976	0.799
13	0.958	0.990	17	0.993	0.989	15	0.939	0.947	24	0.978	0.636

附表2 随机选取测试断面示例计算表

断面编号	14栏A列	B列	B×T	断面号	桩号
1	17	0.089	4.45	4	K36+080
2	10	0.149	7.45	7	K36+140
3	13	0.244	12.2	12	K36+240
4	08	0.264	13.2	13	K36+260
5	18	0.285	14.25	14	K36+280
6	02	0.340	17.05	17	K36+340
7	06	0.359	17.95	18	K36+360
8	20	0.387	19.35	19	K36+380
9	14	0.392	19.60	20	K36+400
10	03	0.408	20.40	20	K36+420
11	16	0.527	26.35	26	K36+520
12	05	0.797	39.85	40	K36+800
13	15	0.801	40.05	40	K36+820
14	12	0.836	41.8	42	K36+840
15	04	0.854	42.7	43	K36+860
16	11	0.884	44.2	44	K36+880
17	19	0.886	44.3	44	K36+900
18	07	0.929	46.45	46	K36+920
19	09	0.932	46.6	47	K36+940
20	01	0.970	48.5	49	K36+980

附表3 随机选取测点示例计算表

栏号3			取样路段长度1 000 m		路面宽度10 m		测点数个
测点编号	A列	B列	距起点距离/m	桩号	C列	距路边缘距离/m	距中线位置/m
NO.1	01	0.175	175	K36+175	0.647	6.47	右1.47
NO.2	06	0.310	310	K36+310	0.043	0.43	左4.57
NO.3	03	0.494	494	K36+494	0.929	9.29	右4.29
NO.4	02	0.699	699	K36+699	0.073	0.73	左4.27
NO.5	04	0.838	838	K36+838	0.166	1.66	左3.34
NO.6	05	0.977	977	K36+977	4.94	0.494	左0.06

附录 B 检测路段数据整理方法

1. 适用范围

本方法规定了计算一个测试路段内测试结果的平均值、标准差、变异系数、实测值与设计值的差及代表值的方法，本方法适应于《公路路基路面现场测试规程》(JTG 3450—2019)所列试验的数据统计工作，其他试验数据统计可参考使用。

2. 计算

(1)按式(B-1)计算实测值 X_i 与设计值 X_0 之差。

$$\Delta X_i = X_i - X_0 \tag{B-1}$$

式中 X_i ——第 i 个测点的测试值；
    X_0 ——设计值；
    ΔX_i ——实测值 X_i 与设计值 X_0 之差。

(2)测试结果的平均值、标准差、变异系数按式(B-2)~式(B-4)计算。

$$\overline{X} = \frac{\sum X_i}{N} \tag{B-2}$$

$$S = \sqrt{\frac{\sum_{i=1}^{N}(X_i - \overline{X})^2}{N-1}} \tag{B-3}$$

$$C_V = \frac{S}{\overline{X}} \times 100 \tag{B-4}$$

式中 X_i ——第 i 个测点的实测值；
    N ——一个测试路段内的测点数；
    $\overline{X}$ ——一个测试路段内实测值的平均值；
    C_V ——一个测试路段内实测值的变异系数(%)；
    S ——一个测试路段内实测值的标准差。

(3)计算一个测试路段内实测值的代表值时，对单侧测试的指标，按式(B-5)计算；对双侧测试的指标，按式(B-6)计算。

$$X' = \overline{X} \pm S \frac{t_\alpha}{\sqrt{N}} \tag{B-5}$$

$$X' = \overline{X} \pm S \frac{t_{\alpha/2}}{\sqrt{N}} \tag{B-6}$$

式中 X' ——一个测试路段内实测值的代表值；
    t_α 或 $t_{\alpha/2}$ ——t 分布表中随自由度($N-1$)和置信水平 α(保证率)而变化的系数，见附表4。保证率的选用还应符合相关规范要求。

附表4 $\dfrac{t_{\alpha/2}}{\sqrt{N}}$ 和 $\dfrac{t_{\alpha}}{\sqrt{N}}$ 的值

N	双边置信水平 $t_{\alpha/2}/\sqrt{N}$		单边置信水平 $t_{\alpha}/\sqrt{N}$		
	保证率95%	保证率90%	保证率99%	保证率95%	保证率90%
	$\alpha/2$	$\alpha/2$	α	α	α
2	8.985	4.465	22.501	4.465	2.176
3	2.484	1.686	4.021	1.686	1.089
4	1.591	1.177	2.270	1.177	0.819
5	1.242	0.953	1.676	0.953	0.686
6	1.049	0.823	1.374	0.823	0.603
7	0.925	0.734	1.188	0.734	0.544
8	0.836	0.670	1.060	0.670	0.500
9	0.769	0.620	0.966	0.620	0.466
10	0.715	0.580	0.892	0.580	0.437
11	0.672	0.546	0.823	0.546	0.414
12	0.635	0.518	0.785	0.518	0.393
13	0.604	0.494	0.744	0.494	0.376
14	0.577	0.473	0.708	0.473	0.361
15	0.554	0.455	0.678	0.455	0.347
16	0.533	0.438	0.651	0.438	0.335
17	0.514	0.423	0.626	0.423	0.324
18	0.497	0.410	0.605	0.410	0.314
19	0.482	0.398	0.586	0.398	0.305
20	0.468	0.387	0.568	0.387	0.297
21	0.455	0.376	0.552	0.376	0.289
22	0.443	0.367	0.537	0.367	0.282
23	0.432	0.358	0.523	0.358	0.275
24	0.422	0.350	0.510	0.350	0.269
25	0.413	0.342	0.498	0.342	0.264
26	0.404	0.335	0.487	0.335	0.258
27	0.396	0.328	0.477	0.328	0.253
28	0.388	0.322	0.467	0.322	0.248
29	0.380	0.316	0.458	0.316	0.244
30	0.373	0.310	0.449	0.310	0.239
40	0.320	0.266	0.383	0.266	0.206
50	0.284	0.237	0.340	0.237	0.184
60	0.258	0.216	0.308	0.216	0.167
70	0.238	0.199	0.285	0.199	0.155
80	0.223	0.186	0.266	0.186	0.145
90	0.209	0.175	0.249	0.175	0.136
100	0.198	0.166	0.236	0.166	0.129

3. 报告

(1)根据工程需要及现行相关规范规定，列出一个测试路段内实测值的记录表，记录平均值、标准差、变异系数及代表值。注明不符合规范规定的测点。

(2)当无特殊规定时，可疑数据的舍弃宜以 k 倍标准差作为舍弃标准，即在资料分析中，舍弃在 $\overline{X} \pm kS$ 范围以外的实测值，然后重新计算整理。当试验数据 N 为 3、4、5、6 个时，k 值分别为 1.15、1.46、1.67、1.82，$N \geqslant 7$ 时，k 宜采用 3。

参考文献

[1] 中华人民共和国交通运输部. JTG E42—2005 公路工程集料试验规程[S]. 北京：人民交通出版社，2005.

[2] 中华人民共和国交通运输部. JTG F80/1—2017 公路工程质量检验评定标准　第一册　土建工程[S]. 北京：人民交通出版社，2017.

[3] 中华人民共和国交通运输部. JTG E51—2009 公路工程无机结合料稳定材料试验规程[S]. 北京：人民交通出版社，2009.

[4] 中华人民共和国交通运输部. JTG E20—2019 公路工程沥青及沥青混合料试验规程[S]. 北京：人民交通出版社，2019.

[5] 中华人民共和国交通运输部. JTJG F20—2015 公路路面基层施工技术细则[S]. 北京：人民交通出版社，2015.

[6] 中华人民共和国交通运输部. JTG 3430—2020 公路土工试验规程[S]. 北京：人民交通出版社，2020.

[7] 中华人民共和国交通运输部. JTG 3450—2019 公路路基路面现场测试规程[S]. 北京：人民交通出版社，2019.

[8] 申爱琴. 道路工程材料[M]. 3版. 北京：人民交通出版社，2022.

[9] 白福祥，韩仁海. 道路与铁道工程试验检测技术[M]. 2版. 北京：人民交通出版社，2016.

[10] 黄晓明. 路基路面工程[M]. 6版. 北京：人民交通出版社，2019.

[11] 周烨. 道路工程检测技术[M]. 北京：北京师范大学出版社，2011.

[12] 周烨. 路基路面试验与检测[M]. 北京：人民交通出版社，2019.

[13] 王力艳，迟长玉. 道路建筑材料[M]. 北京：人民交通出版社，2018.

[14] 胡明. 道路工程[M]. 北京：人民交通出版社，2018.